Colette Laberge
Stéphane Vallée
Patrick Kinch

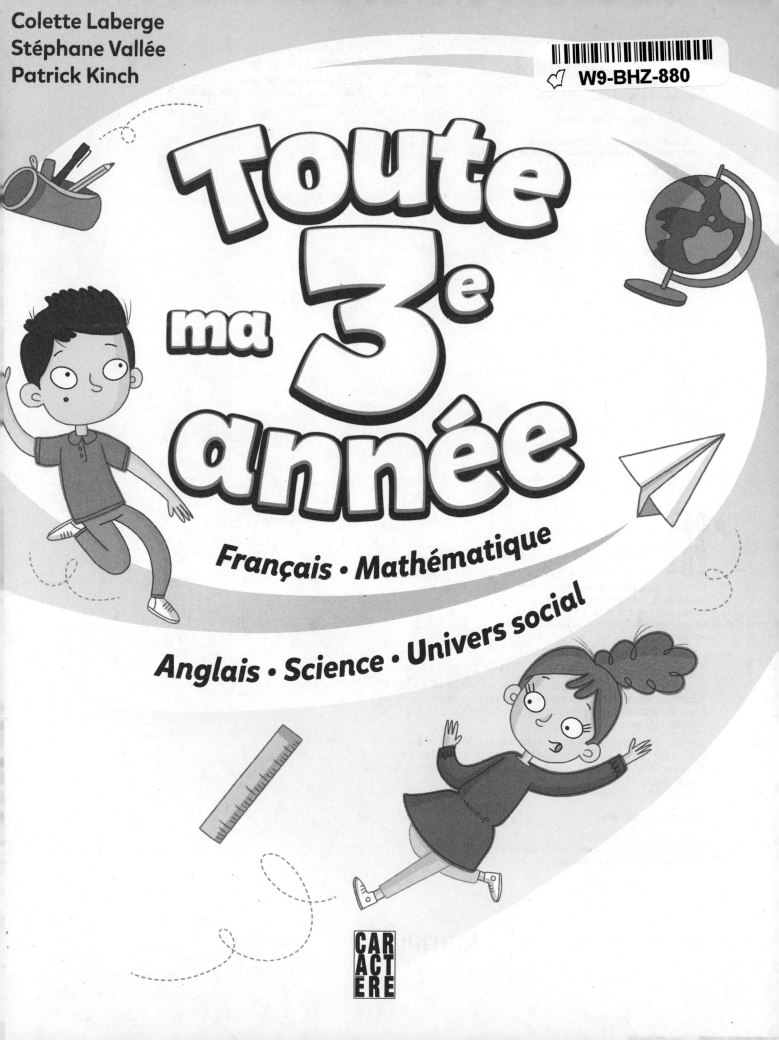

Toute ma 3e année

Français • Mathématique

Anglais • Science • Univers social

CARACTERE

Toute ma 3e année

Auteure des sections *Français*, *Science* et *Test final* : Colette Laberge
Auteur des sections *Mathématique* et *Univers social* : Stéphane Vallée
Auteur de la section *Anglais* : Patrick Kinch

© 2020 Les Éditions Caractère inc.

Correction d'épreuves : Sandra Guimont
Conception graphique et couverture : Julie Deschênes
Mise en page : Geneviève Laforest

Sources iconographiques

Illustrations : Shutterstock.com
Couverture : Ellie Oshea / Advocate-Art

5800, rue Saint-Denis, bureau 900
Montréal (Québec) H2S 3L5 Canada
Téléphone : 514 273-1066
Télécopieur : 514 276-0324 ou 1 800 814-0324
caractere@tc.tc

ISBN 978-2-89742-937-9

Dépôt légal : 1er trimestre 2020
Bibliothèque et Archives nationales du Québec
Bibliothèque et Archives Canada

Imprimé au Canada

1 2 3 4 5 M 24 23 22 21 20

Ce projet est financé en partie par le gouvernement du Canada

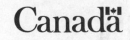

Table des matières

Table des matières

Mot aux parents

Pour les élèves, les cahiers d'exercices sont très utiles. Mais, lorsque certaines notions sont mal assimilées, il est difficile de trouver l'information nécessaire pour comprendre et poursuivre l'apprentissage. Pour votre part, parents qui tentez d'expliquer ces notions, vous vous heurtez soit à la barrière du langage utilisé à l'école, soit à la difficulté de vous rappeler ces notions apprises il y a longtemps.

Les marqueurs sur les pages d'exercices vous permettent d'accéder aux notions vues en classe. Votre enfant peut les lire avant de commencer la série d'exercices ou s'y référer en cas de besoin. Quant à vous, parents, vous pourrez vous rafraîchir la mémoire en les consultant. Par contre, si par manque de temps vous n'étiez pas en mesure d'aider votre enfant, il pourrait quand même se débrouiller seul en consultant les explications et en vérifiant ses réponses à l'aide du corrigé.

1. Repérez un marqueur
2. Pointez l'appareil
3. Accédez aux contenus

TÉLÉCHARGEZ L'APPLI i+RA, GRATUITEMENT ! Télécharger dans l'App Store DISPONIBLE SUR Google Play

Français

L'alphabet

Regarde bien comment on écrit les lettres de l'alphabet. Ensuite, exerce-toi à les reproduire aux pages suivantes. Si tu ne te souviens plus comment faire, tu peux venir consulter cette page.

La calligraphie

a autobus

a a a a a a a a a

b bateau

b b b b b b b b b

La calligraphie

c   canard

c   c   c   c   c   c   c   c   c   c

d   dinosaure

d   d   d   d   d   d   d   d   d   d

La calligraphie

e   éléphant

e e e e e e e e e e

f   fleur

f f f f f f f f f f

La calligraphie

g grenouille

g g g g g g g g g g

h hibou

h h h h h h h h h h

La calligraphie

i  île

i *i* *i* *i* *i* *i* *i* *i* *i*

j journal

j *j* *j* *j* *j* *j* *j* *j* *j*

La calligraphie

k **kangourou**

k k k k k k k k k

l **lune**

l l l l l l l l l

La calligraphie

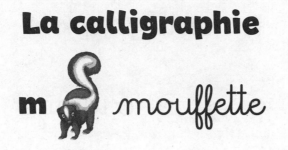 **m** mouffette

m m m m m m m m m m m m

n  nid

n n n n n n n n n n n

La calligraphie

o orange

o o o o o o o o o

p piano

p p p p p p p p p

La calligraphie

q ⚲ quille

q q q q q q q q q q q q

r 🦊 renard

r r r r r r r r r

La calligraphie

s   souris

s s s s s s s s s s

t   toupie

t t t t t t t t t t

La calligraphie

u **1**  _un_

v _vache_

La calligraphie

w   wagon

x   xylophone

La calligraphie

y  yo-yo

ᴢ zèbre

La calligraphie

J'écris les nombres de 1 à 10.

Exerce-toi à écrire les nombres de 1 à 10. Attention, tu dois commencer à former le nombre à partir du point et suivre le sens du crayon.

1	un
2	deux
3	trois
4	quatre
5	cinq
6	six
7	sept
8	huit
9	neuf
10	dix

Le nom

1. **Colorie en rouge les bagues qui contiennent un nom.**

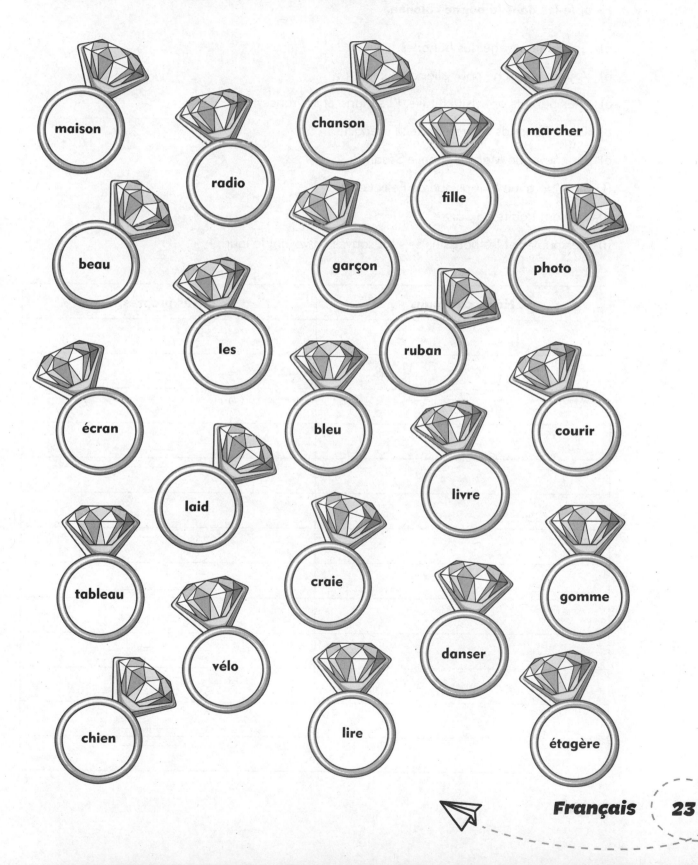

maison

radio

chanson

marcher

beau

fille

garçon

photo

les

ruban

écran

bleu

courir

laid

livre

tableau

craie

gomme

vélo

danser

chien

lire

étagère

Le nom

2. **Souligne les noms propres et encercle les noms communs dans les phrases suivantes, puis recopie-les dans la bonne colonne.**

a) Sandrine mange des bananes.

b) Antoine marche pour aller à l'école.

c) Mes parents ont visité l'Italie, l'Espagne et la France.

d) Les Allemands ont remporté la médaille.

e) Le cheval de Marie s'appelle Sésame.

f) Sabrina aime la musique de Félix Leclerc.

g) William habite en Suisse.

h) Les poules et les poussins se sont sauvés en voyant le loup.

Noms communs	Noms propres

Le nom

3. **Voici un texte dans lequel nous avons retiré certaines majuscules. Lis-le, trouve les noms propres de lieux, de personnes et d'animaux, et écris-les correctement dans la colonne correspondante.**

martin et sophie vivent à chibougamau dans une magnifique maison près du lac gilman. Avant, ils ont habité à montréal, à québec et à gatineau. Ils font souvent des randonnées dans les sentiers du parc obalski en compagnie de leurs chiens maxou et bali.

La fin de semaine, ils invitent leurs amis pierre, catherine, simon et mariane. Cette dernière est vétérinaire et elle adore les animaux. coco, son perroquet, filou, son chat, et papier, son chien, vivent en harmonie.

L'hiver, ils vont faire des balades, tirés par des chiens. alcide, leur guide, les mène aux confins de la baie james. Le chef de meute, yaka, est un husky âgé de six ans.

carmen vit au mexique. Elle est venue rendre visite à ses amis. Elle adore par-dessus tout faire de l'équitation. Elle monte dixie, une jument blonde de 12 ans.

Lieux	Personnes	Animaux

Le noyau du groupe du nom

1. **Dans les phrases suivantes, encercle les groupes du nom et souligne leur noyau.**

   Exemple :

   (Mon grand <u>frère</u>) a reçu (un <u>cadeau</u>.)

   a) Ma meilleure amie a mangé une glace à la vanille.

   b) Hélène était heureuse d'être la nouvelle directrice.

   c) Marc a les yeux verts et les cheveux noirs.

   d) Mon amie habite à Trois-Rivières.

   e) Zachary apprend une nouvelle chanson.

   f) Les baleines vivent dans l'océan.

   g) Dorothée a vu des lions, des tigres et des panthères.

   h) Omar possède un iguane et une tortue.

   i) Justine porte une robe verte et des collants noirs.

   j) Les fleurs poussent dans le champ.

   k) Les oiseaux sont perchés dans l'arbre.

   l) Ma mère me chante une chanson pour m'endormir.

   m) Mon frère adore le chocolat.

   n) Rosalie se promène dans la forêt.

   o) Karim fait le ménage de sa chambre.

   p) Laurie joue aux cartes.

La majuscule

1. **Recopie le texte suivant en ajoutant les majuscules là où c'est nécessaire.**

sophie a reçu un petit chien pour son anniversaire. elle a décidé de l'appeler princesse. ses parents, marc et julie, l'ont acheté à valleyfield. ils avaient visité des éleveurs à saint-hyacinthe et à sainte-marthe, mais ils n'arrivaient pas à trouver ce qu'ils cherchaient. finalement, ils ont trouvé à la spca un magnifique berger anglais. les chattes de sophie, minette et coquette, ont eu du mal à s'adapter à la présence du chien, mais maintenant, ça va beaucoup mieux. sophie adore les animaux. elle rêve d'avoir une fermette quand elle sera grande. elle élèvera des poules, des chevaux, des chèvres et des lapins. elle cultivera des fruits et des légumes dans son potager.

_____

_____

_____

_____

_____

_____

_____

_____

_____

2. **Ajoute un c majuscule si c'est un nom propre et un c minuscule s'il s'agit d'un nom commun.**

a) ___ rayon

b) ___ aroline

c) ___ arré

d) ___ ommérage

e) ___ arafe

f) ___ hine

g) ___ olombie

h) ___ itrouille

i) ___ anada

j) ___ ousine

k) ___ oncombre

l) ___ harles

m) ___ onfiture

n) ___ onserve

o) ___ oralie

p) ___ yclamen

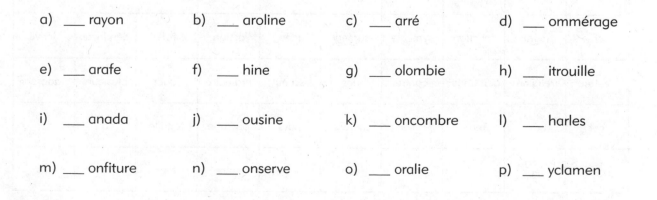

Les déterminants

Un déterminant accompagne le nom. Voici une liste de déterminants : le, l', la, les, un, une, des, au, du, aux, ce, cet, cette, ces, mon, ma, mes, ton, ta, tes, son, sa, ses, notre, nos, votre, vos, leur, leurs, un, deux, trois, quatre, etc.

1. Colorie les cases qui contiennent un déterminant.

le	nos	vos	leurs	trois	vingt	des	aux	les	la
la	mou	café	oui	été	mars	mardi	obéir	gelée	papa
les	alors	encore	ou	et	main	ni	luire	moule	mais
un	pou	caille	bébé	valise	lundi	neige	yeux	héros	manie
une	lancer	merci	elle	ils	vache	aimer	voir	rat	ciel
des	collet	mieux	gazon	lait	loup	tombe	sac	cher	nous
l'	chéri	avion	voisin	boisé	varan	banane	boa	image	ans
au	mes	tes	un	une	trente	notre	votre	vos	leurs
du	seul	vert	vrai	côté	rue	là	minute	pont	rond
des	lent	sud	haut	entre	frais	belle	actualité	mois	rapport
aux	viaduc	tragédie	science	expulsé	lundi	omis	justice	détenu	fuir
ce	parti	fonction	symbole	samedi	idée	action	voie	dénoncer	dérive
cette	religion	demander	contre	dès	sceau	ordinaire	jouet	plusieurs	adorer
cet	bâtir	terre	union	marché	pays	ouvrage	famille	à	rien
ces	deux	mon	ton	son	notre	votre	leur	mes	tes

Les déterminants

2. Souligne les déterminants et relie chacun au mot qu'il accompagne.

Le chat et la souris

La nourriture se faisait rare et Ramon, le chat du village, a donc décidé de déménager. Il a marché pendant des jours jusqu'à ce qu'il arrive dans une petite ville qui lui semblait accueillante. Toutes les souris de la ville ont pleuré, car elles avaient peur des chats. «Miaou!» a dit le chat et les souris ont répondu : «Nous savons que vous voulez nous manger et ne sortirons jamais de nos maisons.» Les jours passaient et la même conversation continuait.

Quelque temps après, les souris ont entendu les aboiements d'un chien. Elles ont pensé que le chat avait été chassé par le chien. Elles sont donc sorties, mais à leur grande surprise, il n'y avait pas de chien. Au lieu de cela, elles ont vu le chat Ramon. Cette fois, il avait aboyé. D'une voix effrayée, une souris a demandé au chat : «D'où venait l'aboiement que nous avons entendu? Nous avons cru qu'il y avait un chien et nous avons pensé qu'il vous avait fait peur. C'est vous qui imitiez un chien?» Fier de lui, le chat a répondu : «En effet, c'était moi. J'ai appris que ceux qui parlent au moins deux langues réussissent beaucoup mieux dans la vie.»

Les déterminants

3. **Observe les déterminants en caractères gras et recopie-les dans la colonne appropriée. La liste des déterminants se trouve au bas de la page. Consulte-la si tu doutes de tes réponses.**

Mon frère Antoine et moi adorons jouer **au** soccer dans **la** rue. Nous empruntons **le** ballon de **notre** ami. Moi, je garde **les** buts et **mon** frère essaie de me déjouer. Parfois, plusieurs de **nos** amis se joignent à nous. Pendant **ces** parties, nous avons **deux** gardiens de but. De **cette** façon, c'est comme **un** vrai match. **Quel** jeu amusant !

Déterminants définis	Déterminants démonstratifs	Déterminants possessifs	Déterminants numéraux	Déterminants exclamatifs ou interrogatifs

Déterminants définis	Déterminants démonstratifs	Déterminants possessifs	Déterminants numéraux	Déterminants exclamatifs ou interrogatifs
Le, l', la, les, un, une, des, au, du, aux, des	Ce, cet, cette, ces	Mon, ma, mes, ton, ta, tes, son, sa, ses, notre, nos, votre, vos, leur, leurs	Un, deux, trois, quatre, etc.	Quel, quelle, quels, quelles

Les déterminants et le nom

1. **Lis le texte suivant. Souligne tous les déterminants. Ensuite, recopie-les dans les bonnes colonnes.**

Florence a décidé d'aménager un potager dans le jardin de ses parents. Elle a demandé l'aide de son père pour enlever le gazon et retourner la terre. Elle a bien réfléchi à l'emplacement de son potager. C'est un endroit ensoleillé où tous les légumes pourront mieux pousser.

Florence a semé trois rangs de carottes, un rang de radis, deux rangs de laitue et une butte de concombres. Elle a aussi ajouté quelques plants de tomates. Ce travail est exigeant, mais elle aime ça.

Tous les jours, elle vérifie l'état de son potager. Elle l'arrose au besoin et arrache les mauvaises herbes. Elle s'assure qu'aucun insecte nuisible n'envahisse son potager. À l'automne, Florence récoltera tous les légumes bien mûrs pour les manger ou les mettre en conserve. Quel beau potager elle a réussi à faire!

Déterminants définis	Déterminants démonstratifs	Déterminants possessifs	Déterminants numéraux	Déterminants exclamatifs ou interrogatifs

Le groupe du nom

1. **Souligne les groupes du nom dans les phrases suivantes. Ensuite, classe-les dans le tableau ci-dessous.**

   a) Frank est mon frère.

   b) Ma mère est partie.

   c) Robert aime faire du sport.

   d) L'ordinateur est un outil utile.

   e) Les acrobates donnent un bon spectacle.

   f) Isabelle habite dans la rue Jacques-Cartier.

   g) Le soir, Régina met son pyjama bleu.

   h) Jérôme a passé une belle journée.

   i) Éliane adore la mousse.

Nom seul	Dét. + nom	Dét. + nom + adj.	Dét. + adj. + nom

Le verbe

1. **Souligne les groupes du nom qui sont des groupes du nom sujet (GNs). Pour t'aider, encercle le verbe et pose-toi la question** *qui est-ce qui ?* **ou** *qu'est-ce qui ?*

Exemple :

Les enWfants (mangent) de la salade de fruits.

a) Les pirates ont envahi l'île enchantée.

b) Mes chats, mes chiens et mes lapins vivent en liberté dans la maison.

c) Mes grands-parents iront visiter la France l'été prochain.

d) Héloïse et Gaëlle ont écouté le bulletin de météo.

e) L'an dernier, Zoé s'est classée première en athlétisme.

f) Roberto rêve d'avoir un nouveau vélo.

g) Est-ce que Zacharie est arrivé ?

h) Hier, Maude a cousu toute la soirée.

i) Carmen et Juan vivent au Guatemala.

j) Ma balançoire est brisée.

k) Mon amie Margaret est fâchée contre moi.

l) Ma sœur Océane est née en 2004.

m) Pierre et Denis jouent au soccer.

n) Les fleurs poussent vite dans nos plates-bandes.

o) Mohamed est parti le dernier.

Le verbe

2. Colorie en bleu les pommes avec un verbe conjugué et en rouge les pommes avec un verbe à l'infinitif.

- manger
- dormir
- danse
- lis
- faites
- dessiner
- écrivent
- chantes
- restez
- marchez
- battre
- courons
- sommes
- dire

Le verbe

3. **Souligne le verbe dans les phrases suivantes. Ensuite, écris-le à l'infinitif.**

a) Karine n'aime pas les glaces à la vanille. _____

b) Patrice et Antoine jouent au hockey. _____

c) Les pompiers arrivèrent rapidement. _____

d) Mes pantalons sont trop petits. _____

e) Iseult jouera chez son amie Caroline. _____

f) Mon frère dévale la côte à toute vitesse. _____

g) Les élèves dessinent un paysage d'automne. _____

h) Nous mangerons des moules et des huîtres pour souper. _____

i) William et Mario vivent à Baie-Saint-Paul. _____

j) Ismaël court rapidement. _____

k) La falaise est très haute. _____

l) Mes parents iront en Italie au mois de juin. _____

m) Simon tourne un documentaire sur les baleines. _____

n) Mon enseignante ouvre toutes les fenêtres de la classe. _____

o) Isabelle plante des fleurs dans son jardin. _____

Le verbe

4. Indique si les événements suivants surviennent dans le passé, le présent ou le futur.

		Passé	Présent	Futur
a)	Nous voulons du pain.			
b)	Ils ont dansé la valse.			
c)	J'en fais tous les jours.			
d)	J'irai visiter la Thaïlande.			
e)	Les sauterelles envahissent les champs.			
f)	Tu demanderas à tes parents.			
g)	Sois prudent en traversant la rue.			
h)	Nous avons pris un excellent déjeuner.			
i)	Jasmine a bien écouté les consignes.			
j)	Je regarde la télévision.			
k)	Je me baigne dans le lac.			
l)	Tara fera ses devoirs après son match.			
m)	Ma mère me lira une histoire ce soir.			
n)	Je vivais en Australie.			
o)	J'ai vu de magnifiques oiseaux.			
p)	Je cueille des framboises.			
q)	Sonia peint sa chambre en violet.			
r)	Omar ira à la pêche au poulamon.			
s)	Océane et Maryse ont acheté des chaussures de course.			
t)	Vous étiez absents au cours d'escrime.			
u)	Tu as emprunté des outils à ton voisin.			
v)	Elles feront un don pour aider les plus démunis.			
w)	Je marche pour aller à l'école.			
x)	Roberta a téléphoné à son amie.			

Le verbe

5. Souligne les verbes conjugués. Ensuite, sépare le radical de la terminaison par une barre oblique (/).

a) Nous écoutons notre enseignante.

b) Elles réussissent bien en classe.

c) Vous changerez de robe avant de partir.

d) Tu regardes la télévision.

e) Je prends la route à droite et ensuite, c'est à gauche.

f) Les requins dévorent des poissons.

g) Vous lisez un livre sur les babouins.

h) La tempête arrivera sur l'île en fin de journée.

i) Il voudra manger une collation à son retour.

j) Nous servions le repas aux personnes âgées.

k) L'équipe de hockey ne pouvait pas gagner.

l) Nous tiendrions bien le cerf-volant, mais la corde glisse.

m) Elle ouvrit son paquet bien avant le temps.

n) Je mettrai mon foulard et ma tuque.

o) Ils fuyaient devant l'air menaçant de l'ours sauvage.

p) Nous écrivons une lettre à notre amie en Espagne.

Le verbe

Présent de l'indicatif

6. Conjugue les verbes suivants au présent de l'indicatif.

a) **aimer**

J' _____

Tu _____

Il/elle/on _____

Nous _____

Vous _____

Ils/elles _____

b) **aller**

Je _____

Tu _____

Il/elle/on _____

Nous _____

Vous _____

Ils/elles _____

c) **dire**

Je _____

Tu _____

Il/elle/on _____

Nous _____

Vous _____

Ils/elles _____

d) **faire**

Je _____

Tu _____

Il/elle/on _____

Nous _____

Vous _____

Ils/elles _____

e) **écrire**

J' _____

Tu _____

Il/elle/on _____

Nous _____

Vous _____

Ils/elles _____

f) **savoir**

Je _____

Tu _____

Il/elle/on _____

Nous _____

Vous _____

Ils/elles _____

Le verbe

Passé composé de l'indicatif

7. **Conjugue les verbes suivants au passé composé de l'indicatif.**

a) **être**

J' _____

Tu _____

Il/elle/on _____

Nous _____

Vous _____

Ils/elles _____

b) **avoir**

J' _____

Tu _____

Il/elle/on _____

Nous _____

Vous _____

Ils/elles _____

c) **finir**

J' _____

Tu _____

Il/elle/on _____

Nous _____

Vous _____

Ils/elles _____

d) **faire**

J' _____

Tu _____

Il/elle/on _____

Nous _____

Vous _____

Ils/elles _____

e) **écrire**

J' _____

Tu _____

Il/elle/on _____

Nous _____

Vous _____

Ils/elles _____

f) **savoir**

J' _____

Tu _____

Il/elle/on _____

Nous _____

Vous _____

Ils/elles _____

Le verbe

8. **Écris le verbe à la personne et au temps demandés ainsi que le pronom personnel requis.**

a) (Dormir, présent, 3e pers. masc. plur.) _____ à la belle étoile.

b) (Danser, présent, 1re pers. sing.) _____ avec mon partenaire.

c) (Faire, passé composé, 2e pers. plur.) _____ vos devoirs.

d) (Finir, passé composé, 1re pers. plur.) _____ de ranger.

e) (Écrire, présent, 3e pers. fém. sing.) _____ une lettre.

f) (Savoir, passé composé, 2e pers. sing.) _____ tes leçons.

g) (Aimer, présent, 1re pers. sing.) _____ la crème glacée à la vanille.

h) (Dire, passé composé, 3e pers. masc. sing.) _____ la vérité.

i) (Aller, présent, 2e pers. plur.) _____ au magasin.

j) (Être, présent, 3e pers. fém. sing.) _____ présente.

k) (Lire, passé composé, 1re pers. sing.) _____ un roman policier.

l) (Jouer, présent, 1re pers. sing.) _____ dehors avec mes amis.

m) (Manger, passé composé, 3e pers. masc. plur.) _____ des framboises.

n) (Acheter, présent, 2e pers. plur.) _____ une guitare électrique.

o) (Écrire, passé composé, 1re pers. plur.) _____ dans notre cahier.

p) (Cueillir, présent, 1re pers. plur.) _____ des pommes et des citrouilles.

Le verbe
Imparfait de l'indicatif

9. **Conjugue les verbes suivants à l'imparfait.**

a) **être**

J' _____

Tu _____

Il/elle/on _____

Nous _____

Vous _____

Ils/elles _____

b) **avoir**

J' _____

Tu _____

Il/elle/on _____

Nous _____

Vous _____

Ils/elles _____

c) **finir**

Je _____

Tu _____

Il/elle/on _____

Nous _____

Vous _____

Ils/elles _____

d) **aimer**

J' _____

Tu _____

Il/elle/on _____

Nous _____

Vous _____

Ils/elles _____

e) **aller**

J' _____

Tu _____

Il/elle/on _____

Nous _____

Vous _____

Ils/elles _____

f) **dire**

Je _____

Tu _____

Il/elle/on _____

Nous _____

Vous _____

Ils/elles _____

Le verbe
Futur simple de l'indicatif

10. Conjugue les verbes suivants au futur simple de l'indicatif.

a) **aimer**

J' _____

Tu _____

Il/elle/on _____

Nous _____

Vous _____

Ils/elles _____

b) **aller**

J' _____

Tu _____

Il/elle/on _____

Nous _____

Vous _____

Ils/elles _____

c) **dire**

Je _____

Tu _____

Il/elle/on _____

Nous _____

Vous _____

Ils/elles _____

d) **faire**

Je _____

Tu _____

Il/elle/on _____

Nous _____

Vous _____

Ils/elles _____

e) **écrire**

J' _____

Tu _____

Il/elle/on _____

Nous _____

Vous _____

Ils/elles _____

f) **savoir**

Je _____

Tu _____

Il/elle/on _____

Nous _____

Vous _____

Ils/elles _____

Le verbe

11. Écris à quel temps sont conjugués les verbes soulignés dans les phrases suivantes.

a) Elle <u>mangeait</u> du cantaloup. _____

b) Ils <u>chantaient</u> tous en chœur. _____

c) Nous <u>ferons</u> nos devoirs ce soir. _____

d) Nous <u>avons pleuré</u> en apprenant la nouvelle. _____

e) J'<u>ai écrit</u> une lettre à mon amie. _____

f) Je <u>serai</u> absente demain. _____

g) Nous <u>aimions</u> beaucoup jouer à ce jeu. _____

h) Nous <u>sommes</u> désolées. _____

i) Tu <u>as laissé</u> tomber ton activité favorite. _____

j) Ils <u>paient</u> leurs achats. _____

k) Vous <u>regarderez</u> la télévision. _____

l) Elles <u>rénovent</u> leur maison. _____

m) Vous <u>receviez</u> vos invités. _____

n) Tu <u>recevras</u> de bonnes nouvelles. _____

o) Elle n'<u>avait</u> pas de carie. _____

p) Nous <u>bâtirons</u> une cabane dans les arbres. _____

Le verbe
Présent du conditionnel

12. Conjugue les verbes suivants au présent du conditionnel.

a) **être**

Je _____

Tu _____

Il/elle/on _____

Nous _____

Vous _____

Ils/elles _____

b) **avoir**

J' _____

Tu _____

Il/elle/on _____

Nous _____

Vous _____

Ils/elles _____

c) **finir**

Je _____

Tu _____

Il/elle/on _____

Nous _____

Vous _____

Ils/elles _____

d) **faire**

Je _____

Tu _____

Il/elle/on _____

Nous _____

Vous _____

Ils/elles _____

e) **écrire**

J' _____

Tu _____

Il/elle/on _____

Nous _____

Vous _____

Ils/elles _____

f) **savoir**

Je _____

Tu _____

Il/elle/on _____

Nous _____

Vous _____

Ils/elles _____

Le verbe
Présent du subjonctif

13. Conjugue les verbes suivants au subjonctif présent.

a) **être**

Que je _____

Que tu _____

Qu'il/elle/on _____

Que nous _____

Que vous _____

Qu'ils/elles _____

b) **avoir**

Que je _____

Que tu _____

Qu'il/elle/on _____

Que nous _____

Que vous _____

Qu'ils/elles _____

c) **finir**

Que je _____

Que tu _____

Qu'il/elle/on _____

Que nous _____

Que vous _____

Qu'ils/elles _____

d) **aimer**

Que je _____

Que tu _____

Qu'il/elle/on _____

Que nous _____

Que vous _____

Qu'ils/elles _____

e) **aller**

Que j' _____

Que tu _____

Qu'il/elle/on _____

Que nous _____

Que vous _____

Qu'ils/elles _____

f) **dire**

Que je _____

Que tu _____

Qu'il/elle/on _____

Que nous _____

Que vous _____

Qu'ils/elles _____

Le verbe

14. Transforme les phrases suivantes au temps demandé.

a) Ma mère boit une tasse de thé au jasmin. | Passé composé

_____

b) L'autoroute est fermée à cause d'un accident. | Imparfait

_____

c) J'ouvre la fenêtre de ma chambre. | Futur simple

_____

d) Tous les élèves de ma classe font leurs devoirs. | Futur simple

_____

e) Érika déménage à Blanc-Sablon. | Passé composé

_____

f) Kevin et Jason préparent un spectacle de magie. | Imparfait

_____

g) Le téléphone sonne sans arrêt. | Passé composé

_____

h) Malheureusement, je ne peux pas vous donner ma recette de biscuits. | Imparfait

_____

i) Sylvie dévale les pentes du Mont-Sainte-Anne. | Futur simple

_____

j) Le petit ver de terre creuse un long tunnel sous la terre. | Passé composé

_____

Le verbe
Présent de l'impératif

15. Complète les phrases en utilisant le verbe au présent de l'impératif.

a) (Aller, 2ᵉ pers. sing.) _____ chercher les crayons et les règles.

b) (Manger, 1ʳᵉ pers. plur.) _____ notre compote de pommes.

c) (Finir, 2ᵉ pers. plur.) _____ vos devoirs et vos leçons.

d) (Être, 2ᵉ pers. sing.) _____ à l'aréna à l'heure prévue.

e) (Avoir, 1ʳᵉ pers. plur.) _____ l'air d'avoir beaucoup de plaisir.

f) (Danser, 2ᵉ pers. plur.) _____ avec la personne à votre gauche.

g) (Écrire, 2ᵉ pers. sing.) _____ une histoire d'horreur.

h) (Savoir, 1ʳᵉ pers. plur.) _____ bien nous tenir à notre place.

i) (Faire, 2ᵉ pers. plur.) _____ le ménage de vos pupitres avant la récréation.

j) (Dire, 2ᵉ pers. sing.) _____ comment tu as fait pour accomplir cet exploit.

k) (Aimer, 1ʳᵉ pers. plur.) _____ les nouveaux élèves de la classe.

l) (Aller, 2ᵉ pers. plur.) _____ cueillir des roses et des lis pour faire un bouquet.

m) (Regarder, 1ʳᵉ pers. plur.) _____ attentivement l'anatomie de la mouche.

n) (Étudier, 2ᵉ pers. sing.) _____ pour ton examen de français.

o) (Courir, 2ᵉ pers. plur.) _____ aussi vite que possible pour échapper à la pluie.

p) (Dormir, 2ᵉ pers. sing.) _____ à la belle étoile ou dans la tente.

Le verbe
Présent du participe

16. Colorie en rouge les coquillages qui comportent un verbe au présent du participe.

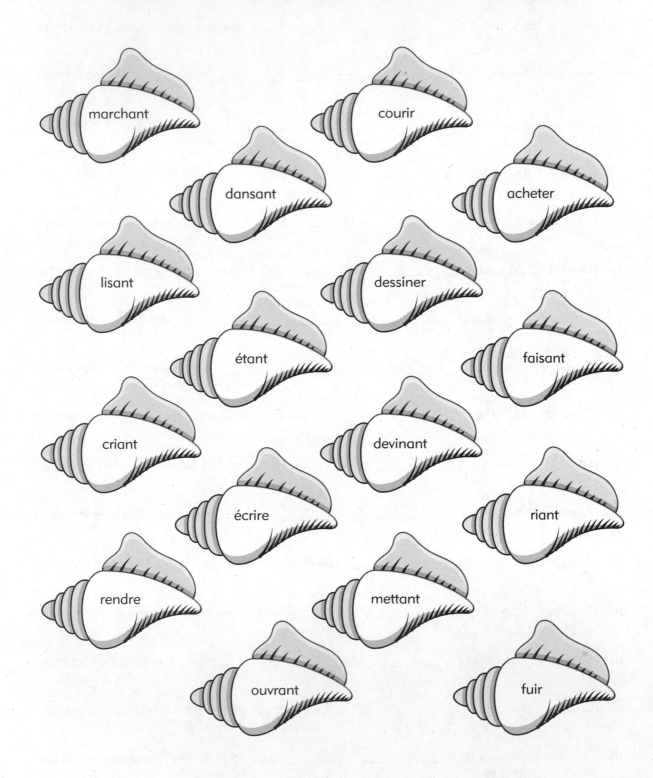

marchant

courir

dansant

acheter

lisant

dessiner

étant

faisant

criant

devinant

écrire

riant

rendre

mettant

ouvrant

fuir

Le verbe

17. Conjugue les verbes à la personne et au temps demandés.

	Verbe	Temps	Personne	Verbe conjugué
a)	Avoir	présent de l'indicatif	J'	*ai*
b)	Être	présent de l'indicatif	Tu	
c)	Finir	présent de l'indicatif	Il	
d)	Aller	présent de l'indicatif	Nous	
e)	Pouvoir	présent de l'indicatif	Vous	
f)	Avoir	passé composé de l'indicatif	Elles	
g)	Être	passé composé de l'indicatif	J'	
h)	Finir	passé composé dc l'indicatif	Tu	
i)	Aller	passé composé de l'indicatif	Il	
j)	Avoir	passé composé de l'indicatif	Nous	
k)	Être	futur simple de l'indicatif	Vous	
l)	Finir	futur simple de l'indicatif	Ils	
m)	Aller	futur simple de l'indicatif	J'	
n)	Pouvoir	futur simple de l'indicatif	Tu	
o)	Avoir	futur simple de l'indicatif	Elle	
p)	Être	présent du conditionnel	Nous	

Le verbe

18. **Écris les phrases suivantes au présent, au passé composé, au futur simple et à l'imparfait.**

a) Les baleines (vivre) dans l'océan.

Présent : _____

Passé composé : _____

Futur simple : _____

Imparfait : _____

b) Mes parents (aimer) jouer au tennis.

Présent : _____

Passé composé : _____

Futur simple : _____

Imparfait : _____

c) Nous (aller) nous balader dans la forêt.

Présent : _____

Passé composé : _____

Futur simple : _____

Imparfait : _____

d) Vous (regarder) les étoiles filantes.

Présent : _____

Passé composé : _____

Futur simple : _____

Imparfait : _____

Les pronoms

1. Ajoute le pronom personnel qui complète les phrases.

> Nous   Tu   Il   Vous   J'   Ils

a) _____ jetait ses jouets aux ordures parce qu'ils étaient brisés.

b) _____ voulions aller voir un film d'horreur au cinéma près de chez moi.

c) _____ sont demeurés dans la voiture pendant que nous faisions les courses.

d) _____ ne vouliez pas que les élèves échouent à leur examen de français.

e) _____ ai vraiment aimé le livre que ma mère m'a donné.

f) _____ as eu un magnifique vélo de course rouge et noir.

2. Écris *Il*, *Elle*, *Ils* ou *Elles* dans les phrases suivantes.

a) Ma mère était fâchée. _____ n'a pas voulu que j'aille jouer avec mes amis.

b) Mes sœurs ont étudié en dentisterie. _____ sont dentistes.

c) Mes jouets sont dans le coffre. _____ sont bien rangés.

d) Les guenons défendent leurs petits. _____ protègent leur famille.

e) Le koala mange du bambou. _____ est herbivore.

f) Je raffole des caramels. _____ sont délicieux.

g) Mon pinson chante très bien. _____ enchante tous nos invités.

h) J'ai entendu un beau poème. _____ m'a beaucoup ému.

i) Élise et Mathieu sont affamés. _____ ont très faim.

Français 51

Les pronoms

3. Remplace le GNs souligné par le pronom qui convient.

a) <u>Mon frère et moi</u> voulons jouer dehors avec nos amis. _____

b) <u>Elles et moi</u> dansons au bal de fin d'année. _____

c) <u>François et sa mère</u> vont au centre commercial. _____

d) <u>Océane et Zoé</u> regardent la pluie tomber. _____

e) <u>Timothée et toi</u> irez chercher les cahiers d'anglais. _____

f) <u>Mon oncle et ma tante</u> ont une ferme laitière. _____

g) <u>Toi et moi</u> sommes les meilleurs amis du monde. _____

h) <u>Michel</u> fait partie de l'orchestre de l'école. _____

i) <u>Les rorquals et les bélugas</u> se nourrissent de plancton. _____

j) <u>Yseult et toi</u> allez manger au restaurant. _____

k) <u>Sofia et lui</u> regardent un film à la télévision. _____

l) <u>(Ton prénom)</u> donne un concert de violon. _____

m) <u>Tes cousins et tes cousines</u> viendront te visiter. _____

Les mots invariables

1. Encercle le bon mot invariable.

à / dans

a) Ma sœur range les céréales _____ le garde-manger.

pour / contre

b) Carla met son imperméable _____ se protéger de la pluie.

et / sur

c) Danny a mis son pyjama _____ ses pantoufles.

toujours / jamais   parce qu' / mais

d) Isabelle ne met _____ sa robe bleue _____ elle ne l'aime pas.

dans / sous

e) Caroline danse _____ la pluie.

sur / à

f) Jean-Sébastien ira _____ Tadoussac pour les vacances.

pour / contre

g) Félix prend _____ les Canadiens de Montréal.

après / pendant

h) Véronique ira prendre sa douche _____ son cours d'éducation physique.

quand / sous

i) Hélène adore marcher _____ il neige.

très / chez

j) Les skieurs sont _____ fatigués à la fin de la journée.

Les mots invariables

2. **Choisis, parmi la liste de conjonctions, de prépositions et d'adverbes, le bon mot invariable pour compléter les phrases.**

> **Conjonctions :** *mais, donc, et, ou, ni, ni, parce que*
> **Prépositions :** *à, de, par, dans, pour, sans*
> **Adverbes :** *ensuite, comment, tellement, doucement*

a) William est présent, il a _____ le droit de participer au tirage.

b) Karina a rangé ses jouets _____ le coffre.

c) Charles a _____ mal à la tête qu'il ne veut pas aller jouer dehors.

d) Véronique est partie à l'école _____ ses livres et ses cahiers.

e) Jacques rêve d'habiter _____ Sainte-Luce-sur-Mer.

f) J'ai mangé mes fruits. _____, j'ai mangé mes légumes.

g) Tatiana est passée _____ Paris avant d'aller en province.

h) Mon père a _____ retiré l'écharde de mon pied.

i) Valérie a échoué à son examen d'anglais, _____ elle a réussi celui de français.

j) Étienne hésite entre un gâteau au chocolat _____ une tarte à la citrouille.

k) Gaëlle ne sait pas si elle lira un livre _____ si elle écoutera la télé.

l) France a mis son imperméable _____ se protéger de la pluie.

m) Il n'y a pas _____ restaurant dans mon quartier.

n) _____ avez-vous réussi à résoudre l'énigme ?

o) Antoine n'aime _____ le bœuf _____ le veau.

p) Nous ne viendrons pas _____ nous n'avons pas le temps.

Les adjectifs

1. Colorie en bleu les poissons qui contiennent un adjectif.

Les adjectifs

2. Relie chaque adjectif en caractères gras au mot qu'il qualifie.

Le Corbeau et le Renard

Jean de La Fontaine

Maître Corbeau, sur un arbre perché,

Tenait en son bec un fromage.

Maître Renard, par l'odeur alléché,

Lui tint à peu près ce langage :

« Hé ! Bonjour, Monsieur du Corbeau.

Que vous êtes **joli** ! que vous me semblez **beau** !

Sans mentir, si votre ramage

Se rapporte à votre plumage,

Vous êtes le Phénix des hôtes de ces bois. »

À ces mots le Corbeau ne se sent pas de joie ;

Et pour montrer sa **belle** voix,

Il ouvre un **large** bec, laisse tomber sa proie.

Le Renard s'en saisit, et dit : « Mon **bon** Monsieur,

Apprenez que tout flatteur

Vit aux dépens de celui qui l'écoute :

Cette leçon vaut bien un fromage, sans doute. »

Le Corbeau, **honteux** et **confus**,

Jura, mais un peu tard, qu'on ne l'y prendrait plus.

Les adjectifs

3. Certains adjectifs qualificatifs décrivent positivement une personne ou une chose. D'autres les décrivent de façon négative. Colorie le t-shirt en bleu si l'adjectif est positif et en rouge si l'adjectif est négatif.

brave

cruelle

méchant

bon

gentille

peureuse

gourmand

généreux

malpropre

laide

respectueux

jaloux

merveilleuse

belle

impolie

mauvais

courageux

vaniteux

Français 57

Les adjectifs

4. **Complète le groupe du nom en ajoutant un nom ou un adjectif. Sers-toi des listes fournies.**

> framboises, montagne, pomme, précieuse, bleu, rouge, belle, déchaînée

a) Noémie a mis sa _____ robe.
    adjectif

b) Henri a acheté un vélo _____.
    adjectif

c) Les élèves ont dessiné une grosse _____.
    nom

d) Caroline mange une bonne _____.
    nom

e) J'ai trouvé une pierre _____.
    adjectif

f) Marie-Soleil mange une tarte aux _____.
    nom

g) Le bateau vogue sur la mer _____.
    adjectif

h) Je regarde le ciel _____.
    adjectif

> télévision, heureuse, jaune, haut, contentes, fâché, lune, livre

i) Nous lisons un bon _____.
    nom

j) Manon est _____.
    adjectif

k) Pierre est _____.
    adjectif

l) Nous regardons la _____.
    nom

m) L'avion est _____ dans le ciel.
    adjectif

n) Mes amies sont _____.
    adjectif

o) Thomas conduit une voiture _____.
    adjectif

p) La _____ brille.
    nom

Les synonymes

1. Colorie, pour chaque fleur, le pétale sur lequel est écrit un synonyme du mot au centre de la fleur.

a)
joli
beau
laid
gentil

b)
petit
grand
géant
pointu

c)
crédule
creux
crétin
profond

d)
vendre
capturer
attraper
relâcher

e)
haïr
aimer
adorer
détester

f)
bouteille
baril
tasse
tonneau

g)
pétrir
taquiner
agacer
ramer

h)
laid
appétissant
dégoûtant
alléchant

i)
soyeux
doux
violent
rapide

Français 59

Les synonymes

2. Remplace les mots entre parenthèses par un synonyme.

a) Coralie (déteste) _____ le macaroni aux légumes.

b) Shawn regarde un film (ennuyant) _____ à la télévision.

c) Patrick est (distrait) _____ par le bruit de la radio.

d) Justine a vu son (docteur) _____ hier après-midi.

e) Olivier s'est acheté un (joli) _____ manteau d'hiver.

f) Les policiers ont (épinglé) _____ les auteurs du vol de banque.

g) Les enfants ont enlevé leurs vêtements (crasseux) _____.

h) Maude a beaucoup de (chagrin) _____ d'avoir perdu son chat.

i) Mathieu a été (discourtois) _____ en classe aujourd'hui.

j) Le train roule sur (les rails) _____.

k) Henri est (satisfait) _____ du résultat de son examen d'anglais.

l) Antoine s'occupe des (poupons) _____ dans un CPE.

m) L'écureuil s'est (enfui) _____ en entendant le chien japper.

n) L'ornithologue a perdu ses (longues-vues) _____.

o) Sandrine a (dégusté) _____ des langoustines avec du beurre.

p) Mon père a acheté un meuble en (piteux) _____ état.

Les antonymes

1. Colorie, pour chaque fleur, le pétale sur lequel est écrit un antonyme du mot au centre de la fleur.

a)
- guerre
- paix
- tranquille
- gentil

b)
- mère
- fille
- garçon
- tante

c)
- toujours
- jamais
- parfois
- temps

d)
- égal
- haut
- grand
- bas

e)
- demain
- nuit
- jour
- hier

f)
- salir
- laver
- nettoyer
- repasser

g)
- bouger
- avancer
- reculer
- marcher

h)
- fermé
- ouvert
- béant
- trou

i)
- chaud
- frais
- froid
- frisquet

Les antonymes

2. **Remplace les mots entre parenthèses par un antonyme.**

a) Ma sœur travaille (la nuit) _____ dans un hôpital.

b) La patronne du restaurant a servi un (excellent) _____ ragoût.

c) Les vêtements de Damien sont (trempés) _____.

d) Francine a (ouvert) _____ toutes les fenêtres de la classe.

e) Marie-Hélène habite (près) _____ de l'école.

f) Jean-Christophe a (rempli) _____ la baignoire.

g) Nous avons pris un (petit) _____ morceau de gâteau.

h) Fanny joue au ballon à l'(intérieur) _____ de la maison.

i) Marc-Antoine est arrivé (tôt) _____ à l'école.

j) Elles ont (gagné) _____ leur match de tennis.

k) Patricia est (contente) _____ du cadeau qu'elle a reçu.

l) (Mon grand-père) _____ vit à Valleyfield.

m) Nadine croit que c'est (possible) _____ de finir nos devoirs rapidement.

n) Yannick a (chuchoté) _____ pendant le film.

o) Ma tante Monique vit dans un (taudis) _____.

p) Mon oncle Gérard vit à l'(est) _____ de Montréal.

La phrase

1. **Fais un X dans la bonne colonne pour indiquer si la phrase est positive ou négative.**

		Forme positive	Forme négative
a)	Est-ce que vous habitez près de l'école ?		
b)	C'est un conseil facile à suivre.		
c)	Elles ne sont pas venues à la fête.		
d)	As-tu acheté un nouveau téléphone ?		
e)	Ne venez pas nous voir dans le gymnase.		
f)	Ma cousine est chorégraphe pour une troupe de danse.		
g)	Nous ne laissons pas traîner nos jouets.		
h)	Fanny n'a pas voulu aider son amie Anne.		
i)	Est-ce que les ballons ont été oubliés dehors ?		
j)	Est-ce que Véronique et Nathalie sont végétariennes ?		
k)	Henri et Léon ne se sont pas qualifiés pour la finale.		
l)	Léa et Simon ont acheté un nouveau téléviseur.		
m)	Je n'aime pas jouer à des jeux de société.		
n)	Tony fait partie de l'équipe de hockey de l'école.		
o)	Pascale joue de la guitare et du piano.		
p)	Nous n'irons pas faire de la voile aujourd'hui.		

La phrase

2. Réponds aux questions par une phrase positive et une phrase négative.

a) Est-ce que Tara a vu ton nouveau manteau ?

Phrase positive : _____

Phrase négative : _____

b) Es-tu déjà allée en Afrique du Sud ?

Phrase positive : _____

Phrase négative : _____

c) Faut-il faire un plan avant de commencer à écrire ?

Phrase positive : _____

Phrase négative : _____

d) Connaissez-vous les règles du jeu ?

Phrase positive : _____

Phrase négative : _____

e) As-tu vu les skieurs dévaler les pentes ?

Phrase positive : _____

Phrase négative : _____

f) Est-ce que tu vas jouer dehors avec tes amis ?

Phrase positive : _____

Phrase négative : _____

La phrase

3. Transforme les phrases déclaratives en phrases interrogatives.

a) Simon joue au tennis contre Félix.

_____

b) Aurélie et Gaëlle lisent une bande dessinée.

_____

c) Tamara ira au cinéma ce soir.

_____

d) J'ai visité le musée du Louvre à Paris.

_____

e) Les pirates ont pillé le bateau du capitaine Grant.

_____

f) Les sirènes attiraient les matelots par leurs chants maléfiques.

_____

g) Mes parents ont installé un composteur dans le jardin.

_____

h) Marie-Josée donne des cours de karaté.

_____

i) Francis collectionne les timbres.

_____

La phrase

4. Transforme ces phrases déclaratives en phrases impératives.

a) Nous mangeons de la tarte au sucre.

_____

b) Tu ranges ta chambre et le sous-sol.

_____

c) Vous allez voir une pièce de théâtre avec votre mari.

_____

d) Tu écris une lettre à son oncle.

_____

e) Nous marchons tous les jours.

_____

f) Vous allez voir un film.

_____

g) Nous menons les vaches au champ.

_____

h) Tu regardes un film à la télé.

_____

La phrase

5. Fais un X dans la bonne colonne pour indiquer si la phrase est positive ou négative, puis interrogative, déclarative ou exclamative.

	Positive	Négative	Interrogative	Déclarative	Exclamative
a) Carlo ne veut pas chanter.					
b) Est-ce que le taxi est arrivé ?					
c) Comme c'est merveilleux !					
d) Comme ce n'est pas beau !					
e) Yolande fait du jogging.					
f) Delphine n'aime pas la soupe au chou.					
g) Voulez-vous une tranche de melon ?					
h) Fatima voudrait aller jouer dehors.					
i) C'est génial !					
j) Pourquoi ne voulez-vous pas venir ?					
k) Elle ne veut pas cueillir de pommes.					
l) Qu'il fait chaud aujourd'hui !					
m) Marilou se sent seule.					
n) N'est-elle pas la nouvelle directrice ?					
o) Mon enseignante est malade aujourd'hui.					
p) Quelle belle surprise !					

Les proverbes

1. **Écris à côté de chaque proverbe le numéro de la définition correspondante.**

1. Avec volonté et à force de persévérance, on atteint notre but.

2. Il peut arriver bien des choses entre le désir et la réalisation d'un projet.

3. Celui qui use de violence sera victime de violence.

4. On brille au milieu des sots quand on a peu d'intelligence.

5. Quand le responsable est absent, les subordonnés en profitent.

6. Les jeunes manquent d'expérience et les plus âgés manquent de force.

7. Il y a souvent un fond de vérité dans les rumeurs.

8. Chacun doit être payé pour le travail effectué.

9. Il ne faut pas intervenir dans les conflits entre des gens qu'on connaît.

10. Le mauvais ouvrier qui fait du mauvais travail rejette le blâme sur ses outils.

11. Emprunter à quelqu'un pour rembourser quelqu'un d'autre.

12. On n'arrive pas à un résultat sans peine.

13. Il faut réfléchir avant de parler.

a) Au royaume des borgnes, les aveugles sont rois. _____

b) Il n'y a pas de fumée sans feu. _____

c) Il y a loin de la coupe aux lèvres. _____

d) Entre l'arbre et l'écorce, il ne faut pas mettre le doigt. _____

e) Toute peine mérite un salaire. _____

f) Déshabiller Pierre pour habiller Paul. _____

g) On ne fait pas d'omelette sans casser des œufs. _____

h) Si jeunesse savait, si vieillesse pouvait. _____

i) À méchant ouvrier, point de bon outil. _____

j) Petit à petit, l'oiseau fait son nid. _____

k) Quiconque se sert de l'épée périra par l'épée. _____

l) Il faut tourner sa langue sept fois dans sa bouche avant de parler. _____

m) Le chat parti, les souris dansent. _____

Les proverbes

2. **Écris à côté de chaque proverbe le numéro de sa définition.**

1. Les apparences sont souvent trompeuses.

2. Commencer par la fin.

3. Le temps bien employé est profitable.

4. Il ne vaut pas la peine de faire les efforts pour obtenir cette chose.

5. À force de s'exercer à une chose, on y devient habile.

6. On redoute même l'apparence de ce qui nous a déjà nui.

7. Il vaut parfois mieux agir tardivement que pas du tout.

8. Celui qui vient d'un pays lointain peut mentir sans crainte d'être découvert.

9. Se dit à propos de quelqu'un qui a des goûts étranges.

10. C'est à ses actes qu'on reconnaît la valeur de quelqu'un.

11. Celui qui provoque des situations fâcheuses en subira les conséquences.

12. Ce n'est pas sur les apparences qu'il faut juger les gens.

a) Le temps, c'est de l'argent. _____

b) Tous les goûts sont dans la nature. _____

c) Qui sème le vent récolte la tempête. _____

d) Mettre la charrue devant les bœufs. _____

e) A beau mentir qui vient de loin. _____

f) Mieux vaut tard que jamais. _____

g) Le jeu n'en vaut pas la chandelle. _____

h) C'est en forgeant qu'on devient forgeron. _____

i) Chat échaudé craint l'eau froide. _____

j) L'air ne fait pas la chanson. _____

k) L'habit ne fait pas le moine. _____

l) On reconnaît l'arbre à ses fruits. _____

Les expressions figées

1. Écris l'expression qui correspond à chacune des illustrations.

a)

_____

b)

_____

c)

_____

d)

_____

e)

_____

f)

_____

g)

_____

h)

_____

i)

_____

Les expressions figées

2. Écris l'expression qui correspond à chacune des illustrations.

a)

_____

_____

b)

_____

_____

c)

_____

_____

d)

_____

_____

e)

_____

_____

f)

_____

_____

g)

_____

_____

h)

_____

_____

i)

_____

_____

Le sens propre et le sens figuré

1. **Indique si la phrase est au sens propre ou au sens figuré.**

a) Le méchant sorcier avait un cœur de pierre. _____

Monsieur Tremblay a le cœur malade. _____

b) Mathilde porte une robe verte. _____

Mathilde était verte de jalousie. _____

c) Francesco regarde les étoiles. _____

Francesco a les yeux remplis d'étoiles. _____

d) Marika avait des fourmis dans les jambes. _____

Les fourmis ont envahi la maison de Marika. _____

e) Tu tombes bien, je voulais justement te voir. _____

Isabelle est tombée dans l'eau. _____

f) Marc a ajouté du sel dans son potage. _____

Il fallait absolument que Marc mette son grain de sel. _____

g) Il fait un froid de canard. _____

Le canard a froid. _____

h) Éric a coupé le pain sur la planche à découper. _____

Éric a du pain sur la planche. _____

i) Aurélie se sent comme un poisson dans l'eau. _____

Aurélie a pêché un poisson. _____

j) Ma mère n'est pas dans son assiette. _____

Ma mère a acheté de nouvelles assiettes. _____

Le genre

1. Indique si le mot est féminin ou masculin.

1) espadrille : _____

2) écharpe : _____

3) bal : _____

4) épingle : _____

5) corail : _____

6) allumette : _____

7) avion : _____

8) bonhomme : _____

9) fleur : _____

10) annexe : _____

11) embouteillage : _____

12) éclair : _____

13) avant-midi : _____

14) angle : _____

15) appétit : _____

16) église : _____

17) épidémie : _____

18) épisode : _____

19) singe : _____

20) aéroport : _____

21) chou : _____

22) terrain : _____

23) feuille : _____

24) château : _____

25) jeu : _____

26) joyau : _____

27) chandail : _____

28) étoile : _____

29) chorale : _____

30) hôpital : _____

31) élan : _____

32) horloge : _____

33) hélicoptère : _____

34) accident : _____

35) oreiller : _____

36) omoplate : _____

37) voile : _____

38) haltère : _____

39) armoire : _____

40) moustiquaire : _____

41) ascenseur : _____

42) oasis : _____

Le genre

2. **Trouve la femelle des animaux suivants.**

âne

a) _____

bœuf

b) _____

bouc

c) _____

canard

d) _____

chien

e) _____

chat

f) _____

loup

g) _____

coq

h) _____

mouton

i) _____

éléphant

j) _____

singe

k) _____

lion

l) _____

Le genre

3. Dans les phrases suivantes, mets les mots soulignés au féminin.

a) L'avocat a défendu son client accusé d'avoir volé une banque.

_____

b) L'enseignant a réprimandé un garçon qui avait mal agi.

_____

c) Le directeur a rencontré mon père pour organiser un marathon.

_____

d) Le boulanger prend la commande d'un client.

_____

e) Les danseurs ont exécuté une chorégraphie très difficile.

_____

f) L'acteur a bien joué sur la scène du nouveau théâtre de notre quartier.

_____

g) Le compositeur présentera son nouvel album ce soir.

_____

h) Le dindon s'est enfui dans la forêt derrière la ferme.

_____

i) Mon frère est un chirurgien très connu partout dans le monde.

_____

Le genre

4. **Mets les mots suivants au féminin et classe-les dans la colonne appropriée.**

accusateur, acheteur, acteur, admirateur, agriculteur, ambassadeur, ambulancier, amusant, anxieux, aventurier, boulanger, brun, cavalier, chanceux, chaud, consommateur, correcteur, costumier, cousin, couturier, créateur, cuisinier, dangereux, décorateur, dessinateur, directeur, dompteur, droit, droitier, écolier, envieux, fabuleux, fermier, fier, fort, froid, gâteux, gaucher, grand, gris, habilleur, haut, heureux, lecteur, nageur, nerveux, noir, petit, peureux, policier, prédateur, premier, protecteur, skieur, tout, un, vert

Se terminent par *-euse* au féminin	Se terminent par *-trice* au féminin	Se terminent par *-ère* au féminin	Se terminent par *-e* au féminin

Le genre

5. **Mets les mots suivants au féminin et classe-les dans la colonne appropriée.**

acadien, aérien, amérindien, ancien, annuel, artificiel, attentif, auditif, australien,
bactérien, bon, bougon, bref, brouillon, bûcheron, canadien, champion, chien, chilien,
citoyen, collectif, comédien, confidentiel, corporel, créatif, culturel, décisif, dépressif,
émotif, éolien, espion, essentiel, européen, évasif, éventuel, exclusif, facultatif, fanfaron,
fictif, fraternel, fugitif, furtif, garçon, gardien, glouton, habituel, jumeau, lion, maigrichon,
maternel, mensuel, mignon, paternel, patron, personnel, pigeon, quotidien, tel, veuf

Se terminent par -onne au féminin	Se terminent par -enne au féminin	Se terminent par -elle au féminin	Se terminent par -ve au féminin

Le genre

6. Suis le chemin des mots au masculin pour te rendre à l'arrivée.

Départ

hibou	argile	fille	balle	mer	pie
gardien	armoire	neige	bague	mère	tristesse
ascenseur	autoroute	pluie	montre	tante	barrette
hôpital	épice	porte	photo	nièce	situation
hôtel	hélice	lune	chatte	noisette	station
accident	horloge	chanson	allumette	boule	présidente
escalier	moustiquaire	musique	fée	dent	directrice
autobus	omoplate	géante	magicienne	langue	radio
automne	once	sœur	île	étoile	compagnie
oreiller	orteil	pétale	pamplemousse	habit	machine
tasse	toile	jambe	légende	avion	roue
cuiller	couverture	imprimante	joyeuse	agrume	loge
bouche	feuille	fenêtre	femelle	haltère	pizza
toute	règle	tuile	auto	incendie	viande
taille	aiguille	citrouille	bicyclette	autographe	chaise
bouteille	fleur	orange	sérieuse	entracte	assiette
souris	colle	télé	écorce	narcisse	tentacule
jument	boîte	douche	école	dune	termite

Arrivée

Le nombre

1. **Mets les mots suivants au pluriel et classe-les dans la colonne appropriée.**

bambou, bateau, beau, bocal, bouleau, brutal, bureau, cadeau, caribou, chanson,
cheval, ciseau, clé, clou, cou, crayon, disque, eau, école, écran, écrou, feuille, final,
flou, fou, gâteau, général, hôpital, illégal, jovial, kangourou, malade, manteau, médical,
moineau, mondial, mot, mou, musical, nounou, page, peau, photo, plancher, poteau,
radio, rouleau, ruisseau, seau, signal, sou, toutou, tropical, trou, valise, vocal, voyou

Se terminent par -*s* au pluriel	Se terminent par -*aux* au pluriel	Se terminent par -*eaux* au pluriel	Se terminent par -*ous* au pluriel

Le nombre

2. Les mots suivants sont des exceptions, c'est-à-dire qu'ils forment leur pluriel différemment des mots qui ont la même finale ou que leur pluriel est différent de leur singulier. Trouve leur pluriel.

Exemple :

cou : cous	chou : choux	vitrail : vitraux

a) bail : _____

b) bal : _____

c) banal : _____

d) bijou : _____

e) bleu : _____

f) caillou : _____

g) carnaval : _____

h) cérémonial : _____

i) chacal : _____

j) corail : _____

k) émail : _____

l) fatal : _____

m) festival : _____

n) genou : _____

o) hibou : _____

p) joujou : _____

q) landau : _____

r) madame : _____

s) monsieur : _____

t) narval : _____

u) natal : _____

v) naval : _____

w) œil : _____

x) pneu : _____

3. Suis le chemin des mots au pluriel pour que le chien se rende à sa niche.

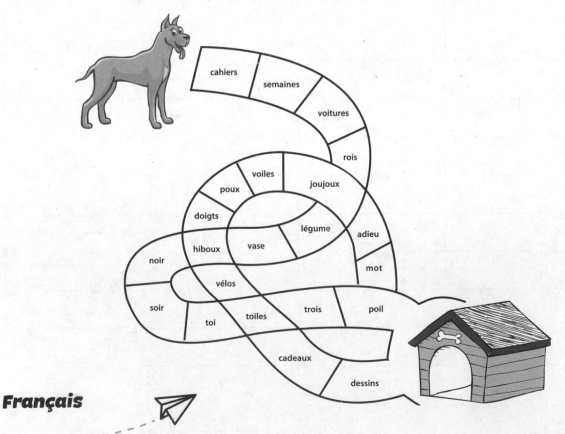

cahiers · semaines · voitures · rois · voiles · poux · joujoux · doigts · légume · adieu · hiboux · vase · noir · mot · vélos · soir · toi · toiles · trois · poil · cadeaux · dessins

Le nombre

4. Mets les phrases suivantes au pluriel.

a) Mon amie mange une pomme. _____

b) Ma fille a de la peine. _____

c) Le lundi, elle suit un cours. _____

d) Cet arbre est malade. _____

e) Le magasin est ouvert. _____

f) Il a perdu son crayon. _____

g) Elle a remporté un prix. _____

h) Le hibou mange une souris. _____

i) Le pneu est dégonflé. _____

j) L'animal est caché. _____

k) Le feu est rouge. _____

l) La maison est à vendre. _____

m) La feuille est tombée. _____

n) Le crayon est sur la table. _____

o) Le jeu est amusant. _____

p) Le gâteau est bon. _____

La ponctuation

1. **Ajoute les signes de ponctuation manquants (, .?!) dans les phrases suivantes.**

   a) Quel beau paysage

   b) As-tu entendu la nouvelle chanson de Mélanie

   c) Mon frère veut des disques des livres et des jeux pour Noël

   d) Est-ce que Jean a vu ton nouveau site Web

   e) Les poules les vaches les cochons et les chevaux vivent sur la ferme

   f) Est-ce que ton ami veut du dessert

   g) Quelle journée magnifique

   h) Félix regarde son émission préférée

   i) Florence achète des pommes des bananes des oranges et des raisins

   j) Ils veulent avoir un œil sur nous

   k) Quel spectacle magnifique

   l) Quelle est votre position

   m) Sarah écoute la radio

   n) Avez-vous rendu vos livres à la bibliothèque

   o) Mon chat et mon chien s'entendent bien

   p) Comme votre chien est laid

2. **Trouve le signe de ponctuation dont il est question.**

   a) Je sers à séparer les éléments d'une énumération, à encadrer ou à isoler un groupe de mots ou à juxtaposer des phrases. _____

   b) Je termine une phrase exclamative et certaines phrases impératives.

   _____

   c) Je termine une phrase interrogative. _____

   d) Je termine une phrase déclarative. _____

L'ordre alphabétique

1. Classe les noms d'oiseaux dans l'ordre alphabétique.

moineau	faucon	geai	roselin
macareux	sittelle	colibri	moqueur
aigle	ibis	tohi	corneille
balbuzard	hirondelle	merlebleu	bruant

1. _____   2. _____

3. _____   4. _____

5. _____   6. _____

7. _____   8. _____

9. _____   10. _____

11. _____   12. _____

13. _____   14. _____

15. _____   16. _____

2. Classe les prénoms d'élèves de la classe de Julie dans l'ordre alphabétique.

Océane	Amélie	Zoé	Gaston
Marie	Nicholas	Antoine	Félix
William	Victor	Brigitte	Kevin

1. _____   2. _____

3. _____   4. _____

5. _____   6. _____

7. _____   8. _____

9. _____   10. _____

11. _____   12. _____

L'ordre alphabétique

3. **Replace les lettres dans l'ordre alphabétique. Attention, trois lettres sont manquantes.**

b   g   p   e   l   s
      v   f
   m   a   c   u
k   z   d   i   x
h   q   t   o   w   y

Les lettres dans l'ordre sont : _____

Les lettres manquantes sont : _____ _____ _____

4. **Trouve la lettre dont il est question.**

a) Je suis la 12e lettre de l'alphabet. _____   b) Je suis la 15e lettre de l'alphabet. _____

c) Je suis la 2e lettre de l'alphabet. _____   d) Je suis la 20e lettre de l'alphabet. _____

e) Je suis la 7e lettre de l'alphabet. _____   f) Je suis la 23e lettre de l'alphabet. _____

g) Je suis la 4e lettre de l'alphabet. _____   h) Je suis la 26e lettre de l'alphabet. _____

i) Je suis la 18e lettre de l'alphabet. _____   j) Je suis la 9e lettre de l'alphabet. _____

L'utilisation du dictionnaire

1. **Indique à quelle page de ton dictionnaire se trouvent les mots suivants.**

   a) toi _____

   b) zèbre _____

   c) siècle _____

   d) bonbon _____

   e) mauvais _____

   f) catalogue _____

   g) dent _____

   h) wapiti _____

   i) toujours _____

2. **Cherche dans le dictionnaire les mots demandés. Écris le mot qui le précède et le mot qui le suit.**

   Exemple :

   > yoga : yod (est avant *yoga*), yogi (est après *yoga*)

   a) _____ mouchoir _____

   b) _____ allumette _____

   c) _____ voisin _____

   d) _____ kangourou _____

   e) _____ ustensile _____

   f) _____ pantalon _____

   g) _____ sauvage _____

   h) _____ fibre _____

   i) _____ volcan _____

   j) _____ tiret _____

   k) _____ école _____

   l) _____ hélice _____

   m) _____ nièce _____

L'utilisation du dictionnaire

3. **Essaie de trouver par toi-même le sens des mots suivants et écris-le. Ensuite, vérifie ta réponse dans le dictionnaire et écris la définition.**

a) *impala* : ta définition : _____

La définition du dictionnaire : _____

b) *soute* : ta définition : _____

La définition du dictionnaire : _____

c) *morille* : ta définition : _____

La définition du dictionnaire : _____

d) *vétuste* : ta définition : _____

La définition du dictionnaire : _____

e) *engluer* : ta définition : _____

La définition du dictionnaire : _____

f) *périple* : ta définition : _____

La définition du dictionnaire : _____

g) *nymphéa* : ta définition : _____

La définition du dictionnaire : _____

h) *zinc* : ta définition : _____

La définition du dictionnaire : _____

i) *charlotte* : ta définition : _____

La définition du dictionnaire : _____

Les marqueurs de relation

1. Complète les phrases en encerclant le marqueur de relation approprié.

Avant de / Mais

a) _____ commencer à faire mes devoirs, je vais manger ma collation.

après / parce que

b) Kevin ne viendra pas _____ ses parents ne veulent pas qu'il sorte.

De plus / Pendant que

c) _____ tu cherchais dans le dictionnaire, Jean s'est rappelé de la définition.

L'an prochain / L'an dernier

d) _____, j'aurai une nouvelle bicyclette rouge et bleue.

À cause / Car

e) _____ des orages violents, nous n'avons pas pu faire de la randonnée.

Parce que / Quand

f) _____ les oiseaux chantent tôt le matin, ils me réveillent.

Enfin / Premièrement

g) _____, nous passerons le balai ; ensuite, nous laverons le plancher.

car / ou

h) Mariane _____ Catherine fera le ménage dans la classe.

Soudain / Dehors

i) _____, elles ont entendu un drôle de bruit qui venait de la cave.

Actuellement / Hier

j) _____, je fais mes devoirs et mes leçons avec Luce.

bientôt / parfois

k) Coralie aura _____ le jeu vidéo qu'elle désire depuis longtemps.

dehors / devant

l) Elle a présenté son nouveau spectacle _____ une foule immense.

Les mots-valises

Les mots-valises sont la fusion de deux mots existants pour nommer une réalité nouvelle :
par exemple, **biblio**thèque et auto**bus** : bibliobus.

1. Trouve les mots-valises correspondant aux deux mots donnés.

> abribus   clavardage   franglais   pourriel   téléthon
> alicament   courriel   héliport   restoroute   velcro
> caméscope   didacticiel   internaute   robotique

a) courrier et électronique :

_____

b) poubelle et courriel :

_____

c) abri et autobus :

_____

d) hélicoptère et aéroport :

_____

e) restaurant et route :

_____

f) robot et informatique :

_____

g) clavier et bavardage :

_____

h) télévision et marathon :

_____

i) caméra et magnétoscope :

_____

j) français et anglais :

_____

k) Internet et astronaute :

_____

l) velours et crochet :

_____

m) didactique et logiciel :

_____

n) aliment et médicament :

_____

**2. Amuse-toi à inventer de nouveaux mots en réunissant deux parties de mots.
N'oublie pas d'inventer une définition pour ces nouveaux mots.**

_____

_____

_____

_____

Les mots de même famille

1. Trouve les mots de même famille et écris-les sous le tableau. Il y a 12 familles différentes.

roman	silencieusement	troublant
rire	pardonner	libération
silence	troubler	pardonnable
pardon	ventilation	silencieux
mince	libérateur	livret
trouble	livresque	venteux
vent	millionnaire	romanesque
libre	faisable	riante
million	minceur	défaire
livre	naturelle	naturellement
faire	rieur	émincé
nature	romancer	millionième

1. _____   1. _____   1. _____

2. _____   2. _____   2. _____

3. _____   3. _____   3. _____

4. _____   4. _____   4. _____

5. _____   5. _____   5. _____

6. _____   6. _____   6. _____

7. _____   7. _____   7. _____

8. _____   8. _____   8. _____

9. _____   9. _____   9. _____

10. _____   10. _____   10. _____

11. _____   11. _____   11. _____

12. _____   12. _____   12. _____

Les homophones

1. **Complète les phrases en choisissant le bon homophone.**

a) _____ aujourd'hui dimanche, alors Marie a mis _____ souliers verts.
   (Ces, Ses, C'est)   (ces, ses, c'est)

b) « _____ billes sont à moi », a dit mon amie France.
   (Ces, Ses, C'est)

c) _____ à Marie que _____ parents ont donné la maison.
   (Ces, Ses, C'est)   (ces, ses, c'est)

d) Ma mère m'a dit : « _____ ton manteau, ta tuque et tes mitaines. »
   (Mais, M'est, Mets)

e) Caroline voulait aller voir un film, _____ ses parents n'ont pas voulu.
   (mais, m'est, mets)

f) Il _____ difficile de vous répondre parce que je n'ai pas lu ce livre.
   (mais, m'est, mets)

g) Ils _____ dit qu'ils ne voulaient pas y aller sans toi.
   (ton, thon, t'ont)

h) Le _____ rouge peut atteindre 4 m de long et peser plus de 600 kg.
   (ton, thon, t'ont)

i) J'ai demandé à _____ père de m'aider à faire mon devoir de mathématique.
   (ton, thon, t'ont)

j) Sophie ne voulait pas aller chez sa tante _____ Saint-Ferréol-les-Neiges.
   (à, a)

k) Jean-Alexandre _____ accepté de venir garder ma petite sœur.
   (à, a)

l) Amélie m'a gentiment prêté _____ nouveau vélo.
   (sont, son)

m) Mes oncles et mes tantes _____ allés en voyage ensemble.
   (sont, son)

Les homophones

2. Trouve un homophone pour chacun des mots suivants.

a) camp _____

b) poing _____

c) sans _____

d) elle _____

e) fois _____

f) voie _____

g) sont _____

h) ancre _____

i) dans _____

j) ce _____

k) cet _____

l) peau _____

m) scie _____

n) chère _____

o) champ _____

3. Complète les phrases en choisissant le bon homophone.

a) _____ n'est pas lui qui _____ fera blâmer à ta place.
    (Ce, Se)   (ce, se)

b) Martin _____ demandait _____ qu'il aurait pu faire de plus.
                (ce, se)   (ce, se)

c) _____ mon professeur d'anglais qui _____ fait élire maire de notre ville.
    (C'est, S'est)   (s'est, ses)

d) J'étais certaine d'avoir déposé _____ lampe juste _____.
                               (la, là)   (la, là)

e) Zacharie _____ vu s'enfuir avec le ballon du prof de gym.
                (la, l'a)

f) _____ mère _____ demandé de l'aider à nettoyer la piscine.
    (Ma, M'a)   (ma, m'a)

g) Ils _____ affirmé qu' _____ ne voulait pas d'eux dans notre équipe.
       (on, ont)   (on, ont)

Les onomatopées

1. **Utilise la bonne onomatopée pour compléter la phrase.**

atchoum	bêêêê	beurk!	blablabla	bouh!
boum	cocorico	coin coin	dring dring	vroum vroum
flic, flac	glouglou	Ho! Ho! Ho!	ksskss	miam!
plouf	tchou tchou	tic tac	toc, toc, toc	

a) Madame Denis est enrhumée. Elle fait « _____ » toute la journée.

b) La bombe a fait « _____ » lorsqu'elle a explosé.

c) Le « _____ » des moutons m'a empêché de faire la sieste cet après-midi.

d) Marc a dit : « _____ » lorsqu'il a vu le ragoût de mouton que son oncle avait préparé.

e) Le perroquet de mon ami parle sans cesse. Je n'en peux plus d'entendre son _____ .

f) Le train fait « _____ » lorsqu'il arrive à la gare.

g) Quand j'étais petit, le « _____ » du père Noël me faisait peur.

h) Le « _____ » du canard me faisait beaucoup rire.

i) Tous les matins à la ferme, c'est le « _____ » du coq qui me réveillait.

j) « _____ » a dit Coralie en goûtant au potage qu'elle avait préparé.

k) Ça m'énervait d'entendre le « _____ » que faisait mon frère en buvant son verre de lait.

l) « _____ » a fait ma sœur pour me faire peur.

m) Le téléphone faisait « _____ » et ça m'a réveillé.

n) Lorsque le clown est tombé à l'eau, nous avons entendu un gros « _____ ».

o) Mes souliers trempés faisaient « _____ » lorsque je marchais.

p) Lorsque j'ai entendu le serpent faire « _____ », j'ai eu peur.

Les rimes

1. **Replace les mots manquants dans le poème.**

amours   four   côté   prisonniers   paresseux   soir

Impression fausse
Paul Verlaine

Dame souris trotte,
Noire dans le gris du _____,
Dame souris trotte
Grise dans le noir.

On sonne la cloche,
Dormez, les bons_____ !
On sonne la cloche :
Faut que vous dormiez.

Pas de mauvais rêve,
Ne pensez qu'à vos _____
Pas de mauvais rêve :
Les belles toujours !

Le grand clair de lune !
On ronfle ferme à _____.
Le grand clair de lune
En réalité !

Un nuage passe,
Il fait noir comme en un _____.
Un nuage passe.
Tiens, le petit jour !

Dame souris trotte,
Rose dans les rayons bleus.
Dame souris trotte :
Debout, _____ !

2. **Compose un poème mettant en vedette une souris.**

_____

_____

_____

Les rimes

3. Trouve le mot qui rime avec celui demandé.

a) Un support pour écrire des notes qui rime avec *chevalier* : _____

b) Un sport de glace qui rime avec *poulette* : _____

c) Un sport individuel qui rime avec *crime* : _____

d) Un pays d'Europe qui rime avec *galle* : _____

e) Un moyen de transport écologique qui rime avec *bateau* : _____

f) Une fête aimée des enfants qui rime avec *Line* : _____

g) Une habitation de glace qui rime avec *hibou* : _____

h) Une saison qui rime avec *autant* : _____

i) Une partie du corps qui rime avec *fête* : _____

j) Un endroit où tu te rends souvent qui rime avec *colle* : _____

k) Un mois de l'année qui rime avec *lacet* : _____

l) Une planète qui rime avec *diurne* : _____

m) Un pays très peuplé qui rime avec *dinde* : _____

n) Une province canadienne qui rime avec *tombola* : _____

o) Un mammifère marin qui rime avec *haleine* : _____

p) Un batracien qui rime avec *mouille* : _____

L'écriture des nombres

Écris les nombres suivants en toutes lettres.

1) 15 : _____

2) 21 : _____

3) 14 : _____

4) 40 : _____

5) 4 : _____

6) 19 : _____

7) 79 : _____

8) 20 : _____

9) 80 : _____

10) 99 : _____

11) 13 : _____

12) 41 : _____

13) 3 : _____

14) 37 : _____

15) 91 : _____

16) 10 : _____

17) 5 : _____

18) 2 : _____

19) 31 : _____

20) 49 : _____

21) 9 : _____

22) 97 : _____

23) 1 : _____

24) 50 : _____

25) 30 : _____

26) 55 : _____

27) 12 : _____

28) 8 : _____

29) 57 : _____

30) 22 : _____

Dictée

1. **Demande à quelqu'un de te dicter les mots qui se trouvent à la page 356 du corrigé.**

1) _____	2) _____
3) _____	4) _____
5) _____	6) _____
7) _____	8) _____
9) _____	10) _____
11) _____	12) _____
13) _____	14) _____
15) _____	16) _____
17) _____	18) _____
19) _____	20) _____
21) _____	22) _____
23) _____	24) _____
25) _____	26) _____
27) _____	28) _____
29) _____	30) _____

2. **Recopie trois fois les mots que tu as mal orthographiés.**

_____

_____

_____

_____

_____

_____

_____

Les préfixes

1. **Trouve le préfixe, sa signification et un exemple en suivant les indices donnés.**

	Préfixe		Signification		Exemple
a)	B-4 _____	C-7 _____		F-8 _____	
b)	E-1 _____	A-7 _____		D-3 _____	
c)	F-5 _____	A-9 _____		E-7 _____	
d)	B-9 _____	C-1 _____		D-9 _____	
e)	A-1 _____	F-4 _____		E-5 _____	
f)	C-4 _____	E-9 _____		F-1 _____	
g)	F-9 _____	A-2 _____		D-5 _____	
h)	C-8 _____	F-2 _____		C-5 _____	
i)	C-2 _____	D-7 _____		A-4 _____	
j)	B-2 _____	F-6 _____		C-9 _____	
k)	B-6 _____	B-8 _____		E-2 _____	
l)	D-4 _____	B-5 _____		E-6 _____	
m)	F-7 _____	A-5 _____		D-1 _____	
n)	B-7 _____	A-3 _____		D-2 _____	
o)	D-8 _____	E-3 _____		D-6 _____	
p)	B-1 _____	E-8 _____		C-3 _____	
q)	A-8 _____	C-6 _____		E-4 _____	
r)	B-3 _____	F-3 _____		A-6 _____	

	A	B	C	D	E	F
1	anti-	penta-	en double	biologie	agro-	bibliothèque
2	écrire	péd-	cardio-	kilomètre	parascolaire	petit
3	mille	mytho-	pentagone	agroalimentaire	de soi-même	mythe
4	cardiologue	aéro-	biblio-	thermo-	néologisme	contre
5	vie	chaleur	microphone	graphologie	antigel	allo-
6	mythologie	para-	nouveau	autonome	thermomètre	enfant
7	champ	kilo-	air	cœur	allophone	bio-
8	néo-	à côté	micro-	auto-	cinq	aéroport
9	autre	amphi-	pédiatre	amphibien	livre	grapho-

Les préfixes

2. Forme des mots avec les préfixes suivants. Le sens du préfixe est entre parenthèses. Tu peux utiliser le dictionnaire pour t'aider.

a) agro (champ) : _____

b) bio (vie) : _____

c) bi (deux) : _____

d) centi (cent) : _____

e) cosmo (monde) : _____

f) péri (autour) : _____

g) aéro (air) : _____

h) amphi (double) : _____

i) allo (autre) : _____

j) anti (contre) : _____

k) archi (degré) : _____

l) auto (de soi-même) : _____

m) biblio (livre) : _____

n) poly (nombreux) : _____

o) grapho (écrire) : _____

p) cardio (cœur) : _____

3. Donne la signification des préfixes soulignés.

a) pédiatrique : _____

b) bibliographie : _____

c) bipède : _____

d) centimètre : _____

e) antidouleur : _____

f) microscope : _____

g) graphologue _____

h) paratonnerre : _____

i) thermopompe : _____

j) mythomane : _____

k) pentaèdre _____

l) autobiographie : _____

m) néo-québécois : _____

n) monoplace : _____

o) aéroportuaire : _____

p) biologiste : _____

Les suffixes

1. **Trouve le suffixe, sa signification et un exemple en suivant les indices donnés.**

Suffixe	Signification	Exemple
a) B-2 _____	D-5 _____	F-2 _____
b) C-8 _____	A-5 _____	E-8 _____
c) D-1 _____	B-4 _____	E-4 _____
d) A-8 _____	F-6 _____	C-1 _____
e) A-1 _____	C-3 _____	B-7 _____
f) A-3 _____	D-6 _____	E-1 _____
g) E-5 _____	B-9 _____	D-4 _____
h) F-3 _____	C-6 _____	A-9 _____
i) E-2 _____	D-8 _____	F-9 _____
j) C-9 _____	A-2 _____	D-3 _____
k) F-7 _____	A-6 _____	B-1 _____
l) B-5 _____	E-7 _____	F-4 _____
m) F-1 _____	C-4 _____	A-7 _____
n) D-9 _____	C-2 _____	E-6 _____
o) F-8 _____	A-4 _____	C-7 _____
p) E-9 _____	E-3 _____	B-8 _____
q) D-7 _____	D-2 _____	F-5 _____
r) B-3 _____	C-5 _____	B-6 _____

	A	B	C	D	E	F
1	-lingue	oléoduc	québécois	culture	chaton	-ateur
2	spécialité	-age	possibilité	caractère	-ure	affichage
3	-on	-ment	langue	boulangerie	péjoratif	-ité
4	origine	cultiver	agent	carnivore	agriculture	calligraphie
5	tuer	-graphie	manière	action	-vore	actif
6	conduire	calmement	qualité	diminutif	coupable	origine
7	réparateur	bilingue	anglaise	-if	écrire	-duc
8	-ois	bellâtre	-cide	ensemble	homicide	-aise
9	vélocité	manger	-erie	-able	-âtre	voilure

Français 99

Les suffixes

2. **Forme des mots avec les suffixes suivants. Le sens du suffixe est entre parenthèses.**

a) cratie (puissance) : _____

b) graphie (écriture) : _____

c) logie (science) : _____

d) onyme (nom) : _____

e) phobe (haïr) : _____

f) scope (examiner) : _____

g) thérapie (traitement) : _____

h) cide (tuer) : _____

i) culture (cultiver) : _____

j) duc (conduire) : _____

k) lingue (langue) : _____

l) vore (manger) : _____

m) age (action) : _____

n) teur (agent) : _____

o) erie (spécialité) : _____

p) ette (diminutif) : _____

3. **Donne la signification des suffixes soulignés.**

a) acad<u>ien</u> : _____

b) toron<u>tois</u> : _____

c) dans<u>er</u> : _____

d) fratri<u>cide</u> : _____

e) ot<u>ite</u> : _____

f) rapide<u>ment</u> : _____

g) our<u>son</u> : _____

h) aim<u>able</u> : _____

i) psycho<u>logie</u> : _____

j) stétho<u>scope</u> : _____

k) omni<u>vore</u> : _____

l) horti<u>culture</u> : _____

m) alban<u>ais</u> : _____

n) maisonn<u>ette</u> : _____

o) rapid<u>ité</u> : _____

p) dessin<u>ateur</u> : _____

Les mots accentués

1. **Récris les mots suivants en ajoutant les accents manquants.**

1) a : _____

2) age : _____

3) agreable : _____

4) annee : _____

5) aout : _____

6) apres : _____

7) arreter : _____

8) arriere : _____

9) aussitot : _____

10) baton : _____

11) bebe : _____

12) bete : _____

13) bientot : _____

14) boite : _____

15) centimetre : _____

16) chateau : _____

17) cinema : _____

18) cle : _____

19) conge : _____

20) connaitre : _____

21) cote : _____

22) creer : _____

23) decembre : _____

24) decider : _____

25) decouvrir : _____

26) deja : _____

27) dejeuner : _____

28) delicieux : _____

29) deposer : _____

30) derniere : _____

31) derriere : _____

32) des : _____

33) desert : _____

34) detruire : _____

35) deuxieme : _____

36) different : _____

Les mots accentués

2. Récris les mots suivants en ajoutant les accents manquants.

1) helas! : _____

2) hopital : _____

3) idee : _____

4) journee : _____

5) jusqu'a : _____

6) la : _____

7) levre : _____

8) lumiere : _____

9) marche : _____

10) matiere : _____

11) menage : _____

12) mere : _____

13) metier : _____

14) metre : _____

15) metro : _____

16) misere : _____

17) moitie : _____

18) naitre : _____

19) numero : _____

20) ou : _____

21) pale : _____

22) paraitre : _____

23) pere : _____

24) piece : _____

25) posseder : _____

26) poupee : _____

27) preferer : _____

28) preference : _____

29) premiere : _____

30) preparer : _____

31) pres : _____

32) presenter : _____

33) priere : _____

34) probleme : _____

35) quatrieme : _____

36) repondre : _____

Se situer dans le temps

1. Complète les phrases en encerclant le bon mot.

Demain / Hier

a) _____, j'ai skié toute la soirée avec mes amis à Saint-Sauveur.

Demain / Hier

b) _____, j'irai jouer au hockey chez mon ami Mathieu.

autrefois / tout de suite

c) Mes parents veulent que je range ma chambre _____.

maintenant / bientôt

d) C'est mon anniversaire en juin. J'aurai _____ neuf ans.

Ensuite / Plus tard

e) Je ferai mes devoirs et mes leçons. _____, j'irai au cinéma avec mes parents.

avant / maintenant

f) Mon amie Sophie veut que je me rende chez elle _____.

prochain / dernier

g) Le mois _____, nous partirons pour l'Italie.

futur / passé

h) Dans le _____, nous pourrons voyager sur Mars et Vénus.

M devant b et p

1. **Complète les mots suivants en ajoutant la lettre manquante. Ensuite, trouve-les dans la grille. Les lettres restantes formeront un mot mystère.**

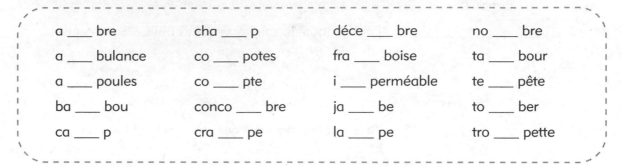

a ___ bre	cha ___ p	déce ___ bre	no ___ bre
a ___ bulance	co ___ potes	fra ___ boise	ta ___ bour
a ___ poules	co ___ pte	i ___ perméable	te ___ pête
ba ___ bou	conco ___ bre	ja ___ be	to ___ ber
ca ___ p	cra ___ pe	la ___ pe	tro ___ pette

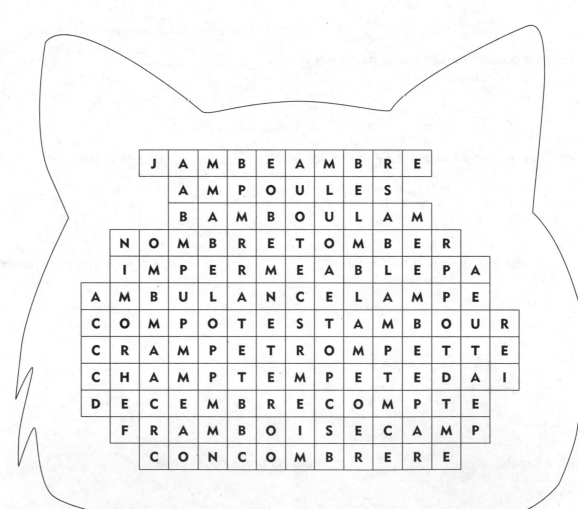

J	A	M	B	E	A	M	B	R	E	
A	M	P	O	U	L	E	S			
	B	A	M	B	O	U	L	A	M	
N	O	M	B	R	E	T	O	M	B	E	R
I	M	P	E	R	M	E	A	B	L	E	P	A
A	M	B	U	L	A	N	C	E	L	A	M	P	E
C	O	M	P	O	T	E	S	T	A	M	B	O	U	R
C	R	A	M	P	E	T	R	O	M	P	E	T	T	E
C	H	A	M	P	T	E	M	P	E	T	E	D	A	I
D	E	C	E	M	B	R	E	C	O	M	P	T	E
F	R	A	M	B	O	I	S	E	C	A	M	P
C	O	N	C	O	M	B	R	E	R	E

Mot mystère : _____

L'accord de *tout*

1. **Écris *tout*, *tous*, *toute* ou *toutes* pour compléter les phrases.**

a) _____ mes amis sont invités à mon anniversaire.

b) _____ mes sœurs viendront voir mon spectacle de danse.

c) Gaëlle a mangé _____ le gâteau au chocolat.

d) Roberto a pris _____ la place sur la banquette arrière de la voiture.

e) Il faut vérifier _____ les détails avant d'envoyer notre demande.

f) Simon et François ont regardé la télé _____ la soirée.

g) _____ les animaux du zoo ont eu peur de l'orage.

h) _____ les fleurs du jardin sont écloses.

i) Timothée a rangé _____ ses vêtements dans la penderie.

j) Sabrina a mis _____ la sauce à spaghetti au congélateur.

k) _____ le monde avait déserté la salle de danse.

l) _____ les garçons et les filles de la classe avaient le rhume.

m) _____ la chorale chantait des chansons de Noël.

n) _____ les membres de la troupe scoute faisaient du camping.

o) William avait pris _____ les bonbons de sa sœur.

p) François avait fait _____ le tour du quartier en vélo.

Les mots invariables

1. **Encercle le bon mot invariable pour compléter les phrases.**

à / dans

a) Annabelle est partie _____ Toronto pour les vacances de Noël.

contre / pour

b) Léa et Noémie mettront leur imperméable _____ se protéger de la pluie.

sous / dans

c) William a rangé ses jeux de société _____ le coffre à jouets.

toujours / jamais

d) Martine est prudente : elle met _____ son casque pour faire du vélo.

sur / mais

e) Lola a mis les sacs d'épicerie _____ le comptoir de la cuisine.

dessus / sur

f) Marie-Chantal dessine _____ le tableau de sa classe.

et / ou

g) Sébastien _____ Rachid doivent se rendre à Calgary.

jamais / peu

h) Ulric se plaint d'avoir _____ de jeux de société.

Les mots composés

1. **Recopie les mots composés suivants en ajoutant un ou des traits d'union au bon endroit.**

1) cassetete : _____

2) piquenique : _____

3) ouvreboîte : _____

4) arcenciel : _____

5) poussepousse : _____

6) chauvesouris : _____

7) bellesœur : _____

8) rincebouche : _____

9) tirebouchon : _____

10) passepartout : _____

11) portéclé : _____

12) comptegouttes : _____

13) perceneige : _____

14) grandoncle : _____

15) coupepapier : _____

16) cachecol : _____

17) couchetard : _____

18) cessezlefeu : _____

19) porteavions : _____

20) têteàtête : _____

21) savoirvivre : _____

22) gardechasse : _____

23) belledejour : _____

24) sansabri : _____

25) sousmarin : _____

26) gratteciel : _____

27) gardecôte : _____

28) cerfvolant : _____

29) stationservice : _____

30) aprèsmidi : _____

Les syllabes

1. **Sépare les syllabes à l'aide d'un trait oblique et écris combien de syllabes il y a dans chaque mot.**

1) amoureux : _____   2) bicyclette : _____   3) brocoli : _____

4) chapeau : _____   5) chemin : _____   6) chocolat : _____

7) clôture : _____   8) concombre : _____   9) dernière : _____

10) dimanche : _____   11) écureuil : _____   12) familiale : _____

13) fauteuil : _____   14) folle : _____   15) foulard : _____

16) fromage : _____   17) histoire : _____   18) hockey : _____

19) horloge : _____   20) insecte : _____   21) journée : _____

22) lampe : _____   23) maison : _____   24) musique : _____

25) nouveau : _____   26) ordinateur : _____   27) parapluie : _____

28) piscine : _____   29) pompier : _____   30) reine : _____

2. **Écris des mots de quatre syllabes.**

_____

_____

3. **Écris des mots de trois syllabes.**

_____

_____

4. **Écris des mots de une syllabe.**

_____

_____

Vocabulaire
Le livre

1. Lis le texte de la couverture arrière des livres et écris à quel genre littéraire ils appartiennent. Sers-toi de la banque de mots.

> livre de recettes   bande dessinée   pièce de théâtre
> roman policier   dictionnaire   recueil de poésie

Poèmes d'hiver
Isabelle Laframboise

Isabelle Laframboise nous fait découvrir un univers poétique hors du commun où la magie des mots nous fait voir l'hiver sous un autre angle.

Isabelle Laframboise a publié plusieurs romans pour enfants. *Poèmes d'hiver* est son premier ouvrage en rimes.

a) _____

_____

La mystérieuse affaire Dupont
Georges Renaud

Émile Dupont est retrouvé sans vie dans le coffre de sa voiture. Toutes les preuves mènent les enquêteurs vers la femme de Dupont. Tout semble clair, trop clair peut-être.

Suivez pas à pas cette enquête pleine de rebondissements dont le dénouement vous coupera le souffle.

b) _____

_____

Les aventures de Cléo
Babette et Vitado

Les illustrations de Babette et les textes de Vitado vous feront découvrir l'univers de Cléo, une jeune fille de 8 ans qui ne peut s'empêcher de se mettre les pieds dans les plats.

À paraître : *Cléo en vacances* et *Cléo à l'école*.

c) _____

_____

Le voyage intérieur
Caroline Duperron

Cette pièce présentée en avril 2007 au Théâtre de la Feuille a connu un immense succès.

Marco, jeune homme tourmenté, revit sa rencontre avec Marie, celle qu'il croyait être la femme de sa vie.

Ce texte à un seul personnage est d'une force incroyable.

d) _____

_____

La cuisine pour personne seule
Roberto Camirand

Faire les courses et cuisiner pour une seule personne n'est pas une tâche facile.

L'auteur, Roberto Camirand, présente une série de menus accompagnés de la liste d'ingrédients nécessaires. Plus de gaspillage ni de bol de céréales avalé à toute vitesse devant la télé!

Plus de 300 recettes pour personne seule: de l'entrée au dessert.

e) _____

_____

Mon premier dictionnaire
Eva Souligny

Mon premier dictionnaire a été conçu pour les enfants du premier cycle du primaire.

Les illustrations et les courtes définitions permettront aux élèves de se familiariser avec la recherche dans un dictionnaire et d'enrichir leur vocabulaire.

f) _____

_____

Vocabulaire
Les instruments de musique

2. **Écris le nom de chaque instrument de musique. Ensuite, indique s'il s'agit d'un instrument à cordes, à vent ou à percussion.**

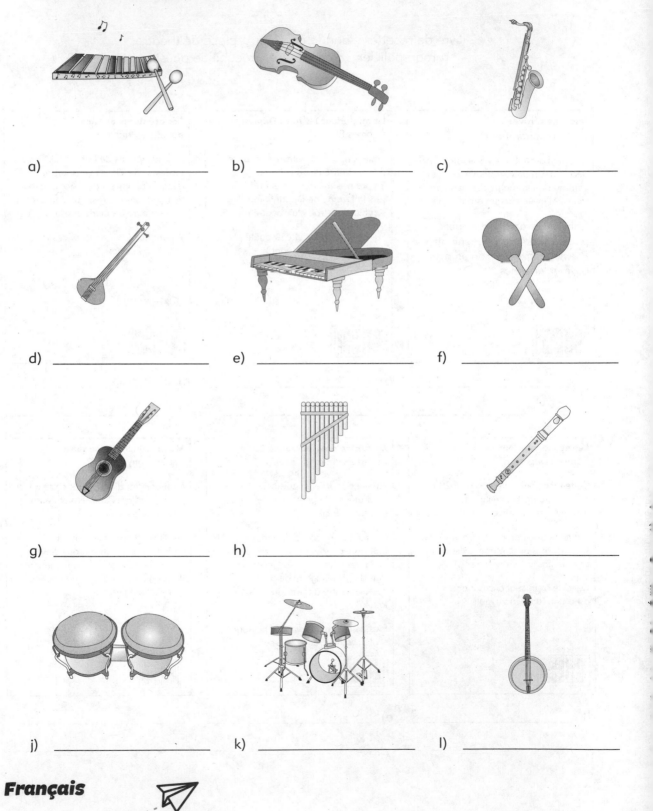

a) _____

b) _____

c) _____

d) _____

e) _____

f) _____

g) _____

h) _____

i) _____

j) _____

k) _____

l) _____

Vocabulaire

Le sport

3. Écris quel sport est pratiqué.

a) _____

b) _____

c) _____

d) _____

e) _____

f) _____

g) _____

h) _____

i) _____

j) _____

k) _____

l) _____

Vocabulaire
Les moyens de transport

4. Indique quel moyen de transport est illustré.

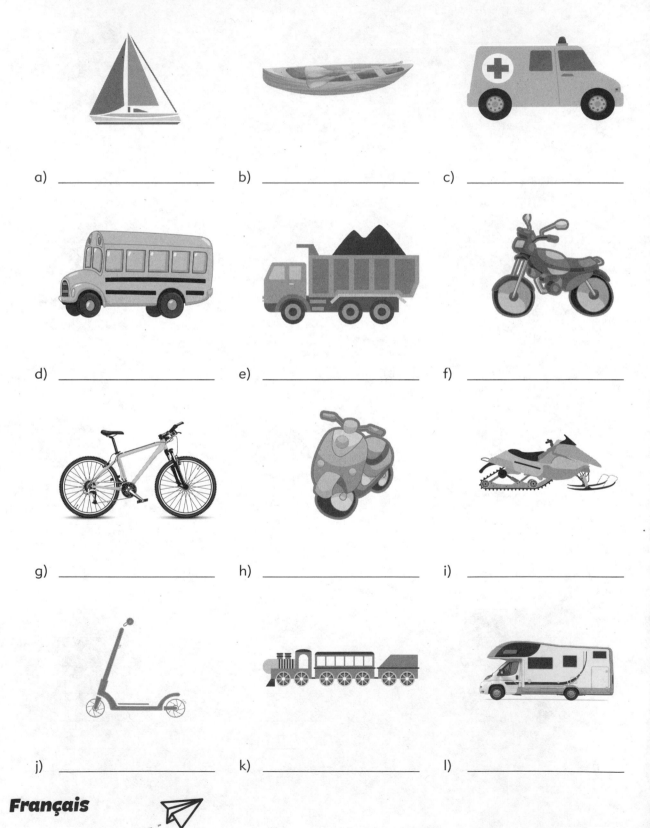

a) _____

b) _____

c) _____

d) _____

e) _____

f) _____

g) _____

h) _____

i) _____

j) _____

k) _____

l) _____

Communication orale

1. **Tu dois préparer un exposé oral de deux minutes sur le pays de ton choix. Pour ne rien oublier, écris quelques mots qui t'aideront à te rappeler ce que tu dois dire.**

Nom du pays : _____

Nombre d'habitants : _____

Langue(s) parlée(s) : _____

Climat : _____

Principales attractions touristiques : _____

_____

_____

Nom de la capitale : _____

Note ici d'autres informations pertinentes sur ce pays.

_____

_____

_____

_____

_____

_____

Rédige un court texte pour t'aider à te rappeler ce que tu dois dire.

_____

_____

_____

_____

_____

_____

_____

Communication orale

2. Regarde les illustrations. Raconte à voix haute l'histoire. Utilise des mots comme *d'abord*, *ensuite* et *finalement*.

_____

_____

_____

_____

_____

_____

_____

_____

_____

Dictée

1. **Demande à quelqu'un de te dicter les mots qui se trouvent à la page 358 du corrigé. Tu peux aussi utiliser une autre feuille pour plus de facilité.**

1) _____   2) _____

3) _____   4) _____

5) _____   6) _____

7) _____   8) _____

9) _____   10) _____

11) _____   12) _____

13) _____   14) _____

15) _____   16) _____

17) _____   18) _____

19) _____   20) _____

21) _____   22) _____

23) _____   24) _____

25) _____   26) _____

27) _____   28) _____

29) _____   30) _____

2. **Recopie trois fois les mots que tu as mal orthographiés.**

_____

_____

_____

_____

_____

Situation d'écriture

1. Regarde les illustrations suivantes. Compose un texte qui explique ce qui est arrivé.

Situation d'écriture

2. **Invente une histoire. Tu peux te servir des mots entre parenthèses. N'oublie pas, ton histoire doit avoir un début, un milieu et une fin.**

Début (*Premièrement, D'abord, Il était une fois, Un jour, Au début, etc.*)

_____

_____

_____

_____

Milieu (*Deuxièmement, Ensuite, etc.*)

_____

_____

_____

_____

_____

_____

_____

_____

_____

_____

_____

Fin (*Finalement, Pour finir, Alors, etc.*)

_____

_____

_____

_____

_____

_____

_____

Situation d'écriture

3. Écris un texte sur un événement drôle qui est arrivé. Fais un récit en trois temps : début (introduction), milieu (développement) et fin (conclusion).

Situation d'écriture

4. **Regarde les illustrations. Raconte l'histoire de cette famille. Utilise des mots comme** *d'abord*, *ensuite* **et** *finalement*.

Des mots dans le désordre

1. **Remets les lettres dans le bon ordre pour former des mots.**

Les oiseaux

a) lasie a __ __ __ s

b) emsénag m __ __ __ __ __ e

c) iuhbo h __ __ __ u

d) caadrinl c __ __ __ __ __ __ l

e) jmesulel j __ __ __ __ __ s

f) rbcauoe c __ __ __ __ __ u

g) uautvor v __ __ __ __ r

h) nihocir n __ __ __ __ __ r

Les fleurs

a) palétc p __ __ __ __ e

b) uobrogen b __ __ __ __ __ __ n

c) aencir r __ __ __ __ e

d) tiuepl t __ __ __ __ e

e) eilflue f __ __ __ __ __ e

f) oiellte o __ __ __ __ __ t

g) tubqoeu b __ __ __ __ __ t

h) lesufiter f __ __ __ __ __ __ __ __ e

i) icsenrsa n __ __ __ __ __ __ e

j) riénmaug g __ __ __ __ __ m

La mer

a) abeelin b __ __ __ __ e

b) ruoqe o __ __ __ e

c) udapihn d __ __ __ __ n

d) puqhoe p __ __ __ __ e

e) ébualg b __ __ __ a

f) ccahtalo c __ __ __ __ __ __ t

g) eurnqi r __ __ __ n

h) aénnmoe a __ __ __ __ __ e

i) uagel a __ __ __ e

j) poosisn p __ __ __ __ __ n

Compréhension de lecture

1. **Lis le texte et réponds aux questions.**

La princesse de pierre
Grimm

Deux princes partirent un jour à l'aventure vers de lointaines contrées, mais comme ils s'amusaient beaucoup à faire les quatre cents coups, ils décidèrent de ne plus revenir au château.

Leur petit frère, qui se faisait du souci, décida de partir à leur recherche. Lorsqu'il les trouva enfin, ils se moquèrent de lui : « Oh ! Une chance que tu es venu, petit frère, car nous n'aurions jamais pu nous débrouiller seuls ; tu es tellement plus intelligent que nous. » Ils acceptèrent malgré tout de l'emmener.

Ils reprirent donc la route tous ensemble et un jour, au détour d'un sentier, ils aperçurent une fourmilière. Le plus vieux voulut la fouiller et voir comment les petites fourmis apeurées se précipiteraient au-dehors, transportant leurs œufs pour les mettre en sûreté, mais le plus jeune dit : « Laisse donc ces animaux en paix, je ne peux pas supporter qu'on les dérange ! »

Ils continuèrent et arrivèrent au bord d'un lac sur lequel barbotaient un très grand nombre de canards. Les deux plus vieux voulurent en attraper quelques-uns et les faire cuire, mais le plus jeune ne les laissa pas faire et leur dit : « Laissez donc les animaux en paix, je ne peux pas supporter qu'on les tue ! »

Plus tard, ils trouvèrent une ruche d'abeilles qui était tellement remplie de miel qu'elle en débordait. Les deux frères voulurent faire un feu sous la ruche, afin d'enfumer les abeilles et de leur voler leur miel, mais le plus jeune les en empêcha encore et leur dit : « Laissez donc les animaux en paix, je ne peux pas supporter qu'on les brûle ! »

Finalement, les trois frères arrivèrent à un château ensorcelé. Une méchante sorcière avait transformé en pierre toutes les plantes, tous les animaux et tous les gens de ce château, à l'exception du roi. Elle avait épargné le roi, car elle voulait qu'il souffre de voir ses trois filles dormir d'un sommeil de pierre.

Les trois princes se dirigèrent vers la porte du château et regardèrent à l'intérieur par un petit trou. Là, ils virent un homme gris et triste comme la pierre assis à une table : c'était le roi. Ils l'appelèrent une fois, puis une seconde fois, mais le roi ne les entendit pas. Ils l'appelèrent de nouveau. Là, il se leva, ouvrit la porte et, sans prononcer un seul mot, les conduisit à une table couverte de victuailles. Lorsque les trois princes eurent mangé et bu, qu'ils furent rassasiés et repus, le roi leur montra leur chambre et ils allèrent dormir.

Le lendemain matin, le roi vint auprès du plus vieux des princes, lui fit signe de le suivre et le conduisit à une tablette de pierre. Sur cette tablette se trouvaient trois inscriptions, chacune décrivant une épreuve qui devait être accomplie pour que le château soit délivré de son mauvais sort.

Compréhension de lecture

La première disait : « Dans la forêt, sous la mousse, gisent les mille perles des princesses. Elles doivent toutes être retrouvées avant le coucher du soleil. S'il en manque ne serait-ce qu'une seule, celui qui les aura cherchées sera changé en pierre. » Le prince partit donc dans la forêt et chercha durant toute la journée, mais lorsque la nuit tomba, il en avait seulement trouvé une centaine. Il arriva ce qui était écrit sur la tablette : il fut changé en pierre.

Le jour suivant, le second prince entreprit à son tour de retrouver les perles, mais il ne fit pas beaucoup mieux que son frère aîné : il ne trouva que deux cents perles et fut lui aussi changé en pierre.

Puis, ce fut au tour du plus jeune de chercher les perles, mais c'était tellement difficile et cela prenait tellement de temps qu'il se découragea. Il s'assit sur une roche et se mit à pleurer. À ce moment, la reine des fourmis, à qui il avait un jour porté secours, surgit avec cinq mille autres fourmis. Les petites bêtes cherchèrent les perles et cela ne leur prit guère de temps pour qu'elles les retrouvent toutes et qu'elles les rassemblent en un petit tas.

Fort de son succès, le jeune prince s'attaqua à la seconde épreuve : « La clé de la chambre des princesses gît au fond du lac. Elle doit être retrouvée avant le coucher du soleil. Si ce n'est pas le cas, celui qui l'aura cherchée sera changé en pierre. » Lorsqu'il arriva au bord du lac, les canards, qu'il avait un jour sauvés, barbotaient encore. Ceux-ci plongèrent dans les profondeurs du lac et rapportèrent la clé au prince.

La dernière épreuve était la plus difficile de toutes : « Parmi les trois filles du roi, il en est une qui est plus jeune et plus gentille que les autres. Elle doit être reconnue avant le coucher du soleil. Celui qui se trompera sera changé en pierre. » Mais les trois princesses se ressemblaient comme des gouttes d'eau. La seule chose qui permettait de les distinguer était qu'avant d'être changées en pierre, elles avaient mangé chacune une sucrerie différente : l'aînée avait mangé un morceau de sucre ; la deuxième, un peu de sirop ; la plus jeune, une cuillerée de miel.

C'est alors qu'arriva la reine des abeilles dont la ruche avait un jour été sauvée par le jeune prince. Elle se posa sur les lèvres de chacune des princesses pour y goûter les cristaux de sucre qui s'y trouvaient collés. Finalement, elle s'arrêta sur les lèvres de la troisième, car elles avaient le goût du miel.

C'est ainsi que le jeune prince put reconnaître la plus jeune des princesses. À ce moment, le sort fut levé : toutes les plantes, tous les animaux et tous ceux qui avaient été changés en pierre reprirent vie, et les trois princesses se réveillèrent.

Le jeune prince épousa la plus jeune et devint roi après la mort de son père, tandis que ses frères marièrent chacun une des deux autres princesses.

Compréhension de lecture

a) Au début de l'histoire, combien de frères partirent ensemble à l'aventure? _____

b) Qui partit à leur recherche? _____

c) Que voulait faire le plus vieux des frères lorsqu'il vit une fourmilière? _____
_____

d) Qu'est-ce qui barbotait dans le lac? _____

e) Que dit le petit frère lorsque ses aînés voulurent attraper les animaux dans le lac?
_____

f) Qu'avait fait la mauvaise sorcière aux plantes, aux animaux et aux humains?
_____

g) Pourquoi la méchante sorcière avait-elle épargné le roi?
_____

h) Sur quoi étaient écrites les trois épreuves pour délivrer le château du mauvais sort?
_____

i) Combien de perles devaient être retrouvées? _____

j) Quand devaient-elles être retrouvées? _____

k) Qu'arriva-t-il au second frère lorsqu'il chercha les perles? _____

l) Qui vint aider le jeune frère à trouver les perles? _____

m) Combien de fourmis vinrent aider le jeune frère? _____

n) Où gisait la clé de la chambre des princesses? _____

o) Qui rapporta la clé? _____

p) Quelle était la troisième épreuve que le jeune prince devait réussir? _____

q) Comment la reine des abeilles trouva-t-elle la princesse qui avait mangé du miel?
_____

r) Qui le jeune prince épousa-t-il? _____

s) Que lui arriva-t-il au décès du roi? _____

Français 123

Compréhension de lecture

2. Lis le texte et réponds aux questions.

Le rossignol et l'empereur de Chine
Hans Christian Andersen

En Chine, vous le savez déjà, l'empereur est un Chinois et tous ses sujets sont des Chinois. Cette histoire s'est passée il y a bien des années, et c'est pourquoi il vaut la peine de l'écouter avant qu'elle ne tombe dans l'oubli.

Le château de l'empereur était le château le plus magnifique du monde. Il était entièrement fait de la plus fine porcelaine, si coûteuse, si cassante et fragile au toucher qu'on devait y faire très attention. Dans le jardin, on pouvait voir les fleurs les plus merveilleuses et afin que personne ne puisse passer sans les remarquer, on avait attaché aux plus belles d'entre elles des clochettes d'argent qui tintaient délicatement. Vraiment, tout était magnifique dans le jardin de l'empereur et ce jardin s'étendait si loin que même le jardinier n'en connaissait pas la fin. En marchant toujours plus loin, on arrivait à une merveilleuse forêt, où Il y avait de grands arbres et des lacs profonds, et cette forêt s'étendait elle-même jusqu'à la mer, bleue et profonde. De gros navires pouvaient voguer jusque sous les branches où vivait un rossignol. Il chantait si divinement que même le pauvre pêcheur, qui avait tant d'autres choses à faire, ne pouvait s'empêcher de s'arrêter et de l'écouter lorsqu'il sortait la nuit pour retirer ses filets. «Mon Dieu! Comme c'est beau!» disait-il, mais comme il devait s'occuper de ses filets, il oubliait l'oiseau. Les nuits suivantes, quand le rossignol se remettait à chanter, le pêcheur redisait chaque fois: «Mon Dieu! Comme c'est beau!»

Des voyageurs de tous les pays venaient dans la ville de l'empereur et s'émerveillaient devant le château et son jardin, mais lorsqu'ils finissaient par entendre le rossignol, ils disaient tous: «Voilà ce qui est le plus beau!» Lorsqu'ils revenaient chez eux, les voyageurs racontaient ce qu'ils avaient vu et les érudits écrivaient beaucoup de livres à propos de la ville, du château et du jardin, mais ils n'oubliaient pas le rossignol: il recevait les plus belles louanges et ceux qui étaient poètes réservaient leurs plus beaux vers pour ce rossignol qui vivait dans la forêt, tout près de la mer.

Les livres se répandirent partout dans le monde et quelques-uns parvinrent un jour à l'empereur. Celui-ci s'assit sur son trône d'or, lut et lut encore. À chaque instant, il hochait la tête, car il se réjouissait à la lecture des éloges qu'on faisait sur la ville, le château et le jardin. «Mais le rossignol est vraiment le plus beau de tout!» y était-il écrit.

«Quoi? s'exclama l'empereur. Mais je ne connais pas ce rossignol! Y a-t-il un tel oiseau dans mon royaume, et même dans mon jardin? Je n'en ai jamais entendu parler!»

Il appela donc son chancelier. Celui-ci était tellement hautain que, lorsque quelqu'un d'un rang moins élevé osait lui parler ou lui poser une question, il ne répondait rien d'autre que:

«P!» Ce qui ne voulait rien dire du tout.

«Il semble y avoir ici un oiseau des plus remarquables qui s'appellerait rossignol! dit l'empereur. On prétend que c'est ce qu'il y a de plus beau dans mon grand royaume, alors pourquoi ne m'a-t-on rien dit à ce sujet?» «Je n'ai jamais entendu parler de lui auparavant, répondit le chancelier. Il ne s'est jamais présenté à la cour!»

«Je veux qu'il vienne ici ce soir et qu'il chante pour moi! ordonna l'empereur. Le monde entier sait ce que je possède, alors que moi-même, je n'en sais rien!»

«Je n'ai jamais entendu parler de lui auparavant, redit le chancelier. Je vais le chercher, je vais le trouver!»

Mais où donc le chercher? Le chancelier parcourut tous les escaliers de haut en bas et arpenta les salles et les couloirs, mais aucun de ceux qu'il rencontra n'avait entendu parler du rossignol. Le chancelier retourna auprès de l'empereur et lui dit que ce qui était écrit dans le livre devait sûrement n'être qu'une fabulation. «Votre Majesté impériale ne devrait pas croire tout ce qu'elle lit, il ne s'agit là que de poésie!»

«Mais le livre dans lequel j'ai lu cela, dit l'empereur, m'a été expédié par le plus grand empereur du Japon, ainsi ce ne peut pas être une fausseté. Je veux entendre le rossignol, il doit être ici ce soir! Il a ma plus haute considération. Et s'il ne vient pas, je ferai piétiner le corps de tous les gens de la cour après le repas du soir.»

«Tsing-pe!» dit le chancelier, qui s'empressa de parcourir de nouveau tous les escaliers de haut en bas et d'arpenter encore les salles et les couloirs. La moitié des gens de la cour alla avec lui, car l'idée de se faire piétiner le corps ne leur plaisait guère. Ils s'enquirent du remarquable rossignol qui était connu du monde entier, mais inconnu à la cour.

Finalement, ils rencontrèrent une pauvre fillette aux cuisines. Elle dit: «Mon Dieu, Rossignol? Oui, je le connais. Il chante si bien! Chaque soir, j'ai la permission d'apporter à ma pauvre mère malade quelques restes de table; elle habite en bas, sur la rive. Et lorsque j'en reviens, fatiguée, et que je me repose dans la forêt, j'entends Rossignol chanter. Les larmes me montent aux yeux; c'est comme si ma mère m'embrassait!»

«Petite cuisinière, dit le chancelier, je te procurerai un poste permanent aux cuisines et t'autoriserai à t'occuper des repas de l'empereur si tu nous conduis auprès du rossignol; il doit chanter ce soir.»

Alors, ils partirent dans la forêt, là où Rossignol avait l'habitude de chanter; la moitié des gens de la cour suivit. Tandis qu'ils allaient bon train, une vache se mit à meugler.

«Oh! dit un hobereau. Maintenant, nous l'avons trouvé; il y a là une remarquable vigueur pour un si petit animal! Je l'ai sûrement déjà entendu!»

«Non, dit la petite cuisinière, ce sont des vaches qui meuglent. Nous sommes encore loin de l'endroit où il chante.»

Puis, les grenouilles coassèrent dans les marais. «Merveilleux! s'exclama le prévôt du château. Là, je l'entends; cela ressemble justement à de petites cloches de temples.»

«Non, ce sont des grenouilles! dit la petite cuisinière. Mais je pense que bientôt nous allons l'entendre!» À ce moment, le rossignol se mit à chanter.

«C'est lui, dit la petite fille. Écoutez! Écoutez! Il est là!» Elle montra un petit oiseau gris qui se tenait en haut dans les branches.

«Est-ce possible? dit le chancelier. Je ne l'aurais jamais imaginé avec une apparence aussi simple. Il aura sûrement perdu ses couleurs à force de se faire regarder par tant de gens!»

«Petit rossignol, cria la petite cuisinière, notre gracieux empereur aimerait que tu chantes devant lui!»

«Avec le plus grand plaisir», répondit le rossignol. Il chanta et ce fut un vrai bonheur. «C'est tout à fait comme des clochettes de verre! dit le chancelier. Et voyez comme sa petite gorge travaille fort! C'est étonnant que nous ne l'ayons pas aperçu avant; il fera grande impression à la cour!» «Dois-je chanter encore pour l'empereur?» demanda le rossignol, croyant que l'empereur était aussi présent.

«Mon excellent petit rossignol, dit le chancelier, j'ai le grand plaisir de vous inviter à une fête ce soir au palais, où vous charmerez sa Gracieuse Majesté impériale de votre merveilleux chant!»

«Mon chant s'entend mieux dans la nature!», répondit le rossignol, mais il les accompagna volontiers, sachant que c'était le souhait de l'empereur.

Au château, tout fut nettoyé; les murs et les planchers, faits de porcelaine, brillaient sous les feux de milliers de lampes d'or. Les fleurs les plus magnifiques, celles qui pouvaient tinter, furent placées dans les couloirs. Et comme il y avait là des courants d'air, toutes les clochettes tintaient en même temps, de telle sorte qu'on ne pouvait même plus s'entendre parler.

Au milieu de la grande salle où l'empereur était assis, on avait placé un perchoir d'or sur lequel devait se tenir le rossignol. Toute la cour était là, et la petite fille, qui venait de se faire nommer cuisinière de la cour, avait obtenu la permission de se tenir derrière la porte. Tous avaient revêtu leurs plus beaux atours et regardaient le petit oiseau gris, auquel l'empereur fit un signe.

Le rossignol chanta si magnifiquement que l'empereur en eut les larmes aux yeux. Les larmes lui coulèrent sur les joues et le rossignol chanta encore plus merveilleusement; cela allait droit au cœur. L'empereur fut ébloui et déclara que le rossignol devrait porter au cou une pantoufle d'or. Le rossignol l'en remercia, mais répondit qu'il avait déjà été récompensé : «J'ai vu les larmes dans les yeux de l'empereur et c'est pour moi le plus grand des trésors ! Oui ! J'ai été largement récompensé !» Là-dessus, il recommença à chanter de sa voix douce et magnifique.

«C'est la plus adorable voix que nous connaissons !» dirent les dames tout autour. Puis, se prenant pour des rossignols, elles se mirent de l'eau dans la bouche de manière à pouvoir chanter lorsqu'elles parlaient à quelqu'un. Les serviteurs et les femmes de chambre montrèrent eux aussi qu'ils étaient joyeux, et cela voulait beaucoup dire, car ils étaient les plus difficiles à réjouir. Oui, vraiment, le rossignol amenait beaucoup de bonheur.

À partir de là, le rossignol dut rester à la cour, dans sa propre cage, avec, comme seule liberté, la permission de sortir et de se promener deux fois le jour et une fois la nuit. On lui assigna 12 serviteurs qui le retenaient grâce à des rubans de soie attachés à ses pattes. Il n'y avait absolument aucun plaisir à retirer de telles excursions.

Un jour, l'empereur reçut une caisse sur laquelle était inscrit : «Le rossignol».

«Voilà sans doute un nouveau livre sur notre fameux oiseau !» dit l'empereur. Ce n'était pas un livre, mais plutôt une œuvre d'art placée dans une petite boîte : un rossignol mécanique qui imitait le vrai, mais tout serti de diamants, de rubis et de saphirs. Aussitôt qu'on l'eut remonté, il entonna l'un des airs que le vrai rossignol chantait, agitant la queue et brillant de mille reflets d'or et d'argent. Autour de sa gorge était noué un petit ruban sur lequel était inscrit : «Le rossignol de l'empereur du Japon est bien humble comparé à celui de l'empereur de Chine.»

Tous s'exclamèrent : «C'est magnifique !» Et celui qui avait apporté l'oiseau reçut aussitôt le titre de «Suprême Porteur impérial de Rossignol».

«Maintenant, ils doivent chanter ensemble ! Comme ce sera plaisant !»

Et ils durent chanter en duo, mais ça n'allait pas, car tandis que le vrai rossignol chantait à sa façon, l'automate, lui, chantait des valses. «Ce n'est pas sa faute !, dit le maestro, il est particulièrement régulier et tout à fait selon mon école !» Alors, l'automate dut chanter seul. Il procura autant de joie que le véritable rossignol et s'avéra plus adorable encore à regarder ; il brillait comme des bracelets et des épinglettes.

Il chanta le même air 33 fois sans se fatiguer ; les gens auraient bien aimé l'entendre encore, mais l'empereur pensa que ce devait être au tour du véritable rossignol de chanter quelque chose. Mais où était-il ? Personne n'avait remarqué qu'il s'était envolé par la fenêtre, en direction de sa forêt verdoyante.

«Mais que se passe-t-il donc?» demanda l'empereur, et tous les courtisans grognèrent et se dirent que le rossignol était un animal hautement ingrat. «Le meilleur des oiseaux, nous l'avons encore!» dirent-ils, et l'automate dut recommencer à chanter. Bien que ce fût la quarante-quatrième fois qu'il jouait le même air, personne ne le savait encore par cœur, car c'était un air très difficile. Le maestro fit l'éloge de l'oiseau et assura qu'il était mieux que le vrai, non seulement grâce à son apparence externe et aux nombreux et magnifiques diamants dont il était serti, mais aussi grâce à son mécanisme intérieur. «Voyez, mon Souverain, Empereur des Empereurs! Avec le vrai rossignol, on ne sait jamais ce qui en sortira, mais avec l'automate, tout est certain: on peut l'expliquer, le démonter, montrer son fonctionnement, voir comment les valses sont réglées, comment elles sont jouées et comment elles s'enchaînent!»

«C'est tout à fait notre avis!» dit tout le monde, et le maestro reçut la permission de présenter l'oiseau au peuple le dimanche suivant. Le peuple devait l'entendre, avait ordonné l'empereur, et il l'entendit. Celui-ci était en liesse, comme si tous s'étaient enivrés de thé, et tous disaient «Oh!» en pointant le doigt bien haut et en faisant des signes, mais les pauvres pêcheurs, ceux qui avaient déjà entendu le vrai rossignol, dirent: «Il chante joliment, les mélodies sont ressemblantes, mais il lui manque quelque chose, nous ne savons trop quoi!»

Le vrai rossignol fut banni du pays et de l'empire. L'oiseau mécanique eut sa place sur un coussin tout près du lit de l'empereur, et tous les cadeaux que ce dernier reçut, or et pierres précieuses, furent posés tout autour. L'oiseau fut élevé au titre de Suprême Rossignol Chanteur impérial et devint le numéro un à la gauche de l'empereur – l'empereur considérant que le côté gauche, celui du cœur, était le plus distingué, et qu'un empereur avait lui aussi son cœur à gauche. Le maestro rédigea une œuvre en 25 volumes sur l'oiseau. C'était très savant, long et rempli de mots chinois parmi les plus difficiles. Chacun prétendait l'avoir lu et compris, craignant de se faire prendre pour un idiot et de se faire piétiner le corps.

Une année entière passa. L'empereur, la cour et tous les Chinois connaissaient par cœur chacun des petits airs chantés par l'automate, mais ce qui leur plaisait le plus, c'est qu'ils pouvaient maintenant eux-mêmes chanter avec lui, et c'est ce qu'ils faisaient. Les gens de la rue chantaient: «Ziziiz! Kluckkluckkluck!», et l'empereur aussi. Oui, c'était vraiment magnifique!

Mais un soir, alors que l'oiseau mécanique chantait à son mieux et que l'empereur, étendu dans son lit, l'écoutait, on entendit un «cric» venant de l'intérieur, puis quelque chose sauta: «Crac!» Les rouages s'emballèrent, puis la musique s'arrêta.

L'empereur sauta immédiatement hors du lit et fit appeler son médecin, mais que pouvait-il bien y faire? Alors, on amena l'horloger et après beaucoup de discussions et de vérifications, il réussit à remettre l'oiseau dans un certain état de marche, mais il dit que l'oiseau devait être ménagé, car les chevilles étaient usées, et qu'il était impossible d'en remettre de nouvelles. Quelle tristesse! À partir de là, on ne put faire chanter l'automate qu'une fois l'an, ce qui était déjà trop. Mais le maestro tint un petit discours, tout plein de mots difficiles, disant que ce serait aussi bien qu'avant, et ce fut aussi bien qu'avant.

Puis, cinq années passèrent, et une grande tristesse s'abattit sur tout le pays. L'empereur, qui occupait une grande place dans le cœur de tous les Chinois, était maintenant malade et devait bientôt mourir. Déjà, un nouvel empereur avait été choisi, et le peuple, qui se tenait dehors dans la rue, demandait au chancelier comment se portait son vieil empereur.

«P!» disait-il en secouant la tête.

L'empereur, froid et blême, gisait dans son grand et magnifique lit. Toute la cour le croyait mort, et chacun s'empressa d'aller accueillir le nouvel empereur; les serviteurs sortirent pour en discuter et les femmes de chambre se rassemblèrent autour d'une tasse de café. Partout autour, dans toutes les salles et les couloirs, des draps furent étendus sur le sol afin qu'on ne puisse pas entendre marcher; ainsi, c'était très silencieux. Mais l'empereur n'était pas encore mort: il gisait, pâle et glacé, dans son magnifique lit aux grands rideaux de velours et aux passements en or massif. Tout en haut s'ouvrait une fenêtre par laquelle les rayons de lune éclairaient l'empereur et l'oiseau mécanique.

Le pauvre empereur pouvait à peine respirer; c'était comme si quelque chose ou quelqu'un était assis sur sa poitrine. Il ouvrit les yeux, et là, il vit que c'était la Mort. Elle s'était coiffée d'une couronne d'or, tenait dans une main le sabre de l'empereur et dans l'autre, sa splendide bannière. De tous les plis du grand rideau de velours surgissaient toutes sortes de têtes, au visage parfois laid, parfois aimable et doux. C'étaient les bonnes et les mauvaises actions de l'empereur qui le regardaient, maintenant que la Mort était assise sur son cœur.

«Te souviens-tu d'elles?» dit la Mort. Puis, elle lui raconta tant de ses actions passées que la sueur en vint à lui couler sur le front.

«Cela, je ne l'ai jamais su! dit l'empereur. De la musique! De la musique! Le gros tambour chinois, cria l'empereur, pour que je ne puisse entendre tout ce qu'elle dit!»

Mais la Mort continua de plus belle, en faisant des signes de tête à tout ce qu'elle disait.

«De la musique! De la musique! criait l'empereur. Toi, cher petit oiseau d'or, chante donc, chante! Je t'ai donné de l'or et des objets de grande valeur, j'ai suspendu moi-même mes pantoufles d'or à ton cou; chante donc, chante!»

Mais l'oiseau n'en fit rien; il n'y avait personne pour le remonter, alors il ne chanta pas. Et la Mort continua à regarder l'empereur avec ses grandes orbites vides. Et tout était calme, terriblement calme.

Compréhension de lecture

Tout à coup, venant de la fenêtre, on entendit le plus merveilleux des chants : c'était le petit rossignol, plein de vie, qui était assis sur une branche. Ayant entendu parler de la détresse de l'empereur, il était venu lui chanter réconfort et espoir. Et tandis qu'il chantait, les visages fantômes s'estompèrent et disparurent, le sang se mit à circuler toujours plus vite dans les membres fatigués de l'empereur et même la Mort écouta et dit : « Continue, petit rossignol ! Continue ! »

« Bien, me donnerais-tu le magnifique sabre d'or ? Me donnerais-tu la riche bannière ? Me donnerais-tu la couronne de l'empereur ? » dit Rossignol.

La Mort donna chacun des joyaux pour un chant, et Rossignol continua à chanter. Il chanta le tranquille cimetière où poussent les roses blanches, où les lilas embaument et où les larmes des survivants arrosent l'herbe fraîche. Alors, la Mort eut la nostalgie de son jardin, puis elle disparut par la fenêtre, comme une brume blanche et froide.

« Merci, merci ! dit l'empereur. Toi, divin petit oiseau, je te connais bien ! Je t'ai banni de mon pays et de mon empire, et voilà que tu chasses ces mauvais esprits de mon lit et que tu sors la Mort de mon cœur ! Comment pourrais-je te récompenser ? »

« Tu m'as récompensé ! répondit Rossignol. J'ai fait couler des larmes dans tes yeux, lorsque j'ai chanté la première fois. Cela, je ne l'oublierai jamais ; ce sont là les joyaux qui réjouissent le cœur d'un chanteur, mais dors maintenant, et reprends des forces ; je vais continuer à chanter ! »

Il chanta, et l'empereur glissa dans un doux sommeil ; un sommeil doux et réparateur !

Le soleil brillait déjà par la fenêtre lorsque l'empereur se réveilla, plus fort et en bonne santé. Aucun de ses serviteurs n'était encore venu, car ils croyaient tous qu'il était mort, mais Rossignol était toujours là et il chantait. « Tu resteras toujours auprès de moi ! dit l'empereur. Tu chanteras seulement lorsqu'il t'en plaira, et je briserai l'automate en mille morceaux. »

« Ne fais pas cela, répondit Rossignol. Il a apporté beaucoup de bien, aussi longtemps qu'il a pu ; conserve-le comme il est. Je ne peux pas nicher ni habiter au château, mais laisse-moi venir quand j'en aurai l'envie. Le soir, je viendrai m'asseoir à la fenêtre et je chanterai devant toi pour que tu puisses te réjouir et réfléchir en même temps. Je chanterai à propos du bonheur et de la misère, du bien et du mal, de ce qui, tout autour de toi, te reste caché. Un petit oiseau chanteur vole loin, jusque chez le pauvre pêcheur, sur le toit du paysan, chez celui qui se trouve loin de toi et de ta cour. J'aime ton cœur plus que ta couronne, même si la couronne a comme une odeur de sainteté autour d'elle. Je reviendrai et chanterai pour toi, mais avant, tu dois me promettre ! »

Compréhension de lecture

«Tout ce que tu voudras ! » dit l'empereur. Il se tenait là, dans son costume impérial, qu'il venait d'enfiler, et pressait son sabre d'or massif sur son cœur. «Je te demande seulement une chose : ne dis à personne que tu as un petit oiseau qui te raconte tout ; tout ira beaucoup mieux ainsi ! »

Puis, Rossignol s'envola.

Lorsque les serviteurs entrèrent, croyant constater le décès de leur empereur, ils se figèrent, stupéfaits, et l'empereur leur dit : « Bonjour ! »

Compréhension de lecture

a) Où se déroule cette histoire? _____

b) De quoi est fait le château de l'empereur? _____

c) De quelle espèce est l'oiseau dont on parle dans le texte? _____

d) Qui a envoyé à l'empereur un livre qui parle de ce magnifique oiseau?

_____

e) Que répond le chancelier à ceux d'un rang moins élevé?

_____

f) Que promet le chancelier à la petite cuisinière si elle le conduit auprès de l'oiseau?

_____

g) Pourquoi le chancelier croit-il que l'oiseau a perdu ses couleurs?

_____

h) Où s'entend mieux le chant de l'oiseau selon celui-ci? _____

i) Que suspend l'empereur au cou de l'oiseau? _____

j) Qu'est-ce qu'il y a dans la caisse sur laquelle est écrit « Le rossignol »?

_____

k) Que disent les pêcheurs en entendant l'oiseau mécanique chanter?

_____

l) Qui, coiffée d'une couronne d'or, vient visiter l'empereur lorsqu'il est malade?

m) Que fait promettre le rossignol à l'empereur après avoir chassé la Mort?

_____

n) Que dit l'empereur aux serviteurs venus constater son décès?

_____

Le sens et l'écriture des nombres naturels inférieurs à 100 000

5. Remplis la grille en écrivant les nombres de **7 623 à 7 977** par bonds de 6, et ce, en suivant le sens des flèches.

7 623				7 653		7 671	
	7 725				7 695	7 683	
			7 767			7 791	
7 857		7 839		7 821		7 803	

6. Place les nombres dans l'ordre décroissant. Encercle ensuite les nombres pairs et fais un ✗ sur les nombres impairs.

a) 6 832   6 382   3 826   8 362   3 682   6 823   8 632   3 286   2 368   6 283

b) 4 759   7 549   4 957   9 745   5 497   7 954   4 795   5 974   7 459   9 457

c) 3 841   4 381   1 384   8 314   4 138   3 184   1 843   8 134   1 438   3 148

7. Écris les nombres suivants en chiffres.

a) trois mille six cent quatre-vingt-douze   _____

b) sept mille neuf cent trente-quatre   _____

c) quatre mille soixante et onze   _____

d) huit mille trois cent quarante-huit   _____

e) cinq mille sept cent six   _____

f) neuf mille huit cent quatre-vingt-trois   _____

g) deux mille six cent soixante et un   _____

h) six mille seize   _____

Le sens et l'écriture des nombres naturels inférieurs à 100 000

8. C'est l'anniversaire de Renita, et elle a invité ses amis à jouer à divers jeux. Observe les nombres qui sont inscrits sur les *piñatas* remplies de surprises et de friandises, puis fais ce qui est demandé.

a) Colorie en vert la *piñata* dont le nombre vient immédiatement après 37 279.

b) Colorie en jaune la *piñata* dont le nombre vient immédiatement après 69 844.

c) Colorie en bleu la *piñata* dont le nombre est compris entre 75 377 et 75 379.

d) Colorie en rouge la *piñata* dont le nombre est le plus petit.

e) Colorie en mauve la *piñata* dont le nombre est le plus grand.

f) Colorie en orange la *piñata* dont le nombre a un 0 à la position des centaines.

g) Colorie en rose la *piñata* dont le nombre a un 2 à la position des unités de mille.

h) Colorie en brun la *piñata* dont le nombre a un 5 à la position des dizaines de mille.

i) Encercle toutes les *piñatas* dont le nombre est impair.

j) Place tous les nombres dans l'ordre croissant.

_____, _____, _____, _____, _____, _____, _____, _____

_____, _____, _____, _____, _____, _____, _____

Le sens et l'écriture des nombres naturels inférieurs à 100 000

9. Trouve le nombre représenté par chaque abaque, ou table à calcul.

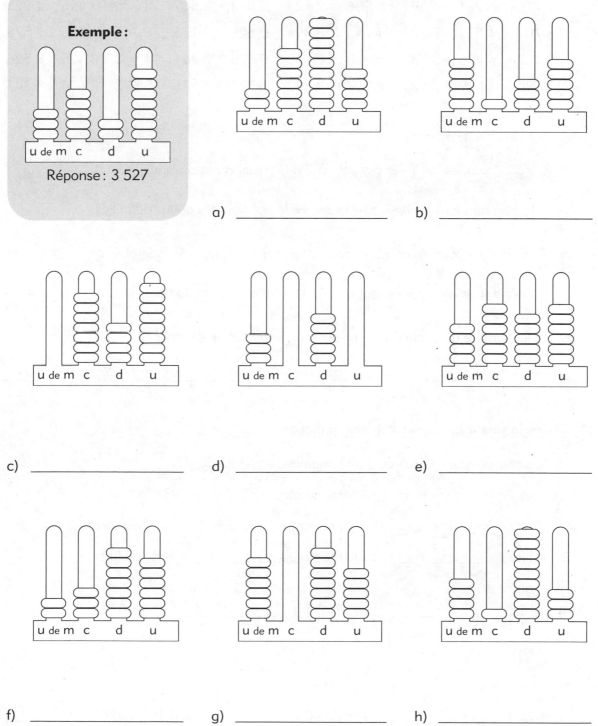

Exemple :

Réponse : 3 527

a) _____

b) _____

c) _____

d) _____

e) _____

f) _____

g) _____

h) _____

Le sens et l'écriture des nombres naturels inférieurs à 100 000

10. Observe les nombres suivants, puis effectue les tâches demandées.

9 716	5 221	4 592	3 806	7 728	8 613	2 569	8 735	9 546	4 925
8 707	4 539	7 534	1 246	8 395	5 629	9 176	8 767	2 515	3 578
9 123	4 496	5 537	6 620	8 040	5 376	8 364	4 568	3 425	8 526
7 086	1 029	3 924	8 254	4 593	5 720	4 636	5 622	2 676	8 347
1 996	8 735								

a) Encadre tous les nombres qui ont un 2 à la position des dizaines.

b) Encercle tous les nombres qui ont un 8 à la position des unités de mille.

c) Fais un ✘ sur tous les nombres qui ont un 5 à la position des centaines.

d) Souligne tous les nombres qui ont un 6 à la position des unités.

e) Quel nombre a été encadré, encerclé, marqué d'un ✘ et souligné ?

_____

11. Trouve la valeur du ou des chiffres soulignés.

> **Exemple :** 8 4<u>29</u> = 29 ; 5 4<u>46</u> = 40 ; <u>2</u> 083 = 2 000

a) 4 9<u>36</u> _____

b) <u>6</u> 145 _____

c) 1 70<u>2</u> _____

d) 8 <u>5</u>23 _____

e) 7 4<u>78</u> _____

f) 3 <u>06</u>4 _____

g) 9 <u>357</u> _____

h) <u>5</u> 280 _____

i) 2 <u>99</u>1 _____

j) <u>6</u> 829 _____

k) 7 9<u>4</u>0 _____

l) <u>8</u> 276 _____

Le sens et l'écriture des nombres naturels inférieurs à 100 000

12. Décompose chaque nombre des deux façons proposées.

Exemple :

> 7 459 = 7 000 + 400 + 50 + 9
>
> 7 u de m + 4 c + 5 d + 9 u

a) 8 372 = _____ ou _____

b) 2 945 = _____ ou _____

c) 6 294 = _____ ou _____

d) 5 381 = _____ ou _____

e) 3 673 = _____ ou _____

f) 7 029 = _____ ou _____

g) 4 268 = _____ ou _____

h) 1 596 = _____ ou _____

13. Trouve le nombre qui a été décomposé.

Exemple :

> 7 d + 8 c + 9 u + 2 u de m = <u>2 879</u> ; 30 + 600 + 1 000 + 5 = <u>1 635</u>

a) 500 + 4 000 + 6 = _____

b) 4 u + 6 d + 9 c + 3 u de m = _____

c) 7 d + 5 u de m + 2 c + 1 u = _____

d) 2 + 40 + 800 + 6 000 = _____

e) 9 c + 3 u + 7 u de m + 4 d = _____

f) 28 d + 5 u + 7 u de m = _____

g) 90 + 3 000 + 4 = _____

h) 58 + 7 u de m + 4 c = _____

Le sens et l'écriture des nombres naturels inférieurs à 100 000

14. Écris le nombre qui est décomposé. Attention, les milliers (m), les centaines (c), les dizaines (d) et les unités (u) ont été mélangés.

a)

c	u	m	d
4	7	6	9
+ 2		− 3	

Nombre : _____

b)

c	u	m	d
3	0	4	8
	+ 6		− 5

Nombre : _____

c)

c	u	m	d
6	2	6	5
− 1			+ 4

Nombre : _____

d)

c	u	m	d
5	3	8	2
	+ 2	− 2	

Nombre : _____

e)

c	u	m	d
1	4	5	6
+ 7	+ 3		− 2

Nombre : _____

f)

c	u	m	d
4	8	9	9
+ 5	− 4	− 2	− 6

Nombre : _____

15. Colorie les tambours qui contiennent des nombres pairs.

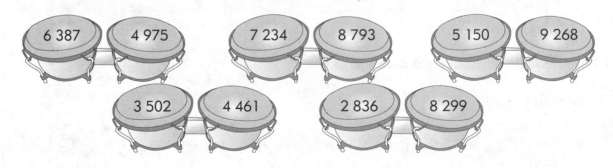

6 387   4 975   7 234   8 793   5 150   9 268

3 502   4 461   2 836   8 299

16. Compare les nombres en écrivant le symbole <, > ou =.

a) 200 + 6 000 + 4 + 70 _____ 6 u de m + 7 d + 2 c + 4 u

b) 9 d + 5 u + 8 u de m + 3 c _____ 8 + 5 000 + 30 + 900

c) 50 + 7 100 + 6 _____ 38 d + 4 u + 7 u de m

d) 49 u + 68 c _____ 900 + 6 000 + 27

e) 30 + 500 + 7 + 9 000 _____ 9 000 + 7 + 30 + 500

Le sens et l'écriture des nombres naturels inférieurs à 100 000

17. À la tombée du jour, Olivier n'aime pas se retrouver seul dans le sentier de la forêt parce qu'il y entend des plaintes étranges. Relie les 30 points par bonds de 27 afin de découvrir ce qui donne la chair de poule à Olivier.

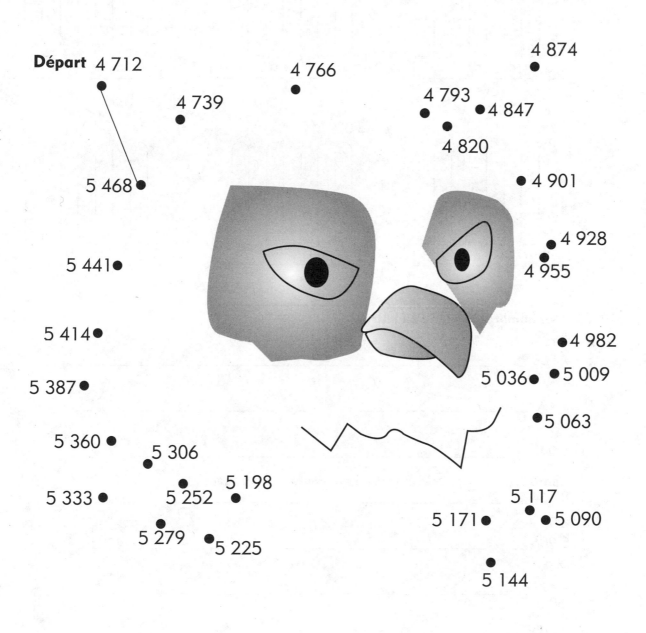

Le sens et l'écriture des nombres naturels inférieurs à 100 000

18. Illustre les nombres sur les abaques, ou table à calcul.

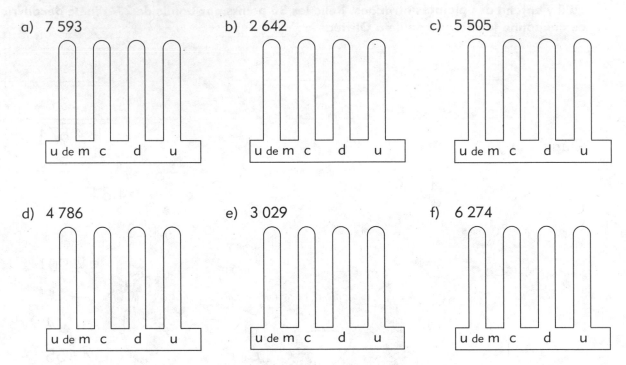

a) 7 593

b) 2 642

c) 5 505

d) 4 786

e) 3 029

f) 6 274

19. Écris les nombres suivants en lettres.

a) 7 588 _____

b) 3 495 _____

c) 6 047 _____

d) 8 364 _____

e) 5 906 _____

f) 9 673 _____

g) 4 002 _____

h) 2 239 _____

Le sens et l'écriture des nombres naturels inférieurs à 100 000

20. Observe les nombres suivants, puis fais ce qui est demandé.

7 439	8 605	2 138	6 459	3 794	5 496
2 770	9 458	4 397	7 072	4 859	3 812
5 086	8 231	5 469	5 068	7 207	9 584

a) Colorie en rouge le tiroir dans lequel se trouve le nombre qui vient immédiatement après 2 769.

b) Colorie en jaune le tiroir dans lequel se trouve le nombre qui vient immédiatement avant 4 860.

c) Colorie en vert le tiroir dans lequel se trouve le nombre qui est compris entre 2 137 et 2 139.

d) Colorie en bleu les tiroirs dans lesquels se trouvent les nombres qui ont un 4 à la position des centaines.

e) Colorie en mauve les tiroirs dans lesquels se trouvent les nombres qui ont un 7 à la position des unités.

f) Colorie en orange les tiroirs dans lesquels se trouvent les nombres qui ont un 8 à la position des dizaines.

g) Colorie en rose les tiroirs dans lesquels se trouvent les nombres qui ont un 3 à la position des unités de mille.

21. Remplis le tableau en traçant un ✗ dans les bonnes cases.

	Nombre pair	Nombre impair	Nombre premier	Nombre composé
6 145				
7 298				
3 317				
4 311				
9 546				
8 680				

 *Mathématique* 143

Le sens et l'écriture des nombres naturels inférieurs à 100 000

22. En tout, combien retrouve-t-on...

a) de centaines dans 35 782 ? _____   b) de dizaines dans 6 994 ? _____

c) d'unités dans 4 275 ? _____   d) de milliers dans 58 631 ? _____

23. Place les nombres de chacun des ensembles dans l'ordre croissant.

a)

7 453	3 574	4 735
3 745	5 437	7 354
3 457	4 537	4 573
5 743	7 345	3 754

b)

6 289	8 926	2 698
9 268	9 682	6 829
8 269	2 968	2 896
6 298	9 826	8 629

_____

_____

_____

24. Fais un ✗ sur les téléviseurs qui contiennent des nombres carrés.

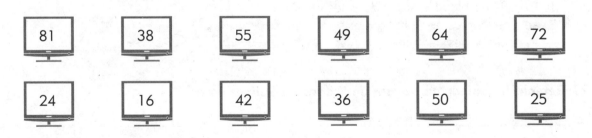

25. Encercle les escargots qui transportent des nombres premiers et fais un ✗ sur ceux qui transportent des nombres composés.

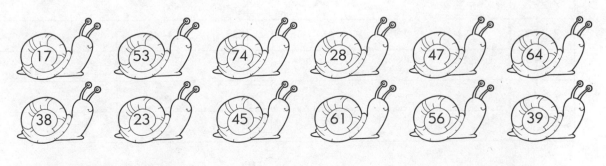

Reproduction interdite © Les Éditions Caractère inc.

Les soustractions sur les nombres naturels

1. **Trouve la différence de chaque soustraction en la décomposant.**

Exemple :

$$
\begin{array}{c}
675 \\
- 348 \\
\end{array}
=
\begin{array}{c}
600 \\
- 300 \\
\end{array}
+
\begin{array}{c}
70 \\
40 \\
\end{array}
+
\begin{array}{c}
5 \\
8 \\
\end{array}
=
\begin{array}{c}
600 \\
- 300 \\
\end{array}
+
\begin{array}{c}
60 \\
40 \\
\end{array}
+
\begin{array}{c}
15 \\
8 \\
\end{array}
=
\begin{array}{c}
300 \\
20 \\
7 \\
\hline
327
\end{array}
$$

$$300 \; + \; 20 \; + \; 7$$

a)
$$
\begin{array}{c}
826 \\
- 453 \\
\end{array}
= \underline{\quad} + \underline{\quad} + \underline{\quad} = \underline{\quad} + \underline{\quad} + \underline{\quad} = \underline{\quad}
$$

b)
$$
\begin{array}{c}
584 \\
- 379 \\
\end{array}
= \underline{\quad} + \underline{\quad} + \underline{\quad} = \underline{\quad} + \underline{\quad} + \underline{\quad} = \underline{\quad}
$$

c)
$$
\begin{array}{c}
706 \\
- 533 \\
\end{array}
= \underline{\quad} + \underline{\quad} + \underline{\quad} = \underline{\quad} + \underline{\quad} + \underline{\quad} = \underline{\quad}
$$

d)
$$
\begin{array}{c}
957 \\
- 638 \\
\end{array}
= \underline{\quad} + \underline{\quad} + \underline{\quad} = \underline{\quad} + \underline{\quad} + \underline{\quad} = \underline{\quad}
$$

e)
$$
\begin{array}{c}
815 \\
- 264 \\
\end{array}
= \underline{\quad} + \underline{\quad} + \underline{\quad} = \underline{\quad} + \underline{\quad} + \underline{\quad} = \underline{\quad}
$$

Les soustractions sur les nombres naturels

2. Trouve la différence de chaque soustraction.

a)	854	b)	706	c)	433	d)	572
−	269	−	485	−	76	−	178

e)	2 641	f)	4 003	g)	3 794	h)	7 605
−	647	−	1 236	−	2 925	−	999

i)	8 452	j)	6 349	k)	5 943	l)	9 952
−	5 238	−	3 427	−	1 986	−	6 837

m)	4 320	n)	7 641	o)	8 000	p)	6 322
−	3 377	−	1 467	−	2 765	−	5 549

q)	3 565	r)	9 116	s)	7 030	t)	8 638
−	1 278	−	4 093	−	3 257	−	6 493

u)	6 914	v)	5 637	w)	4 444	x)	9 530
−	4 916	−	4 856	−	2 738	−	7 689

Les additions et les soustractions sur les nombres naturels

1. Trouve les chiffres manquants dans chaque équation.

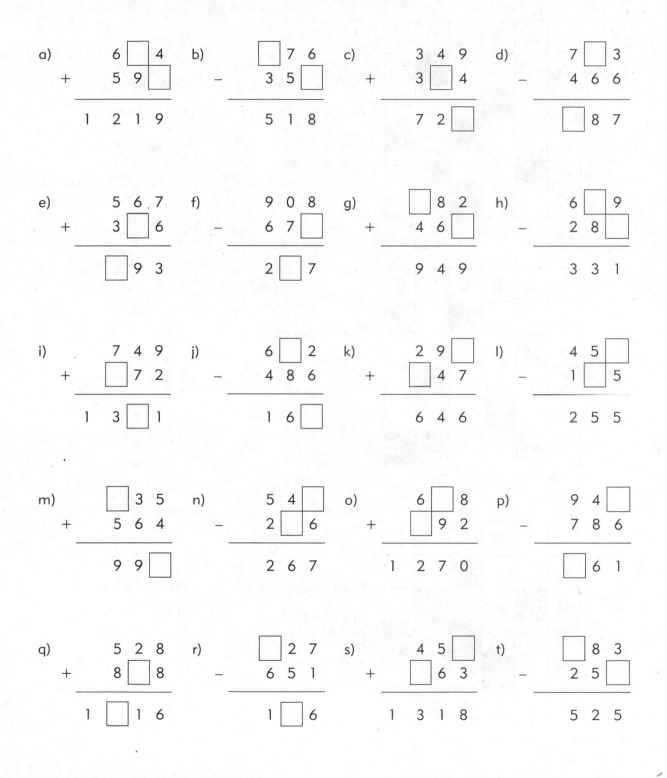

a)
```
    6 □ 4
  +   5 9 □
  ─────────
  1 2 1 9
```

b)
```
    □ 7 6
  −   3 5 □
  ─────────
    5 1 8
```

c)
```
    3 4 9
  +   3 □ 4
  ─────────
    7 2 □
```

d)
```
    7 □ 3
  −   4 6 6
  ─────────
    □ 8 7
```

e)
```
    5 6 7
  +   3 □ 6
  ─────────
    □ 9 3
```

f)
```
    9 0 8
  −   6 7 □
  ─────────
    2 □ 7
```

g)
```
    □ 8 2
  +   4 6 □
  ─────────
    9 4 9
```

h)
```
    6 □ 9
  −   2 8 □
  ─────────
    3 3 1
```

i)
```
    7 4 9
  +   □ 7 2
  ─────────
  1 3 □ 1
```

j)
```
    6 □ 2
  −   4 8 6
  ─────────
  1 6 □
```

k)
```
    2 9 □
  +   □ 4 7
  ─────────
    6 4 6
```

l)
```
    4 5 □
  −   1 □ 5
  ─────────
    2 5 5
```

m)
```
    □ 3 5
  +   5 6 4
  ─────────
    9 9 □
```

n)
```
    5 4 □
  −   2 □ 6
  ─────────
    2 6 7
```

o)
```
    6 □ 8
  +   □ 9 2
  ─────────
  1 2 7 0
```

p)
```
    9 4 □
  −   7 8 6
  ─────────
    □ 6 1
```

q)
```
    5 2 8
  +   8 □ 8
  ─────────
  1 □ 1 6
```

r)
```
    □ 2 7
  −   6 5 1
  ─────────
  1 □ 6
```

s)
```
    4 5 □
  +   □ 6 3
  ─────────
  1 3 1 8
```

t)
```
    □ 8 3
  −   2 5 □
  ─────────
    5 2 5
```

Les additions et les soustractions sur les nombres naturels

2. Remplis les nombres croisés à partir des équations.

a)

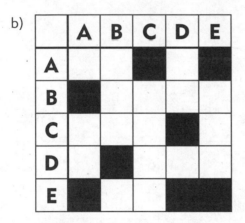

Horizontalement

A) 247 + 336
B) 398 + 276
C) 681 – 652
D) 604 – 548
E) 410 – 336 / 213 – 179

Verticalement

A) 178 + 364
B) 475 + 479
C) 508 – 472
D) 315 – 237
E) 717 – 623 / 262 – 188

b)

Horizontalement

A) 309 + 427
B) 291 + 138
C) 142 + 327
D) 2 541 + 5 874
E) 843 – 818

Verticalement

A) 309 + 179
B) 671 – 599 / 662 – 615
C) 2 255 + 1 686
D) 780 – 128
E) 910 – 871

c)

Horizontalement

A) 721 – 663
B) 8 816 – 6 419
C) 277 + 173
D) 754 – 582
E) 533 – 450

Verticalement

A) 522 – 478
B) 477 + 348
C) 2 334 + 679
D) 233 – 164
E) 378 + 384

Les additions et les soustractions sur les nombres naturels

3. À partir des nombres qui sont inscrits sur les poissons de l'aquarium, trouve 6 paires dont la somme égale 3 545.

a) _____ + _____ = 3 545   b) _____ + _____ = 3 545

c) _____ + _____ = 3 545   d) _____ + _____ = 3 545

e) _____ + _____ = 3 545   f) _____ + _____ = 3 545

4. À partir des nombres qui sont inscrits sur les crocodiles, trouve 6 paires dont la différence égale 237.

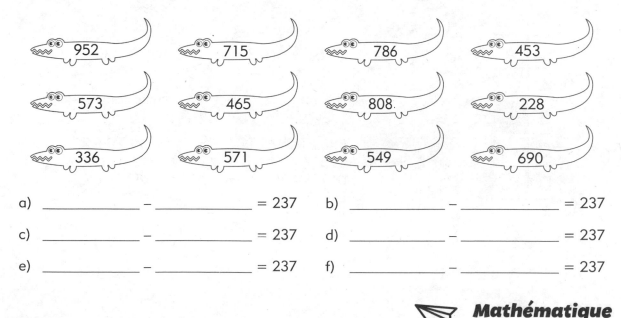

a) _____ – _____ = 237   b) _____ – _____ = 237

c) _____ – _____ = 237   d) _____ – _____ = 237

e) _____ – _____ = 237   f) _____ – _____ = 237

Les additions et les soustractions sur les nombres naturels

5. Complète les suites en sachant que tu dois additionner en montant et soustraire en descendant.

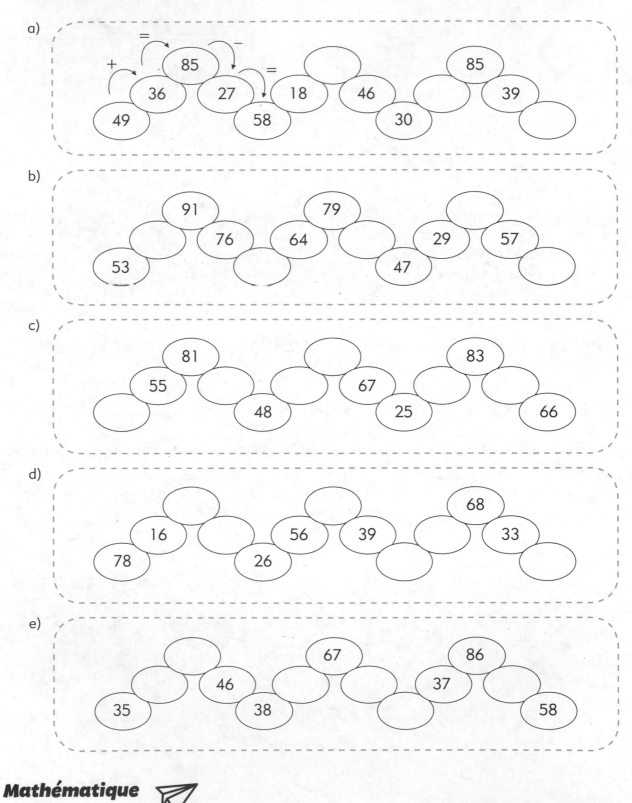

Les additions et les soustractions sur les nombres naturels

6. Avec son argent de poche, Chloé s'est procuré un microscope pour étudier des micro-organismes et d'autres particules minuscules. Relie les 35 points par bonds alternatifs de +7 et de −12 afin de découvrir ce que Chloé a observé sous la lentille de son microscope.

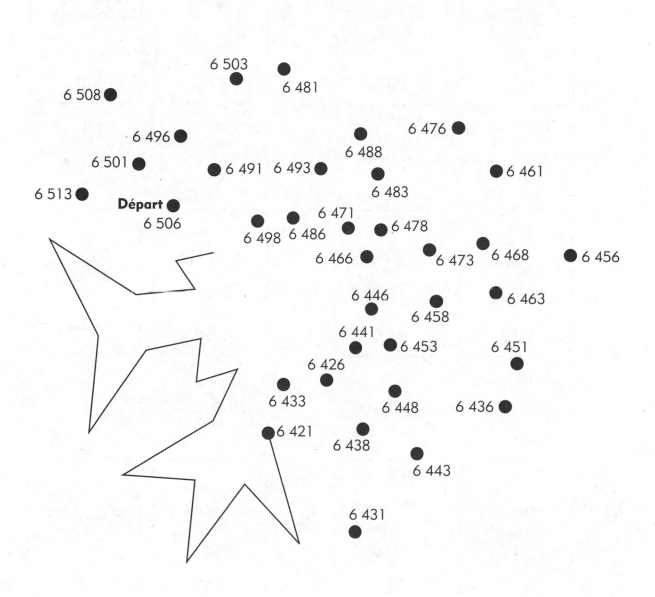

Les additions et les soustractions sur les nombres naturels

7. Diego et Tina collectionnent des cartes auxquelles est associé un nombre déterminé de points. Observe les cartes à jouer et leur valeur, puis trouve la somme de chaque ensemble.

a)

687 **842**

b)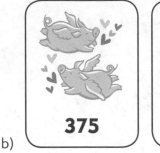

375 **538**

Somme : _____ points

Somme : _____ points

c)

923 **446**

d)

794 **977**

Somme : _____ points

Somme : _____ points

e)

167 **785**

f)

259 **648**

Somme : _____ points

Somme : _____ points

Les additions et les soustractions sur les nombres naturels

8. Dans le monde, les scientifiques ont dénombré autour de 5 743 espèces d'amphibiens comme la grenouille, le crapaud et la salamandre. On a aussi compté environ 2 497 espèces de reptiles – comme le serpent, le lézard et l'alligator – de plus que d'espèces d'amphibiens. Combien d'espèces de reptiles se retrouvent dans la nature ?

Démarche :

_____

_____

_____

Réponse : _____ espèces de reptiles se retrouvent dans la nature.

9. Un bateau quitte le port de New York en direction de l'Angleterre. À son bord, on compte 944 membres d'équipage, 905 passagers en première classe, 564 en deuxième classe et 1 134 en troisième classe. Combien de personnes y a-t-il à bord du bateau ?

Démarche :

_____

_____

_____

Réponse : Il y a _____ personnes à bord du bateau.

10. À la bibliothèque municipale, le bibliothécaire a catalogué 5 608 livres, 1 247 revues, 855 journaux, 396 disques compacts et 129 cédéroms éducatifs. Combien d'articles le bibliothécaire a-t-il catalogués en tout ?

Démarche :

_____

_____

_____

Réponse : Le bibliothécaire a catalogué _____ articles en tout.

Les additions et les soustractions sur les nombres naturels

11. Le Colisée de Rome est un amphithéâtre qui fut construit en l'an 70. En ce temps-là, on y présentait des combats de gladiateurs, mais de nos jours, la structure en ruine n'est plus assez sécuritaire pour accueillir des spectateurs. À Las Vegas, au Nevada, on a construit une réplique de ce célèbre amphithéâtre. Si cette salle de spectacle peut accueillir 4 000 spectateurs et que 2 636 billets ont été vendus, combien de places disponibles reste-t-il ?

Démarche :

_____

_____

Réponse : Il reste _____ places disponibles dans la salle de spectacle.

12. Le papillon monarque, facilement identifiable grâce à ses ailes d'un orange vif, est un insecte qui a beaucoup d'endurance. En effet, à l'automne, le papillon monarque migre en colonies sur environ 3 855 kilomètres pour se rendre du Canada au Mexique. Son long périple dure environ deux mois et demi. Si après 2 semaines il a parcouru 496 kilomètres, quelle distance lui reste-t-il à parcourir pour se rendre à destination ?

Démarche :

_____

_____

Réponse : Il lui reste une distance de _____ km à parcourir pour se rendre à destination.

13. Plus de 3 032 papilles gustatives nous permettent de goûter les aliments, mais savais-tu qu'on ne les retrouve pas seulement sur la langue ? En effet, on en retrouve sur les parois du palais et du pharynx ainsi que sur la partie supérieure de l'œsophage, le conduit qui achemine la nourriture vers l'estomac. Si on compte environ 756 papilles gustatives dans ces 3 derniers emplacements, combien en compte-t-on sur la langue ?

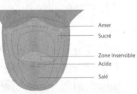

Amer
Sucré
Zone insensible
Acide
Salé

Démarche :

_____

_____

Réponse : On compte environ _____ papilles gustatives sur la langue.

Les additions et les soustractions sur les nombres naturels

14. Un pâtissier a reçu une commande pour un baptême. Il doit préparer 763 biscuits, 149 petits-fours de plus que de biscuits et 585 beignets de moins que de petits-fours. Combien de petits-fours et de beignets le pâtissier doit-il préparer?

Démarche:

_____

_____

_____

Réponse: Le pâtissier doit préparer _____ petits-fours et _____ beignets.

15. Ce matin, dans un stationnement incitatif pour le transport en commun, le préposé a compté 837 voitures. Vers midi, 94 voitures sont parties et 246 sont arrivées. En fin de journée, 375 voitures ont quitté le stationnement et 488 se sont ajoutées. Combien de voitures étaient toujours stationnées dans le parc à autos municipal lorsque le préposé a terminé son quart de travail?

Démarche:

_____

_____

_____

Réponse: _____ voitures étaient toujours stationnées dans le parc à autos municipal.

16. Le plongeur d'un bistrot a passé la soirée à laver de la vaisselle. Il a savonné, puis rincé 452 assiettes, 79 soucoupes de plus que d'assiettes, 284 tasses de moins que de soucoupes et 66 bols de plus que de soucoupes. Combien de pièces de vaisselle le plongeur du bistrot a-t-il lavées en tout?

Démarche:

_____

_____

_____

Réponse: Le plongeur du bistrot a lavé _____ pièces de vaisselle en tout.

Les multiplications
sur les nombres naturels

1. Trouve le produit de chaque multiplication le plus rapidement possible, et ce, une colonne à la fois. Demande à un ami ou à un adulte de te chronométrer, puis inscris ton temps.

Série 1	Série 2	Série 3	Série 4	Série 5
a) 8 × 4	a) 6 × 3	a) 9 × 7	a) 3 × 5	a) 4 × 2
b) 7 × 2	b) 2 × 9	b) 5 × 6	b) 1 × 8	b) 8 × 9
c) 4 × 3	c) 5 × 5	c) 7 × 8	c) 9 × 6	c) 0 × 7
d) 2 × 6	d) 7 × 3	d) 8 × 5	d) 2 × 2	d) 5 × 4
e) 3 × 9	e) 4 × 4	e) 3 × 2	e) 4 × 7	e) 9 × 9
f) 0 × 5	f) 9 × 2	f) 6 × 6	f) 5 × 7	f) 7 × 6
g) 1 × 2	g) 8 × 6	g) 0 × 9	g) 7 × 9	g) 2 × 4
h) 5 × 9	h) 3 × 8	h) 4 × 6	h) 6 × 7	h) 1 × 5
i) 6 × 2	i) 1 × 7	i) 2 × 5	i) 8 × 8	i) 3 × 7
j) 4 × 5	j) 7 × 5	j) 3 × 0	j) 5 × 2	j) 8 × 3

Temps : _____   Temps : _____   Temps : _____   Temps : _____   Temps : _____

Les multiplications sur les nombres naturels

2. Trouve le produit de chaque multiplication en la décomposant.

Exemple :

$$
\begin{array}{ccccccc}
48 & = & 40 & & 8 & = & 120 & = & 144 \\
\times\ 3 & & \times\ 3 & + & \times\ 3 & & +\ \ 24 \\
\hline
& & 120 & + & 24 & = & 144
\end{array}
$$

a) $\quad 35 = \underline{\hspace{2cm}} \quad\quad = \quad\quad = \underline{\hspace{2cm}}$
$\quad\ \times\ \ 4 \quad \times\underline{\hspace{1.5cm}} + \times\underline{\hspace{1.5cm}} \quad +$
$\underline{\hspace{2cm}} \quad\quad \underline{\hspace{1cm}} + \underline{\hspace{1.5cm}} =$

b) $\quad 72 = \underline{\hspace{2cm}} \quad\quad = \quad\quad = \underline{\hspace{2cm}}$
$\quad\ \times\ \ 6 \quad \times\underline{\hspace{1.5cm}} + \times\underline{\hspace{1.5cm}} \quad +$
$\underline{\hspace{2cm}} \quad\quad \underline{\hspace{1cm}} + \underline{\hspace{1.5cm}} =$

c) $\quad 59 = \underline{\hspace{2cm}} \quad\quad = \quad\quad = \underline{\hspace{2cm}}$
$\quad\ \times\ \ 8 \quad \times\underline{\hspace{1.5cm}} + \times\underline{\hspace{1.5cm}} \quad +$
$\underline{\hspace{2cm}} \quad\quad \underline{\hspace{1cm}} + \underline{\hspace{1.5cm}} =$

d) $\quad 64 = \underline{\hspace{2cm}} \quad\quad = \quad\quad = \underline{\hspace{2cm}}$
$\quad\ \times\ \ 7 \quad \times\underline{\hspace{1.5cm}} + \times\underline{\hspace{1.5cm}} \quad +$
$\underline{\hspace{2cm}} \quad\quad \underline{\hspace{1cm}} + \underline{\hspace{1.5cm}} =$

e) $\quad 96 = \underline{\hspace{2cm}} \quad\quad = \quad\quad = \underline{\hspace{2cm}}$
$\quad\ \times\ \ 3 \quad \times\underline{\hspace{1.5cm}} + \times\underline{\hspace{1.5cm}} \quad +$
$\underline{\hspace{2cm}} \quad\quad \underline{\hspace{1cm}} + \underline{\hspace{1.5cm}} =$

f) $\quad 28 = \underline{\hspace{2cm}} \quad\quad = \quad\quad = \underline{\hspace{2cm}}$
$\quad\ \times\ \ 5 \quad \times\underline{\hspace{1.5cm}} + \times\underline{\hspace{1.5cm}} \quad +$
$\underline{\hspace{2cm}} \quad\quad \underline{\hspace{1cm}} + \underline{\hspace{1.5cm}} =$

 Mathématique **159**

Les multiplications
sur les nombres naturels

3. Trouve le produit de chaque multiplication.

Exemple :

$$
\begin{array}{r}
\overset{2}{85} \\
\times \quad 4 \\
\hline
340
\end{array}
$$

a)
$$
\begin{array}{r}
60 \\
\times \quad 4 \\
\hline
\end{array}
$$

b)
$$
\begin{array}{r}
53 \\
\times \quad 9 \\
\hline
\end{array}
$$

c)
$$
\begin{array}{r}
71 \\
\times \quad 6 \\
\hline
\end{array}
$$

d)
$$
\begin{array}{r}
44 \\
\times \quad 8 \\
\hline
\end{array}
$$

e)
$$
\begin{array}{r}
82 \\
\times \quad 5 \\
\hline
\end{array}
$$

f)
$$
\begin{array}{r}
39 \\
\times \quad 3 \\
\hline
\end{array}
$$

g)
$$
\begin{array}{r}
26 \\
\times \quad 7 \\
\hline
\end{array}
$$

h)
$$
\begin{array}{r}
18 \\
\times \quad 2 \\
\hline
\end{array}
$$

i)
$$
\begin{array}{r}
95 \\
\times \quad 9 \\
\hline
\end{array}
$$

j)
$$
\begin{array}{r}
67 \\
\times \quad 8 \\
\hline
\end{array}
$$

k)
$$
\begin{array}{r}
78 \\
\times \quad 5 \\
\hline
\end{array}
$$

l)
$$
\begin{array}{r}
84 \\
\times \quad 4 \\
\hline
\end{array}
$$

m)
$$
\begin{array}{r}
56 \\
\times \quad 3 \\
\hline
\end{array}
$$

n)
$$
\begin{array}{r}
43 \\
\times \quad 7 \\
\hline
\end{array}
$$

o)
$$
\begin{array}{r}
36 \\
\times \quad 6 \\
\hline
\end{array}
$$

p)
$$
\begin{array}{r}
29 \\
\times \quad 9 \\
\hline
\end{array}
$$

q)
$$
\begin{array}{r}
74 \\
\times \quad 4 \\
\hline
\end{array}
$$

r)
$$
\begin{array}{r}
92 \\
\times \quad 5 \\
\hline
\end{array}
$$

s)
$$
\begin{array}{r}
18 \\
\times \quad 9 \\
\hline
\end{array}
$$

t)
$$
\begin{array}{r}
65 \\
\times \quad 3 \\
\hline
\end{array}
$$

u)
$$
\begin{array}{r}
256 \\
\times \quad 8 \\
\hline
\end{array}
$$

v)
$$
\begin{array}{r}
197 \\
\times \quad 6 \\
\hline
\end{array}
$$

w)
$$
\begin{array}{r}
309 \\
\times \quad 7 \\
\hline
\end{array}
$$

x)
$$
\begin{array}{r}
538 \\
\times \quad 5 \\
\hline
\end{array}
$$

Les divisions sur les nombres naturels

1. **Trouve le quotient de chaque division le plus rapidement possible, et ce, une colonne à la fois. Demande à un ami ou à un adulte de te chronométrer, puis inscris ton temps.**

Série 1	Série 2	Série 3	Série 4	Série 5
a) 15 ÷ 5	a) 36 ÷ 6	a) 24 ÷ 8	a) 56 ÷ 7	a) 20 ÷ 2
b) 30 ÷ 6	b) 18 ÷ 3	b) 25 ÷ 5	b) 28 ÷ 4	b) 32 ÷ 8
c) 12 ÷ 4	c) 40 ÷ 8	c) 36 ÷ 9	c) 64 ÷ 8	c) 81 ÷ 9
d) 27 ÷ 9	d) 54 ÷ 6	d) 14 ÷ 2	d) 42 ÷ 6	d) 16 ÷ 2
e) 35 ÷ 7	e) 21 ÷ 3	e) 48 ÷ 6	e) 30 : 5	e) 45 ÷ 5
f) 40 ÷ 5	f) 16 ÷ 8	f) 24 ÷ 4	f) 63 ÷ 7	f) 21 ÷ 7
g) 63 ÷ 9	g) 42 ÷ 7	g) 9 ÷ 9	g) 35 ÷ 5	g) 48 ÷ 8
h) 49 ÷ 7	h) 56 ÷ 8	h) 15 ÷ 3	h) 18 ÷ 6	h) 72 ÷ 9
i) 72 ÷ 8	i) 45 ÷ 9	i) 20 ÷ 5	i) 24 ÷ 6	i) 36 ÷ 4
j) 24 ÷ 3	j) 32 ÷ 4	j) 54 ÷ 9	j) 15 ÷ 3	j) 27 ÷ 3

Temps : _____   Temps : _____   Temps : _____   Temps : _____   Temps : _____

Les divisions
sur les nombres naturels

2. **Trouve le quotient de chaque division.**

Exemple :

$$
\begin{array}{r|l}
270 & \underline{5} \\
-\underline{25} \downarrow & 54 \\
20 \\
-\underline{20} \\
0
\end{array}
$$

a) 82 | 2   b) 48 | 4   c) 78 | 6   d) 639 | 3

e) 258 | 6   f) 445 | 5   g) 576 | 8   h) 504 | 9

i) 441 | 7   j) 333 | 9   k) 732 | 3   l) 348 | 4

m) 385 | 5   n) 623 | 7   o) 306 | 6   p) 600 | 8

q) 74 | 3   r) 956 | 2   s) 435 | 5   t) 567 | 9

Les diviseurs et les multiples des nombres naturels

1. **Trouve les diviseurs des nombres suivants.**

   Exemple :

   16 : { 1, 2, 4, 8, 16 }

   a) 18 : { _____ , _____ , _____ , _____ , _____ , _____ }

   b) 20 : { _____ , _____ , _____ , _____ , _____ , _____ }

   c) 24 : { _____ , _____ , _____ , _____ , _____ , _____ , _____ , _____ }

   d) 28 : { _____ , _____ , _____ , _____ , _____ , _____ }

   e) 30 : { _____ , _____ , _____ , _____ , _____ , _____ , _____ , _____ }

2. **Trouve les 5 premiers multiples des nombres suivants, hormis le 0 et le nombre lui-même.**

   a) 7 : _____ , _____ , _____ , _____ , _____

   b) 4 : _____ , _____ , _____ , _____ , _____

   c) 9 : _____ , _____ , _____ , _____ , _____

   d) 15 : _____ , _____ , _____ , _____ , _____

   e) 12 : _____ , _____ , _____ , _____ , _____

3. **Pour chaque série, encercle les nombres qui sont divisibles par...**

   a) 5   14 – 17 – 20 – 22 – 28 – 31 – 35 – 39 – 45

   b) 7   12 – 18 – 21 – 25 – 33 – 35 – 42 – 48 – 56

   c) 4   15 – 20 – 24 – 27 – 30 – 34 – 38 – 44 – 48

   d) 9   18 – 23 – 36 – 43 – 47 – 51 – 54 – 60 – 64

   e) 3   13 – 16 – 20 – 24 – 27 – 32 – 35 – 41 – 42

Les multiplications et les divisions sur les nombres naturels

1. Trouve les chiffres manquants dans chaque équation.

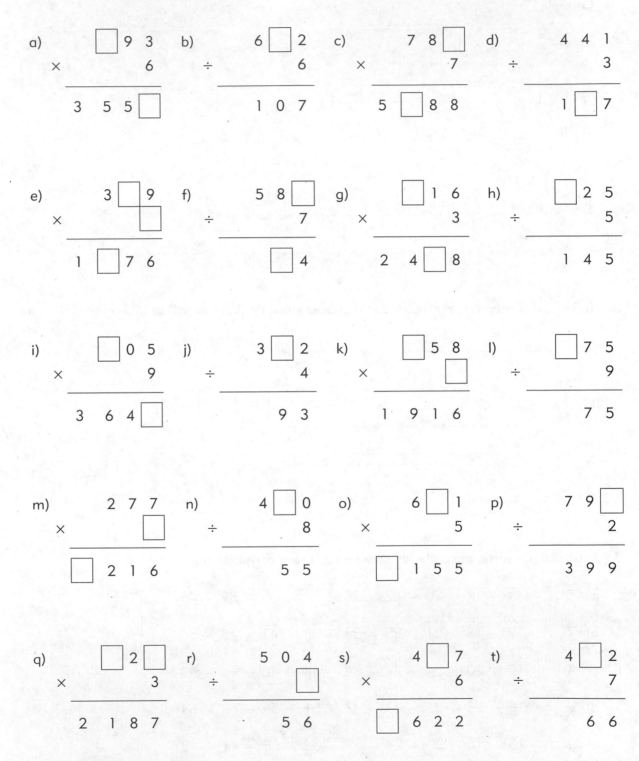

a)
```
  □ 9 3
×     6
───────
3 5 5 □
```

b)
```
6 □ 2 ÷ 6
1 0 7
```

c)
```
  7 8 □
×     7
───────
5 □ 8 8
```

d)
```
4 4 1 ÷ 3
1 □ 7
```

e)
```
  3 □ 9
× □
───────
1 □ 7 6
```

f)
```
5 8 □ ÷ 7
□ 4
```

g)
```
  □ 1 6
×     3
───────
2 4 □ 8
```

h)
```
□ 2 5 ÷ 5
1 4 5
```

i)
```
  □ 0 5
×     9
───────
3 6 4 □
```

j)
```
3 □ 2 ÷ 4
9 3
```

k)
```
  □ 5 8
×   □
───────
1 9 1 6
```

l)
```
□ 7 5 ÷ 9
7 5
```

m)
```
  2 7 7
×   □
───────
□ 2 1 6
```

n)
```
4 □ 0 ÷ 8
5 5
```

o)
```
  6 □ 1
×     5
───────
□ 1 5 5
```

p)
```
7 9 □ ÷ 2
3 9 9
```

q)
```
  □ 2 □
×     3
───────
2 1 8 7
```

r)
```
5 0 4 ÷ □
5 6
```

s)
```
  4 □ 7
×     6
───────
□ 6 2 2
```

t)
```
4 □ 2 ÷ 7
6 6
```

Le plus grand commun diviseur et le plus petit commun multiple

1. **Trouve le plus grand commun diviseur pour chaque paire de nombres.**

   a) 27 : { ____, ____, ____, ____ }

   36 : { ____, ____, ____, ____, ____, ____, ____, ____, ____ }

   Le plus grand commun diviseur de 27 et 36 est : _____

   b) 32 : { ____, ____, ____, ____, ____, ____ }

   48 : { ____, ____, ____, ____, ____, ____, ____, ____, ____, ____ }

   Le plus grand commun diviseur de 32 et 48 est : _____

   c) 54 : { ____, ____, ____, ____, ____, ____, ____, ____ }

   56 : { ____, ____, ____, ____, ____, ____ }

   Le plus grand commun diviseur de 54 et 56 est : _____

2. **Trouve le plus petit commun multiple autre que 0 pour chaque paire de nombres.**

   a) 10 : ____, ____, ____, ____, ____, ____, ____, ____, ____

   12 : ____, ____, ____, ____, ____, ____, ____, ____, ____

   Le plus petit commun multiple de 10 et 12 est : _____

   b) 9 : ____, ____, ____, ____, ____, ____, ____, ____, ____

   15 : ____, ____, ____, ____, ____, ____, ____, ____, ____

   Le plus petit commun multiple de 9 et 15 est : _____

   c) 8 : ____, ____, ____, ____, ____, ____, ____, ____, ____

   18 : ____, ____, ____, ____, ____, ____, ____, ____, ____

   Le plus petit commun multiple de 8 et 18 est : _____

Les multiplications
sur les nombres naturels

1. Dans une laverie, une blanchisseuse a repassé 53 chemises et 8 fois plus de pantalons. Infatigable, elle a aussi défroissé 2 fois plus de jupes que de pantalons. Combien de jupes la blanchisseuse a-t-elle repassées ?

Démarche :

_____

_____

_____

Réponse : La blanchisseuse a repassé _____ jupes.

2. Une tempête s'est abattue sur un village en laissant plusieurs centimètres de neige au sol. Philippe s'est affairé à déblayer l'entrée du garage et il a compté 79 pelletées de neige. Son voisin Antoine a désencombré sa cour au grand complet et il a effectué 5 fois plus de pelletées de neige que Philippe. Combien de pelletées de neige Antoine a-t-il effectuées ?

Démarche :

_____

_____

_____

Réponse : Antoine a effectué _____ pelletées de neige.

3. Un agriculteur a placé un épouvantail dans son champ de courgettes pour éloigner les corneilles. Cela n'a pas empêché 64 de ces oiseaux à plumage d'ébène de venir saccager ses récoltes. Aussi, l'automne prochain, il se promet de poster dans son champ 6 fois plus d'épouvantails que de volatiles. Combien d'épouvantails l'agriculteur devra-t-il se procurer pour mettre son plan à exécution ?

Démarche :

_____

_____

_____

Réponse :

L'agriculteur devra se procurer _____ épouvantails pour mettre son plan à exécution.

Les divisions
sur les nombres naturels

1. En expédition dans les régions brumeuses de l'Écosse, un spécialiste des phénomènes insolites affirme avoir pris un cliché du célèbre monstre du Loch Ness. Selon lui, la créature fabuleuse mesurait au moins 87 m. Pour sa part, un pêcheur qui a aussi été témoin de l'apparition soutient que le monstre était en réalité le tronc d'un arbre mort qui flottait à la dérive et dont la longueur correspondait au tiers de l'estimation du supposé spécialiste. Combien de mètres mesurait approximativement le billot de bois aperçu par le pêcheur?

Démarche :

_____

_____

Réponse : Le billot de bois aperçu par le pêcheur mesurait approximativement _____ m.

2. À la fête foraine, Stéphane et Nadine tentent de surpasser le record mondial de tours de montagnes russes, établi à 336. Pris de nausées après avoir englouti barbes à papa et réglisses, Stéphane ne réussit qu'à en effectuer 7 fois moins que le record mondial. De son côté, transie de froid, Nadine tient bon, mais elle doit abandonner au quart du record. Combien de tours de montagnes russes ont effectués respectivement Stéphane et Nadine?

Démarche :

_____

_____

Réponse : Stéphane a effectué _____ tours de montagnes russes et Nadine, _____.

3. Les membres de la famille Durand se plient à une drôle de tradition : tous les ans, ils effectuent à 5 reprises et à intervalles réguliers un pèlerinage pour observer les chauves-souris dans leur environnement naturel. Si une année normale comprend 365 jours et que les Durand viennent de visiter une caverne remplie de ces mammifères volants, dans combien de jours reviendront-ils observer ces bestioles?

Démarche :

_____

_____

Réponse : Les Durand reviendront observer les chauves-souris dans _____ jours.

Les opérations sur les nombres naturels

1. Les mammifères sont des vertébrés à sang chaud qui nourrissent leurs petits avec le lait contenu dans leurs mamelles. Les biologistes classifient les mammifères en différents ordres subdivisés en espèces. Ainsi, dans l'ordre des rongeurs, on a recensé plus de 1 702 espèces. En ce qui concerne les primates, on a dénombré 1 346 espèces de moins que pour les rongeurs. Enfin, en ce qui a trait aux cétacés, on a compté 273 espèces de moins que pour les primates. Combien d'espèces de cétacés les biologistes ont-ils dénombrées ?

   Démarche :

   _____

   _____

   _____

   Réponse : Les biologistes ont dénombré _____ espèces de cétacés.

2. Des marcheurs insouciants veulent franchir une distance de 504 kilomètres à pied. S'ils se déplacent à une vitesse de 7 km/h et qu'ils marchent en moyenne 8 heures par jour, combien de temps durera leur périple ?

   Démarche :

   _____

   _____

   _____

   Réponse : Le périple des marcheurs durera _____ jours.

3. Mère Nature se lève parfois du mauvais pied... En effet, environ 1 968 orages éclatent sur Terre au même moment. De plus, 2 fois moins de coups de foudre frappent la Terre chaque seconde. Combien d'éclairs s'abattent sur la Terre en 5 secondes ?

   Démarche :

   _____

   _____

   _____

   Réponse : _____ éclairs s'abattent sur la Terre en 5 secondes.

Les opérations sur les nombres naturels

4. **Compare les résultats des équations en écrivant le symbole <, > ou =.**

a) 65 + 39 _____ 27 × 4

b) 83 – 46 _____ 19 + 19

c) 92 ÷ 4 _____ 81 - 5

d) 57 × 5 _____ 84 + 78

e) 89 – 76 _____ 65 ÷ 5

f) 322 ÷ 7 _____ 103 – 36

g) 24 × 6 _____ 73 + 57

h) 14 × 3 _____ 156 ÷ 3

i) 190 – 78 _____ 18 × 9

j) 87 + 66 _____ 38 × 4

k) 621 ÷ 9 _____ 27 + 42

l) 425 – 378 _____ 336 – 289

m) 47 + 36 _____ 112 – 29

n) 673 – 591 _____ 47 + 44

o) 59 × 6 _____ 674 ÷ 2

p) 88 + 47 _____ 27 × 5

q) 900 – 724 _____ 23 × 8

r) 39 × 6 _____ 714 ÷ 3

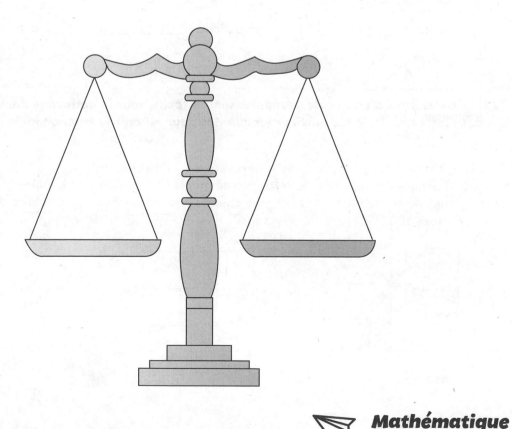

Le sens et l'écriture des fractions

1. Pendant les jours pluvieux, Sébastien et Ariane s'installent dans le salon pour assembler les pièces de plusieurs puzzles. Trouve la fraction qui correspond aux parties coloriées.

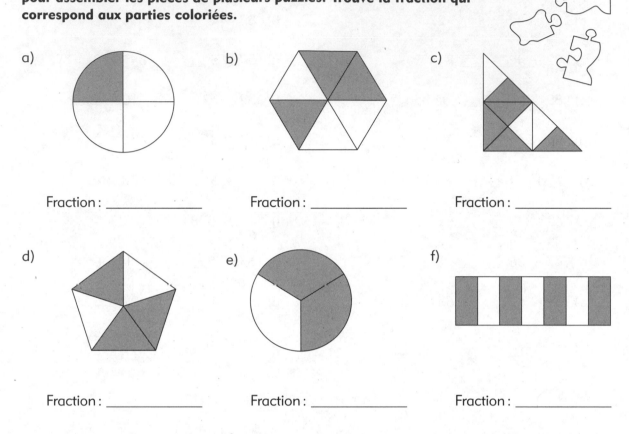

a)

Fraction : _____

b)

Fraction : _____

c)

Fraction : _____

d)

Fraction : _____

e)

Fraction : _____

f)

Fraction : _____

2. Les concierges d'une école se répartissent la tâche pour le nettoyage des planchers des classes. Colorie les parties manquantes pour obtenir la fraction indiquée.

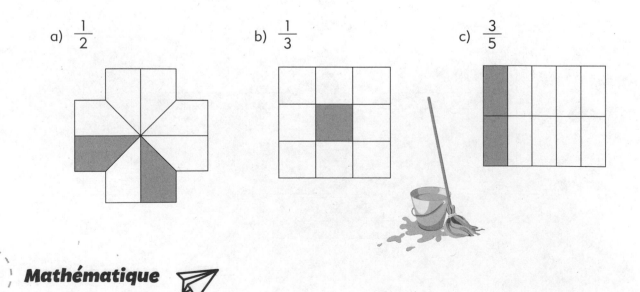

a) $\dfrac{1}{2}$

b) $\dfrac{1}{3}$

c) $\dfrac{3}{5}$

Le sens et l'écriture des fractions

3. Le rédacteur en chef d'un journal à potins doit décider des proportions accordées aux articles écrits par ses journalistes et chroniqueurs dans chaque page du journal. Colorie les parties correspondant à la fraction demandée.

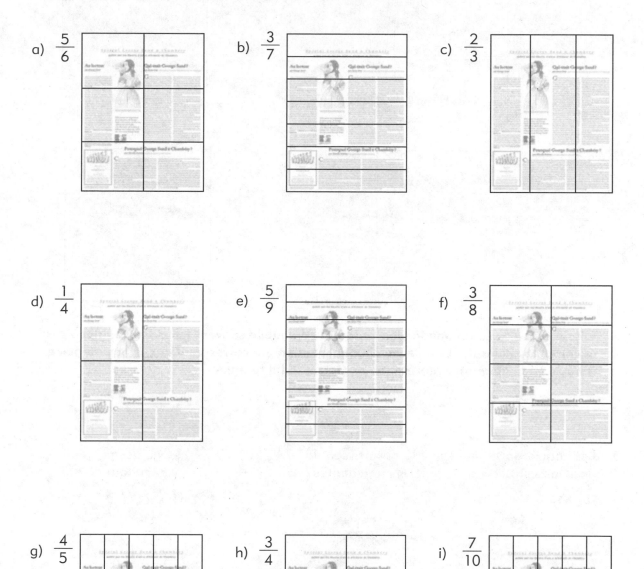

a) $\dfrac{5}{6}$

b) $\dfrac{3}{7}$

c) $\dfrac{2}{3}$

d) $\dfrac{1}{4}$

e) $\dfrac{5}{9}$

f) $\dfrac{3}{8}$

g) $\dfrac{4}{5}$

h) $\dfrac{3}{4}$

i) $\dfrac{7}{10}$

4. Les chimpanzés sont reconnus pour être friands de bananes. Pour chaque caisse, encercle le nombre de bananes correspondant à la fraction indiquée.

a) $\dfrac{1}{3}$

b) $\dfrac{2}{5}$

c) $\dfrac{3}{4}$

d) $\dfrac{4}{5}$

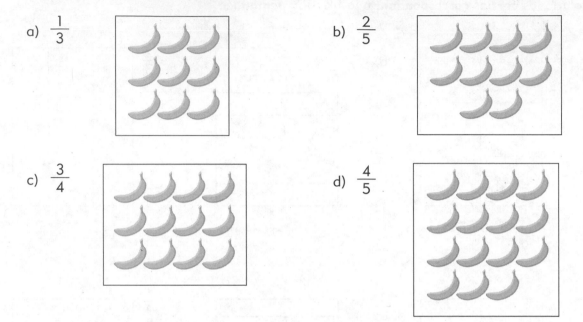

5. Pressé de boire sa limonade bien froide, Justin oublie souvent les cubes de glace sur le comptoir. Relie par une flèche chaque fraction qui correspond aux cubes de glace fondus. Chaque goutte représente un glaçon qui a fondu.

a) $\dfrac{3}{5}$ 1.

b) $\dfrac{7}{9}$ 2.

c) $\dfrac{3}{4}$ 3.

d) $\dfrac{5}{6}$ 4.

e) $\dfrac{1}{2}$ 5.

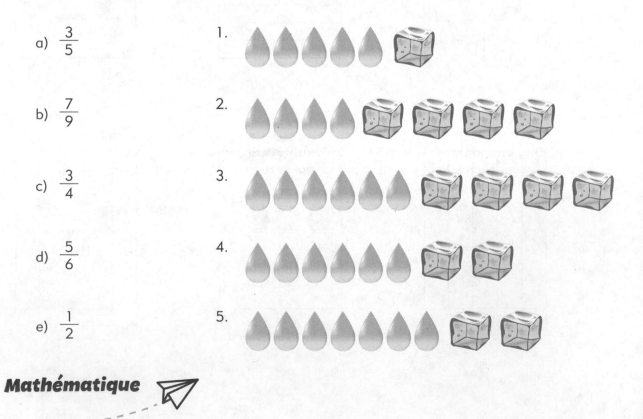

Le sens et l'écriture des fractions

6. Lors d'un colloque portant sur les changements climatiques, 24 hommes écoutent le conférencier présenter ses graphiques et ses pourcentages. Dessine les éléments demandés en respectant les consignes : $\dfrac{1}{6}$ des hommes portent un chapeau, $\dfrac{3}{8}$ portent des lunettes, $\dfrac{5}{24}$ portent la moustache et $\dfrac{1}{4}$ portent la cravate.

7. Les abeilles emmagasinent le miel qu'elles fabriquent dans des alvéoles de cire. Complète la fraction qui correspond au nombre d'alvéoles remplies de miel.

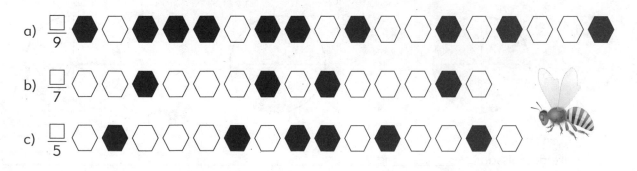

a) $\dfrac{\square}{9}$

b) $\dfrac{\square}{7}$

c) $\dfrac{\square}{5}$

Le sens et l'écriture des fractions

8. Au cinéma, le monteur est la personne chargée d'assembler les différentes scènes tournées par le réalisateur pour faire un film dont la trame est cohérente. Aussi il doit souvent écourter ou rallonger les bandes de pellicule cinématographique. Fais un ✗ sur les pellicules qui sont plus petites que $\frac{1}{2}$, souligne celles qui sont égales à $\frac{1}{2}$ et encercle celles qui sont plus petites que 1, mais plus grandes que $\frac{1}{2}$.

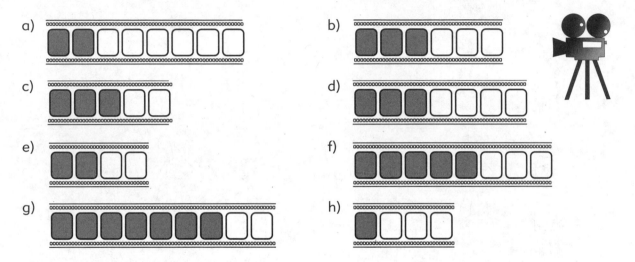

9. Christian suit des cours de cuisine. Il apprend à faire des tartes : il invite ses amis afin qu'ils puissent goûter à ses créations culinaires. Colorie les fractions demandées. Place ensuite les fractions dans l'ordre décroissant.

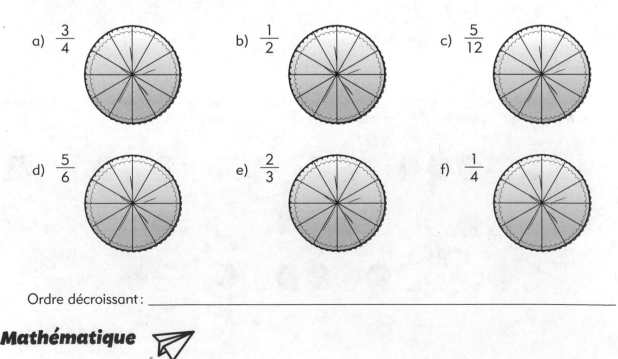

a) $\frac{3}{4}$ b) $\frac{1}{2}$ c) $\frac{5}{12}$

d) $\frac{5}{6}$ e) $\frac{2}{3}$ f) $\frac{1}{4}$

Ordre décroissant : _____

Le sens et l'écriture des nombres décimaux jusqu'à l'ordre des centièmes

1. **Représente chaque nombre décimal en coloriant le nombre de cases approprié si chaque grille représente une unité.**

a) 2,5

b) 1,48

c) 3,73

d) 2,07

Le sens et l'écriture des nombres décimaux jusqu'à l'ordre des centièmes

2. Trouve le nombre représenté par chaque abaque, ou table à calcul. Attention, on a changé l'ordre des valeurs de position !

Exemple :

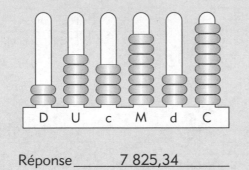

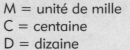

Légende :

M = unité de mille
C = centaine
D = dizaine
U = unité
d = dixième
c = centième

Réponse _____ 7 825,34 _____

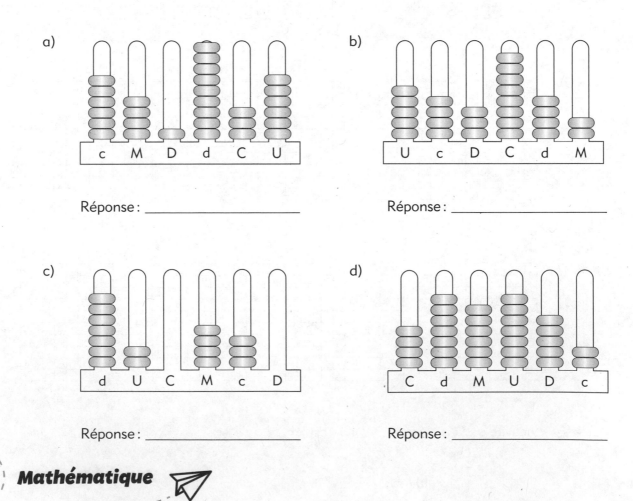

a)

Réponse : _____

b)

Réponse : _____

c)

Réponse : _____

d)

Réponse : _____

Le sens et l'écriture des nombres décimaux jusqu'à l'ordre des centièmes

3. Zacharie, le frère aîné de Marianne, espère avec hâte la première bordée de neige pour pratiquer son activité hivernale préférée de façon sécuritaire. Relie les 30 points dans l'ordre décroissant afin de découvrir ce qui motive tant le frère de Marianne.

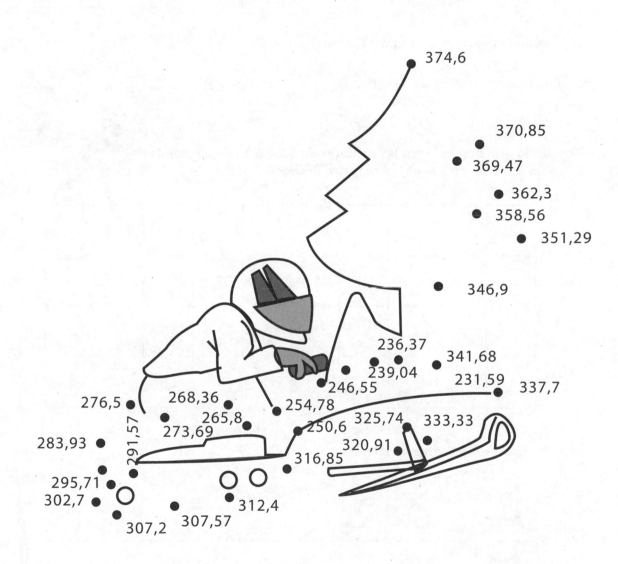

374,6
370,85
369,47
362,3
358,56
351,29
346,9
341,68
337,7
336,37
239,04
231,59
246,55
333,33
325,74
254,78
250,6
320,91
316,85
276,5
268,36
265,8
273,69
291,57
283,93
295,71
302,7
307,2
307,57
312,4

Réponse : L'activité qui motive tant Zacharie est _____

Mathématique **177**

Le sens et l'écriture des nombres décimaux jusqu'à l'ordre des centièmes

4. Écris les nombres suivants en chiffres.

    a) cinquante-huit et sept dixièmes   _____

    b) quatre-vingt-trois et vingt-neuf centièmes   _____

    c) trente-six et cinq centièmes   _____

    d) soixante et onze et quarante-huit centièmes   _____

    e) quatre-vingt-seize et six dixièmes   _____

5. Remplis la grille en écrivant les nombres de 53,4 à 71,1 par bonds de 3 dixièmes, et ce, en suivant le sens des flèches.

53,4			54,6			55,8	
	58,5			57,3			
			60,9				
		64,2			63	62,4	

6. Écris les nombres suivants en lettres.

    a) 78,4 _____

    b) 95,77 _____

    c) 43,02 _____

    d) 60,58 _____

    e) 319,35 _____

Le sens et l'écriture des nombres décimaux jusqu'à l'ordre des centièmes

7. Le Nouvel An chinois, célébré à la fin du mois de janvier, est ponctué de festivités qui se terminent par la fête des Lanternes. Observe les nombres qui sont inscrits sur les lanternes en papier de riz, puis fais ce qui est demandé.

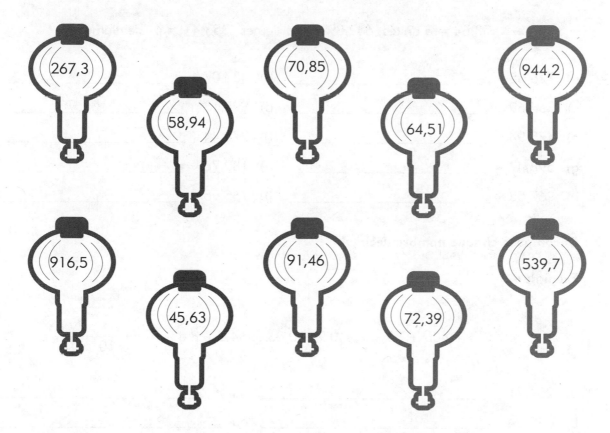

a) Colorie en rouge la lanterne dont le nombre vient immédiatement avant 72,4.

b) Colorie en bleu la lanterne dont le nombre vient immédiatement après 916,49.

c) Colorie en jaune la lanterne dont le nombre est compris entre 57,2 et 60,37.

d) Colorie en vert la lanterne dont le nombre est le plus petit.

e) Colorie en orange la lanterne dont le nombre est le plus grand.

f) Colorie en mauve la lanterne dont le nombre a un 8 à la position des dixièmes.

g) Colorie en rose la lanterne dont le nombre a un 3 à la position des dizaines.

h) Colorie en brun la lanterne dont le nombre a un 6 à la position des centièmes.

i) Encercle toutes les lanternes dont le nombre est pair.

Mathématique 179

Le sens et l'écriture des nombres décimaux jusqu'à l'ordre des centièmes

8. **Trouve la valeur du ou des chiffres soulignés.**

   Exemple :

   > 5<u>3</u>,64 = 3 unités ; 642,<u>8</u>9 = 8 dixièmes ; 353,<u>41</u> = 41 centièmes

   a) 7<u>2</u>6,35 _____

   b) <u>4</u>37,07 _____

   c) 354,6<u>9</u> _____

   d) <u>8</u>90,13 _____

   e) 475,<u>9</u>4 _____

   f) 274,<u>44</u> _____

   g) 5<u>98</u>,47 _____

   h) 189,<u>76</u> _____

   i) 967,<u>53</u> _____

   j) 7<u>65</u>,95 _____

9. **Décompose chaque nombre décimal.**

   Exemple :

   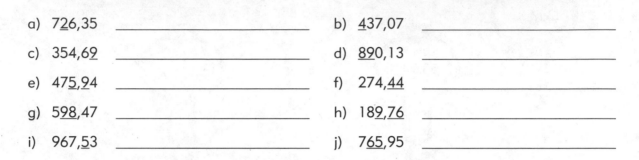

   > $487,93 = 400 + 80 + 7 + 0,9 + 0,03$ ou $4\,c + 8\,d + 7\,u + \dfrac{9}{10} + \dfrac{3}{100}$

   a) 254,71 _____ ou _____

   b) 638,54 _____ ou _____

   c) 547,65 _____ ou _____

10. **Trouve le nombre qui a été décomposé.**

    Exemple :

    > $4\,u + \dfrac{8}{10} + 5\,d + 7\,c + \dfrac{6}{100} = \underline{754,86}$; $30 + 0,09 + 3 + 0,4 + 500 = \underline{533,49}$

    a) $0,8 + 400 + 6 + 50 + 0,07 =$ _____

    b) $9\,d + 3\,u + \dfrac{2}{100} + \dfrac{6}{10} + 8\,c =$ _____

    c) $7 + 0,04 + 500 + 30 + 0,9 =$ _____

Le sens et l'écriture des nombres décimaux jusqu'à l'ordre des centièmes

11. Observe les nombres suivants, puis effectue les tâches demandées.

67,93	482,5	34,68	503,7	79,12	936,5
450,6	87,29	715,4	94,66	43,58	248,1
84,35	340,7	69,95	68,34	564,3	85,26
537,6	562,2	38,47	74,88	91,75	27,73
73,84	25,15	45,69	237,5	606,9	97,64
942,36	10,29	586,3	46,93	88,46	535,8
65,78	63,46	77,56	52,15	344,7	79,37

a) Encadre tous les nombres qui ont un 4 à la position des dizaines.

b) Encercle tous les nombres qui ont un 8 à la position des centièmes.

c) Fais un ✗ sur tous les nombres qui ont un 3 à la position des unités.

d) Souligne tous les nombres qui ont un 5 à la position des dixièmes.

e) Quel nombre a été encadré, encerclé, marqué d'un ✗ et souligné ? _____

12. Compare les nombres en écrivant le symbole <, > ou =.

a) 74,58 _____ 48,75   b) 26,19 _____ 19,62   c) 47,5 _____ 7,45

d) 6,93 _____ 36,9   e) 38,4 _____ 38,40   f) 0,98 _____ 8,9

13. Dans chaque nuage, encercle le plus petit nombre et fais un ✗ sur le plus grand nombre.

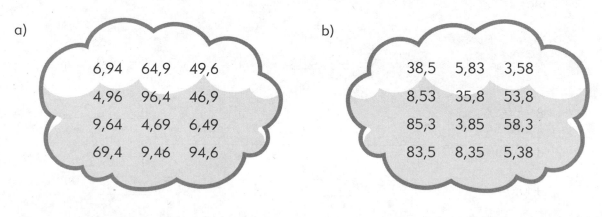

a)

6,94	64,9	49,6
4,96	96,4	46,9
9,64	4,69	6,49
69,4	9,46	94,6

b)

38,5	5,83	3,58
8,53	35,8	53,8
85,3	3,85	58,3
83,5	8,35	5,38

Mathématique 181

Les additions sur les nombres décimaux jusqu'à l'ordre des centièmes

1. Trouve le produit de chaque addition en la décomposant.

Exemple :

$$
\begin{array}{r}
49,54 \\
+\ 36,73 \\
\hline
\end{array}
=
\begin{array}{r}
40 \\
+30 \\
\hline
70
\end{array}
+
\begin{array}{r}
9 \\
+6 \\
\hline
15
\end{array}
+
\begin{array}{r}
0,5 \\
+0,7 \\
\hline
1,2
\end{array}
+
\begin{array}{r}
0,04 \\
+0,03 \\
\hline
0,07
\end{array}
=
\begin{array}{r}
70,00 \\
15,00 \\
1,20 \\
+\ 0,07 \\
\hline
86,27
\end{array}
= 86,27
$$

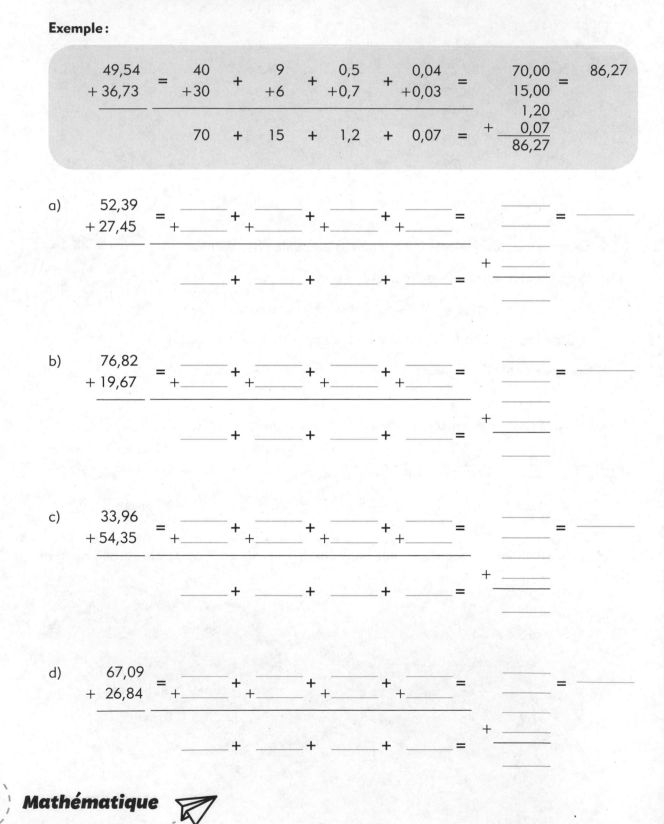

a)
$$
\begin{array}{r}
52,39 \\
+\ 27,45 \\
\hline
\end{array}
$$

b)
$$
\begin{array}{r}
76,82 \\
+\ 19,67 \\
\hline
\end{array}
$$

c)
$$
\begin{array}{r}
33,96 \\
+\ 54,35 \\
\hline
\end{array}
$$

d)
$$
\begin{array}{r}
67,09 \\
+\ 26,84 \\
\hline
\end{array}
$$

Les additions sur les nombres décimaux jusqu'à l'ordre des centièmes

2. Trouve la somme de chaque addition.

a)
```
   23,5
+  69,6
-------
```

b)
```
   79,7
+  35,3
-------
```

c)
```
   58,27
+  45,8
-------
```

d)
```
   63,7
+  82,54
-------
```

e)
```
   36,59
+  47,36
-------
```

f)
```
   81,08
+   7,55
-------
```

g)
```
   47,99
+   3,7
-------
```

h)
```
   65,29
+  28,8
-------
```

i)
```
   47,38
+  56,74
-------
```

j)
```
   35,49
+  58,67
-------
```

k)
```
   73,06
+  68,97
-------
```

l)
```
   84,36
+  38,59
-------
```

m)
```
   264,89
+   37,5
-------
```

n)
```
   450,6
+   87,73
-------
```

o)
```
   394,25
+   47,68
-------
```

p)
```
   693,4
+  279,3
-------
```

q)
```
   435,06
+   34,39
-------
```

r)
```
   594,43
+   78,87
-------
```

s)
```
   341,95
+  252,84
-------
```

t)
```
   196,29
+   95,48
-------
```

u)
```
   367,35
+  418,9
-------
```

v)
```
   840,72
+   68,55
-------
```

w)
```
   488,67
+  164,77
-------
```

x)
```
   937,58
+   49,73
-------
```

Les soustractions sur les nombres décimaux jusqu'à l'ordre des centièmes

1. **Trouve la différence de chaque soustraction en la décomposant.**

Exemple :

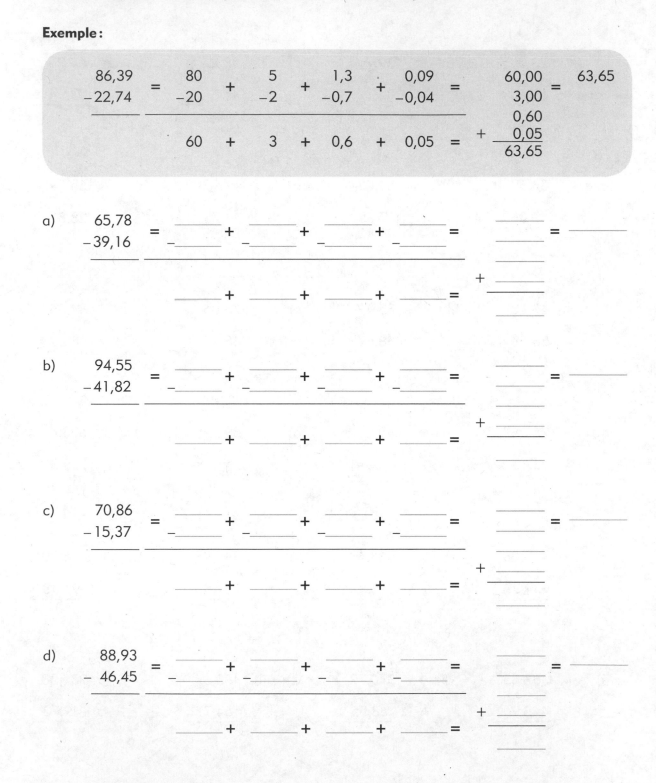

$$
\begin{array}{l}
86,39 \\
-22,74
\end{array}
=
\begin{array}{l}
80 \\
-20
\end{array}
+
\begin{array}{l}
5 \\
-2
\end{array}
+
\begin{array}{l}
1,3 \\
-0,7
\end{array}
+
\begin{array}{l}
0,09 \\
-0,04
\end{array}
=
\begin{array}{l}
60,00 \\
3,00 \\
0,60 \\
+\ 0,05 \\
\hline
63,65
\end{array}
= 63,65
$$

$$60 \ + \ 3 \ + \ 0,6 \ + \ 0,05 \ = $$

a)
$$
\begin{array}{l}
65,78 \\
-39,16
\end{array}
= \underline{\quad} + \underline{\quad} + \underline{\quad} + \underline{\quad} = \underline{\quad} = \underline{\quad}
$$

$$\underline{\quad} + \underline{\quad} + \underline{\quad} + \underline{\quad} = \qquad + \underline{\quad}$$

b)
$$
\begin{array}{l}
94,55 \\
-41,82
\end{array}
= \underline{\quad} + \underline{\quad} + \underline{\quad} + \underline{\quad} = \underline{\quad} = \underline{\quad}
$$

$$\underline{\quad} + \underline{\quad} + \underline{\quad} + \underline{\quad} = \qquad + \underline{\quad}$$

c)
$$
\begin{array}{l}
70,86 \\
-15,37
\end{array}
= \underline{\quad} + \underline{\quad} + \underline{\quad} + \underline{\quad} = \underline{\quad} = \underline{\quad}
$$

$$\underline{\quad} + \underline{\quad} + \underline{\quad} + \underline{\quad} = \qquad + \underline{\quad}$$

d)
$$
\begin{array}{l}
88,93 \\
-\ 46,45
\end{array}
= \underline{\quad} + \underline{\quad} + \underline{\quad} + \underline{\quad} = \underline{\quad} = \underline{\quad}
$$

$$\underline{\quad} + \underline{\quad} + \underline{\quad} + \underline{\quad} = \qquad + \underline{\quad}$$

Les soustractions sur les nombres décimaux jusqu'à l'ordre des centièmes

2. **Trouve la différence de chaque soustraction.**

a) 78,6
  − 35,9

b) 92,4
  − 56,8

c) 85,96
  − 48,7

d) 60,03
  − 29,6

e) 54,2
  − 48,7

f) 72,6
  − 44,52

g) 983,64
  − 74,83

h) 497,82
  − 86,39

i) 893,43
  − 78,2

j) 705,24
  − 38,7

k) 649,7
  − 99,94

l) 580,6
  − 57,65

m) 607,39
  − 428,73

n) 900,48
  − 244,52

o) 549,07
  − 392,2

p) 855,9
  − 178,22

q) 716,69
  − 98,78

r) 349,57
  − 188,64

s) 400,08
  − 294,1

t) 912,34
  − 74,65

u) 856
  − 385,7

v) 742
  − 469,3

w) 583
  − 259,67

x) 448
  − 337,46

Les opérations sur les nombres décimaux jusqu'à l'ordre des centièmes

1. Trouve les chiffres manquants dans chaque équation.

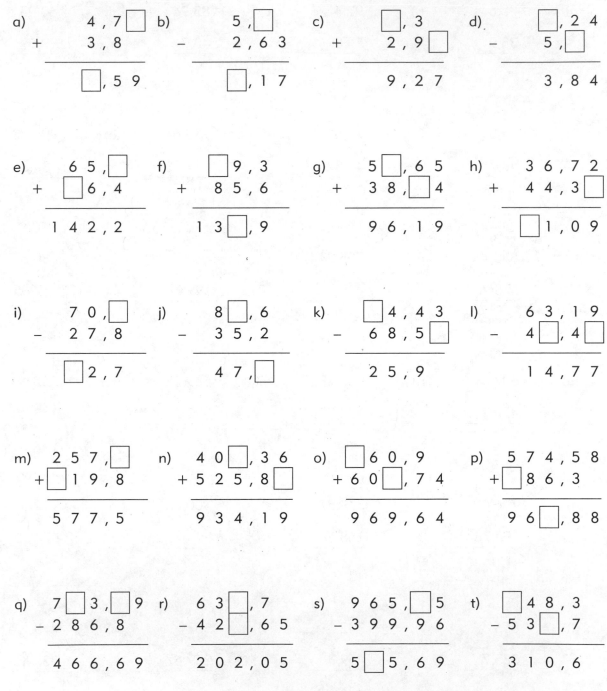

a)
```
   4 , 7 □
 +   3 , 8
 ─────────
   □ , 5 9
```

b)
```
   5 , □
 - 2 , 6 3
 ─────────
   □ , 1 7
```

c)
```
   □ , 3
 + 2 , 9 □
 ─────────
   9 , 2 7
```

d)
```
   □ , 2 4
 - 5 , □
 ─────────
   3 , 8 4
```

e)
```
   6 5 , □
 + □ 6 , 4
 ─────────
 1 4 2 , 2
```

f)
```
   □ 9 , 3
 + 8 5 , 6
 ─────────
 1 3 □ , 9
```

g)
```
   5 □ , 6 5
 + 3 8 , □ 4
 ─────────
   9 6 , 1 9
```

h)
```
   3 6 , 7 2
 + 4 4 , 3 □
 ─────────
   □ 1 , 0 9
```

i)
```
   7 0 , □
 - 2 7 , 8
 ─────────
   □ 2 , 7
```

j)
```
   8 □ , 6
 - 3 5 , 2
 ─────────
   4 7 , □
```

k)
```
   □ 4 , 4 3
 - 6 8 , 5 □
 ─────────
   2 5 , 9
```

l)
```
   6 3 , 1 9
 - 4 □ , 4 □
 ─────────
   1 4 , 7 7
```

m)
```
   2 5 7 , □
 + □ 1 9 , 8
 ─────────
   5 7 7 , 5
```

n)
```
   4 0 □ , 3 6
 + 5 2 5 , 8 □
 ─────────
   9 3 4 , 1 9
```

o)
```
   □ 6 0 , 9
 + 6 0 □ , 7 4
 ─────────
   9 6 9 , 6 4
```

p)
```
   5 7 4 , 5 8
 + □ 8 6 , 3
 ─────────
   9 6 □ , 8 8
```

q)
```
   7 □ 3 , □ 9
 - 2 8 6 , 8
 ─────────
   4 6 6 , 6 9
```

r)
```
   6 3 □ , 7
 - 4 2 □ , 6 5
 ─────────
   2 0 2 , 0 5
```

s)
```
   9 6 5 , □ 5
 - 3 9 9 , 9 6
 ─────────
   5 □ 5 , 6 9
```

t)
```
   □ 4 8 , 3
 - 5 3 □ , 7
 ─────────
   3 1 0 , 6
```

Les opérations sur les nombres décimaux jusqu'à l'ordre des centièmes

2. À partir des nombres qui sont inscrits sur les moutons, trouve **6 paires** dont la somme égale **874,35**.

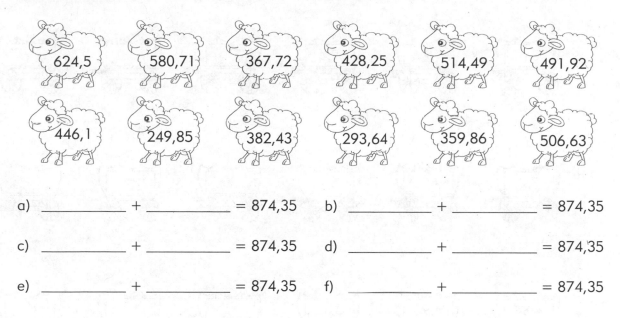

a) _____ + _____ = 874,35   b) _____ + _____ = 874,35

c) _____ + _____ = 874,35   d) _____ + _____ = 874,35

e) _____ + _____ = 874,35   f) _____ + _____ = 874,35

3. À partir des nombres qui sont inscrits sur les coquillages, trouve **6 paires** dont la différence égale **246,79**.

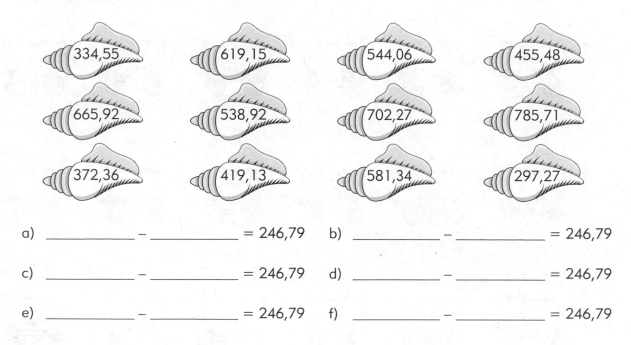

a) _____ – _____ = 246,79   b) _____ – _____ = 246,79

c) _____ – _____ = 246,79   d) _____ – _____ = 246,79

e) _____ – _____ = 246,79   f) _____ – _____ = 246,79

Les opérations sur les nombres décimaux jusqu'à l'ordre des centièmes

4. Lors de la ruée vers l'or au Klondike, les prospecteurs, ou chercheurs de pépites dorées, se déplaçaient en caravanes. Complète les suites en respectant la règle.

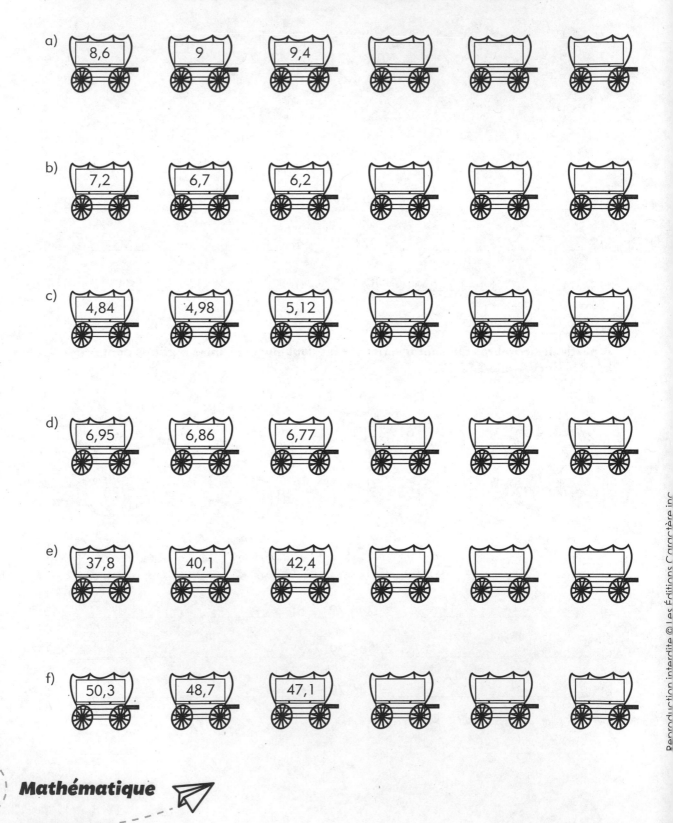

a) 8,6   9   9,4

b) 7,2   6,7   6,2

c) 4,84   4,98   5,12

d) 6,95   6,86   6,77

e) 37,8   40,1   42,4

f) 50,3   48,7   47,1

Les opérations sur les nombres décimaux jusqu'à l'ordre des centièmes

5. Compare les réponses des équations à l'aide des symboles <, > ou =. Laisse des traces de tes calculs dans les rectangles.

a) 27,4 – 13,8 _____ 15,9 + 8,15

b) 26,3 + 17,6 _____ 30,2 – 4,7

c) 54,36 – 37,8 _____ 72,03 – 55,47

d) 39,44 + 28,57 _____ 34,72 + 29,6

e) 43,5 + 25,6 _____ 90,42 – 23,8

f) 58,1 – 39,58 _____ 75,8 – 57,28

g) 76,73 – 54,4 _____ 18,53 + 9,7

h) 92,4 + 18,37 _____ 59,9 + 45,52

i) 87,9 – 45,2 _____ 64,64 + 5,98

j) 65,84 + 48,16 _____ 38,05 + 2,9

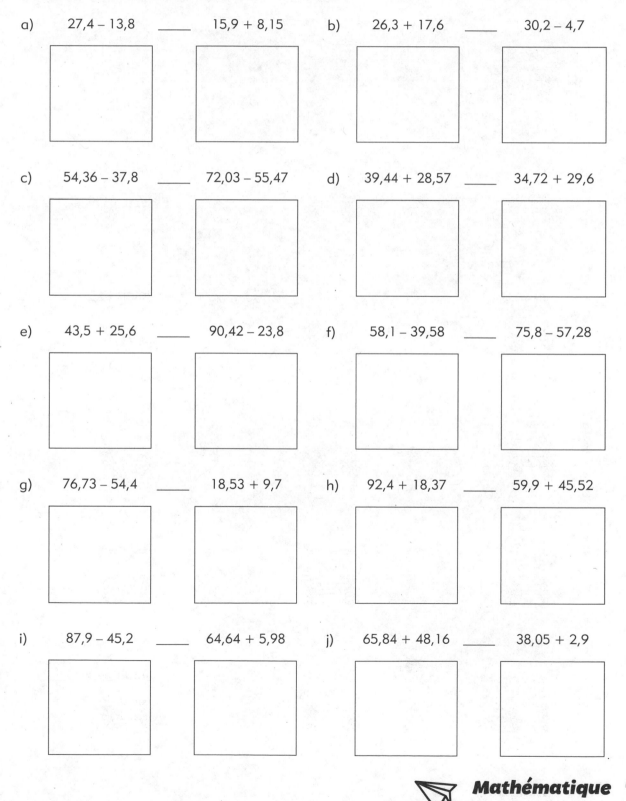

Mathématique **189**

Les nombres décimaux jusqu'à l'ordre des centièmes et l'argent

1. **Additionne ou soustrais le contenu des portefeuilles.**

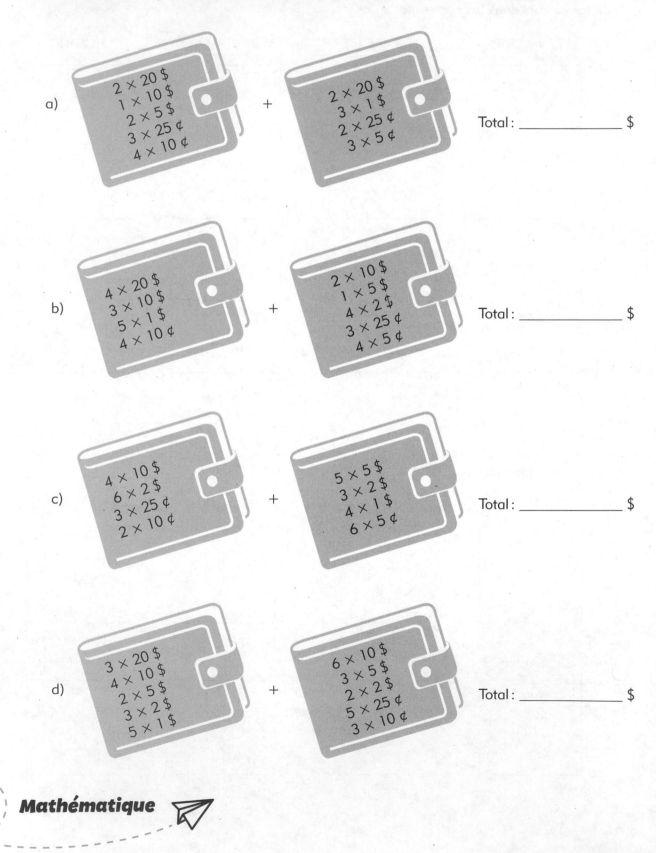

a)

2 × 20 $
1 × 10 $
2 × 5 $
3 × 25 ¢
4 × 10 ¢

+

2 × 20 $
3 × 1 $
2 × 25 ¢
3 × 5 ¢

Total : _____ $

b)

4 × 20 $
3 × 10 $
5 × 1 $
4 × 10 ¢

+

2 × 10 $
1 × 5 $
4 × 2 $
3 × 25 ¢
4 × 5 ¢

Total : _____ $

c)

4 × 10 $
6 × 2 $
3 × 25 ¢
2 × 10 ¢

+

5 × 5 $
3 × 2 $
4 × 1 $
6 × 5 ¢

Total : _____ $

d)

3 × 20 $
4 × 10 $
2 × 5 $
3 × 2 $
5 × 1 $

+

6 × 10 $
3 × 5 $
2 × 2 $
5 × 25 ¢
3 × 10 ¢

Total : _____ $

Les nombres décimaux jusqu'à l'ordre des centièmes et l'argent

2. Trouve la somme obtenue avec le nombre de billets de banque et de pièces de monnaie indiqué.

Canada 10	Canada 5	2 DOLLARS	1 DOLLAR	25¢	50¢	5 CENTS	Somme
2	7	4	3	4	2	1	
3	2	5	8	1	4	9	
5	3	1	4	6	1	0	
4	5	6	5	8	9	4	
1	8	2	1	5	5	7	
6	1	8	6	2	3	5	
2	4	7	3	7	0	5	
4	9	3	7	4	4	8	

Place les montants obtenus en ordre croissant :

_____

3. Illustre la combinaison de monnaie qui permet d'obtenir le montant indiqué en ajoutant les pièces manquantes.

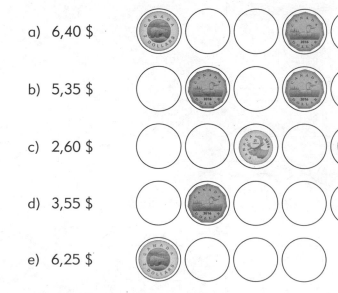

a) 6,40 $

b) 5,35 $

c) 2,60 $

d) 3,55 $

e) 6,25 $

Les nombres décimaux jusqu'à l'ordre des centièmes et l'argent

4. **Observe les articles que des clients ont achetés dans une boutique de vêtements. Indique ensuite combien de billets de banque (50 $, 20 $, 10 $, 5 $) et de pièces de monnaie (2 $, 1 $, 25 ¢, 10 ¢, 5 ¢) ils ont dû débourser en fonction du contenu de leur panier.**

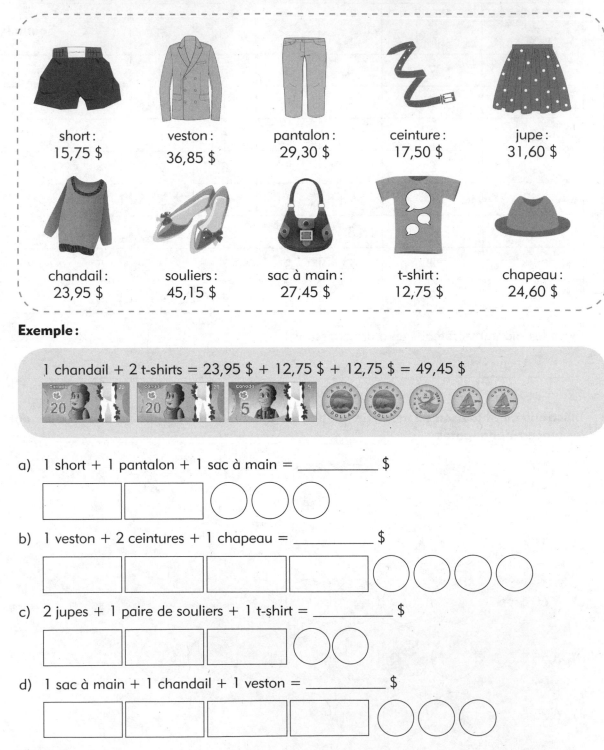

short :
15,75 $

veston :
36,85 $

pantalon :
29,30 $

ceinture :
17,50 $

jupe :
31,60 $

chandail :
23,95 $

souliers :
45,15 $

sac à main :
27,45 $

t-shirt :
12,75 $

chapeau :
24,60 $

Exemple :

1 chandail + 2 t-shirts = 23,95 $ + 12,75 $ + 12,75 $ = 49,45 $

a) 1 short + 1 pantalon + 1 sac à main = _____ $

b) 1 veston + 2 ceintures + 1 chapeau = _____ $

c) 2 jupes + 1 paire de souliers + 1 t-shirt = _____ $

d) 1 sac à main + 1 chandail + 1 veston = _____ $

Les opérations sur les nombres décimaux jusqu'à l'ordre des centièmes

1. La secrétaire du comptable veut transmettre un rapport par télécopieur, mais les réponses n'apparaissent pas. Écris les réponses que donne chaque nombre avant d'être passé dans le télécopieur défectueux.

a) 59,6   40,4   88,3

$+ 3,7$
$- 2,5$

_____
_____
_____

b) 7,35   9,86   6,44

$- 0,6$
$+ 1,4$

_____
_____
_____

c) 76,7   63,5   59,8

$+ 8,3$
$+ 4,9$

_____
_____
_____

d) 5,29   8,73   4,97

$- 1,8$
$- 2,3$

_____
_____
_____

e) 25,43   34,59   46,85

$+ 6,72$
$- 3,5$

_____
_____
_____

f) 94,37   80,78   77,56

$- 9,7$
$+ 7,46$

_____
_____
_____

g) 51,6   78,27   65,04

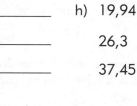

$+ 0,08$
$+ 1,3$

_____
_____
_____

h) 19,94   26,3   37,45

$- 0,4$
$- 0,75$

_____
_____
_____

i) 0,79   0,58   0,81

$+ 2,6$
$- 1,8$

_____
_____
_____

j) 658,9   473,2   384,6

$- 54,5$
$+ 39,3$

_____
_____
_____

Les opérations sur les nombres décimaux jusqu'à l'ordre des centièmes

2. Lors d'une épluchette de maïs organisée pour souligner le temps des récoltes, des maraîchers font bouillir les épis dans une marmite géante pouvant contenir 96 l d'eau. S'ils ont déjà versé 48,6 l d'eau dans l'immense chaudron, quelle quantité d'eau les maraîchers doivent-ils ajouter pour qu'il soit rempli à ras bord ?

Démarche :

_____

_____

_____

Réponse : Les maraîchers doivent ajouter _____ l d'eau dans le chaudron.

3. Raphaël se rend chez son copain qui habite de l'autre côté de la ville. Il sort de sa maison et se dirige à pied vers la station de métro, qui est située à 2,06 km de chez lui, puis, il parcourt 8,57 km en métro. Il franchit ensuite une distance de 5,9 km en autobus. Enfin, il doit marcher 3,84 km du terminus d'autobus au domicile de son copain. Quelle distance sépare la résidence de Raphaël de celle de son copain ?

Démarche :

_____

_____

_____

Réponse : Une distance de _____ km sépare la résidence de Raphaël de celle de son copain.

4. Des danseurs tentent de fracasser le record mondial du plus long tango établi à 43,2 heures. S'ils dansent depuis 25,78 heures, combien de temps doivent-ils tenir le coup pour remporter la palme ?

Démarche :

_____

_____

_____

Réponse : Les danseurs doivent tenir le coup encore au moins _____ heures.

Les opérations sur les nombres décimaux jusqu'à l'ordre des centièmes

5. **Emmanuelle est une passionnée de géographie, de science et de technologie. Aussi, elle a décidé de s'équiper pour s'adonner à ses activités préférées. Observe les articles ci-dessous et leur prix, puis réponds aux questions.**

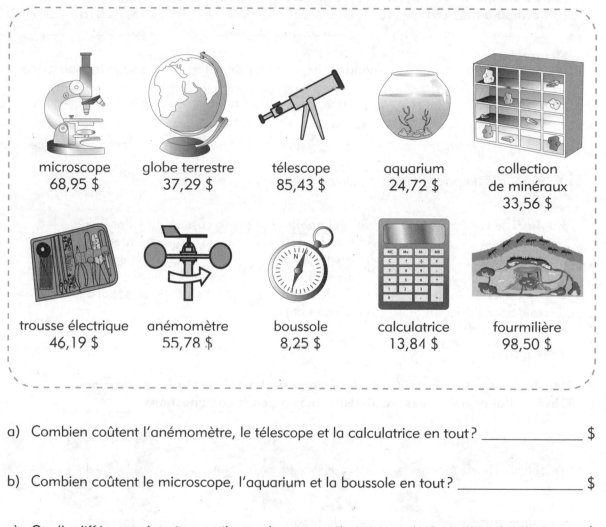

microscope
68,95 $

globe terrestre
37,29 $

télescope
85,43 $

aquarium
24,72 $

collection
de minéraux
33,56 $

trousse électrique
46,19 $

anémomètre
55,78 $

boussole
8,25 $

calculatrice
13,84 $

fourmilière
98,50 $

a) Combien coûtent l'anémomètre, le télescope et la calculatrice en tout? _____ $

b) Combien coûtent le microscope, l'aquarium et la boussole en tout? _____ $

c) Quelle différence de prix y a-t-il entre la trousse électrique et la fourmilière? _____ $

d) Quelle différence de prix y a-t-il entre le globe terrestre et la calculatrice? _____ $

e) Combien coûtent deux collections de minéraux? _____ $

f) Quelle différence de prix y a-t-il entre l'article le moins cher et l'article le plus cher? _____ $

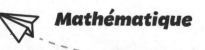

L'espace
L'axe, le plan et le plan cartésien

1. **Observe les axes du temps, puis fais ce qui est demandé.**

   a) Marque d'un point l'année de ta naissance.

   2008   2009   2010   2011   2012   2013   2014   2015   2016   2017   2018

   b) Marque d'un point le mois pendant lequel tu célèbres ton anniversaire de naissance.

   janvier   mars   mai   juillet   septembre   novembre

   février   avril   juin   août   octobre   décembre

   c) Marque d'un point la date d'aujourd'hui.

   5   10   15   20   25   30

   d) Marque d'un point l'année de naissance de ton père.

   1900   1925   1950   1975   2000

2. **L'école de Maxime organise une exposition sur les métiers et les professions. Observe l'alignement des travailleurs, puis réponds aux questions.**

   cuisinier   fermier   policière   plombier   ouvrière   pompier   infirmière   pilote   mécanicien

   a) Qui est exactement à gauche du fermier? _____

   b) Qui est exactement à droite de l'infirmière? _____

   c) Qui est exactement entre le plombier et le pompier? _____

   d) Qui est exactement à l'opposé du cuisinier? _____

   e) Qui est entre le fermier et l'ouvrière, mais pas à côté du fermier? _____

 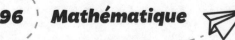

L'espace
L'axe, le plan et le plan cartésien

3. **La grand-mère de Nicolas confectionne une courtepointe en cousant des morceaux de tissu de couleurs disparates. Colorie les cases selon les couleurs demandées.**

a) Rouge : A-3, B-2, C-4
Bleu : B-5, C-1, D-4
Vert : A-2, B-3, E-3

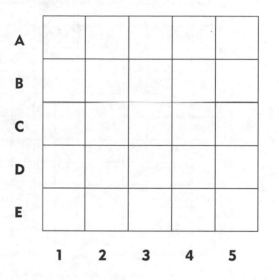

b) Jaune : B-4, D-3, E-1
Orange : A-4, C-4, E-4
Mauve : C-3, D-4, E-5

c) Rose : A-2, A-3, A-4
Vert : B-1, B-3, B-4
Mauve : B-5, C-5, D-5

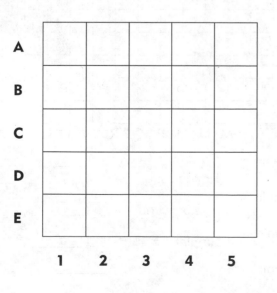

d) Bleu : A-1, B-2, C-3
Orange : D-4, E-5, A-5
Jaune : B-4, D-2, E-1

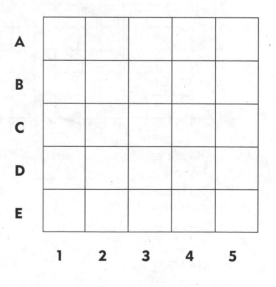

L'espace
L'axe, le plan et le plan cartésien

4. Blanche-Neige joue à cache-cache avec les sept nains dans la forêt enchantée. Trouve les coordonnées des endroits où sont cachés les sept nains.

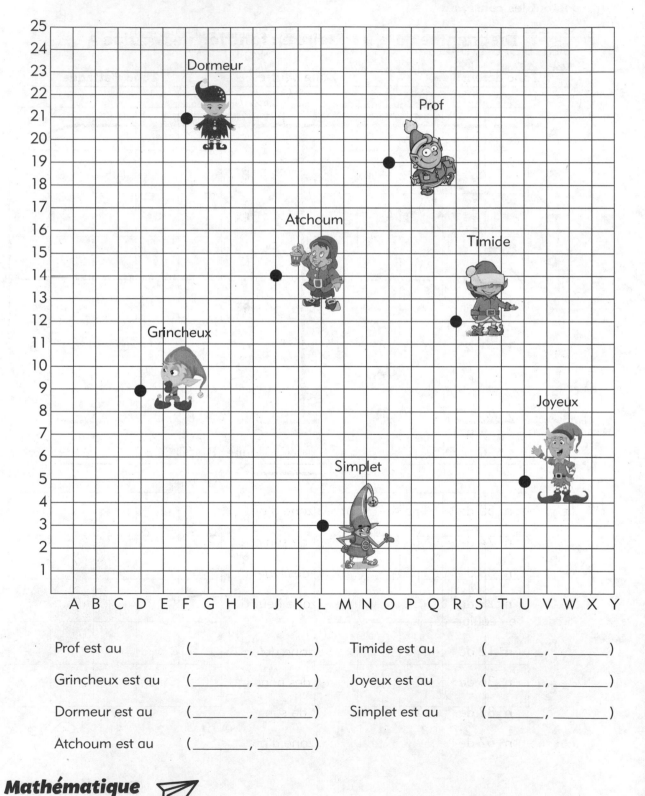

Prof est au (_____ , _____)   Timide est au (_____ , _____)

Grincheux est au (_____ , _____)   Joyeux est au (_____ , _____)

Dormeur est au (_____ , _____)   Simplet est au (_____ , _____)

Atchoum est au (_____ , _____)

198 *Mathématique*

L'espace
L'axe, le plan et le plan cartésien

5. Observe la patinoire sur laquelle les joueurs de hockey évoluent, puis marque d'un point l'emplacement de chaque joueur, accompagné de son numéro de chandail, et ce, en respectant les consignes.

Diagramme de la patinoire en fonction de l'équipe A

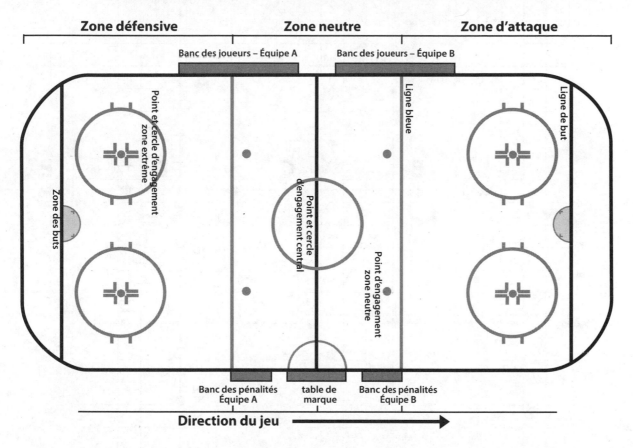

a) Le joueur n° 55 de l'équipe A est dans sa zone d'attaque.

b) Le joueur n° 74 de l'équipe B garde le but de son équipe.

c) Le joueur n° 48 de l'équipe A est au banc des joueurs.

d) Le joueur n° 29 de l'équipe B est dans la zone neutre, du côté de l'équipe adverse.

e) Le joueur n° 12 de l'équipe A est dans sa zone défensive.

f) Le joueur n° 36 de l'équipe B est au banc des pénalités.

g) Le joueur n° 83 de l'équipe A garde le but de son équipe.

h) Le joueur n° 67 de l'équipe B est dans sa zone d'attaque.

L'espace
L'axe, le plan et le plan cartésien

6. Observe les axes ci-dessous, puis trouve la coordonnée de chaque étoile identifiée par une lettre.

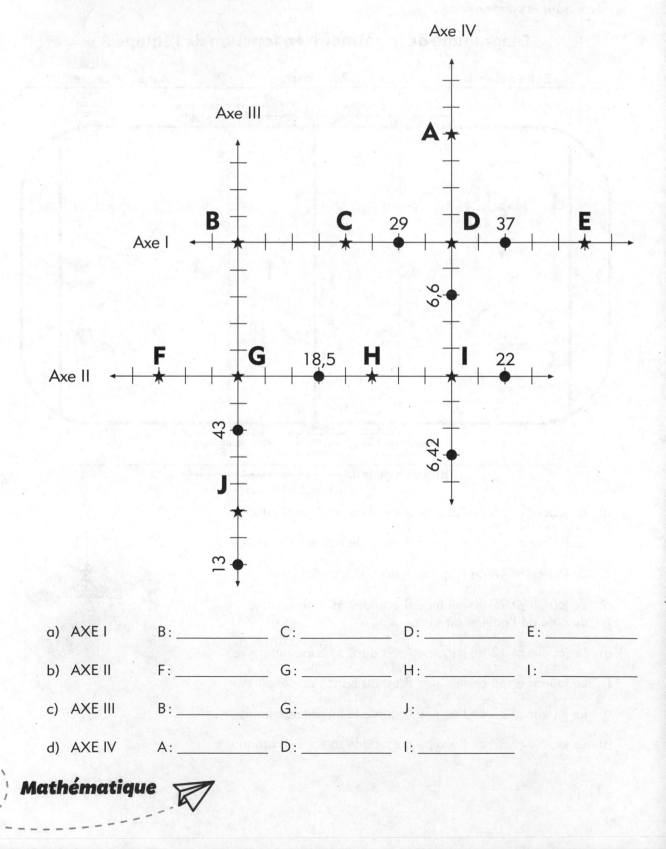

a) AXE I   B: _____   C: _____   D: _____   E: _____

b) AXE II   F: _____   G: _____   H: _____   I: _____

c) AXE III   B: _____   G: _____   J: _____

d) AXE IV   A: _____   D: _____   I: _____

Les solides

1. **Relie par un trait le solide à son nom, puis à l'objet qui lui ressemble.**

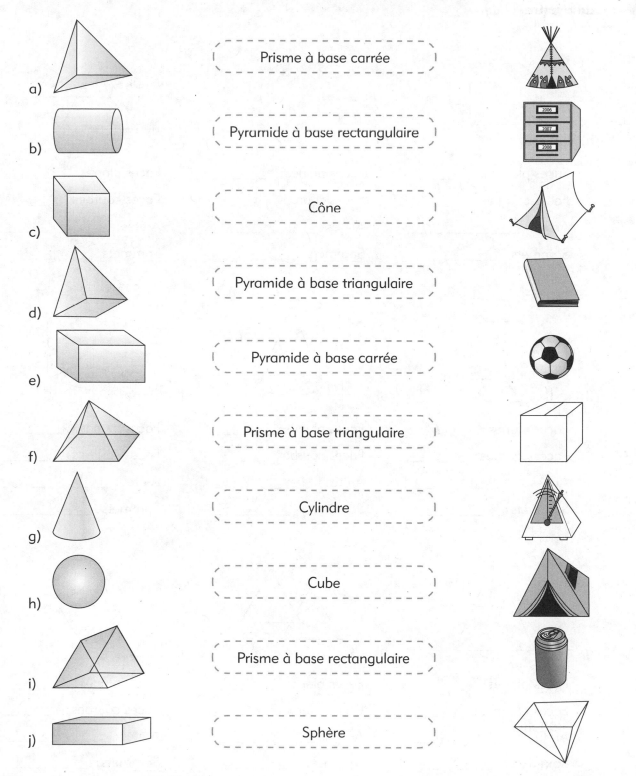

a)

b)

c)

d)

e)

f)

g)

h)

i)

j)

Prisme à base carrée

Pyramide à base rectangulaire

Cône

Pyramide à base triangulaire

Pyramide à base carrée

Prisme à base triangulaire

Cylindre

Cube

Prisme à base rectangulaire

Sphère

Mathématique 201

Les solides

2. **Détermine le nombre de faces planes, de faces courbes, d'arêtes et de sommets de chaque solide.**

a)

Faces planes : _____

Faces courbes : _____

Arêtes : _____

Sommets : _____

b)

Faces planes : _____

Faces courbes : _____

Arêtes : _____

Sommets : _____

c)

Faces planes : _____

Faces courbes : _____

Arêtes : _____

Sommets : _____

d)

Faces planes : _____

Faces courbes : _____

Arêtes : _____

Sommets : _____

e)

Faces planes : _____

Faces courbes : _____

Arêtes : _____

Sommets : _____

f)

Faces planes : _____

Faces courbes : _____

Arêtes : _____

Sommets : _____

g)

Faces planes : _____

Faces courbes : _____

Arêtes : _____

Sommets : _____

h)

Faces planes : _____

Faces courbes : _____

Arêtes : _____

Sommets : _____

i)

Faces planes : _____

Faces courbes : _____

Arêtes : _____

Sommets : _____

Les solides

3. Tristan a échappé la boîte dans laquelle il transportait des solides et leur développement, et ceux-ci se retrouvent pêle-mêle au sol. Relie chaque solide à son développement.

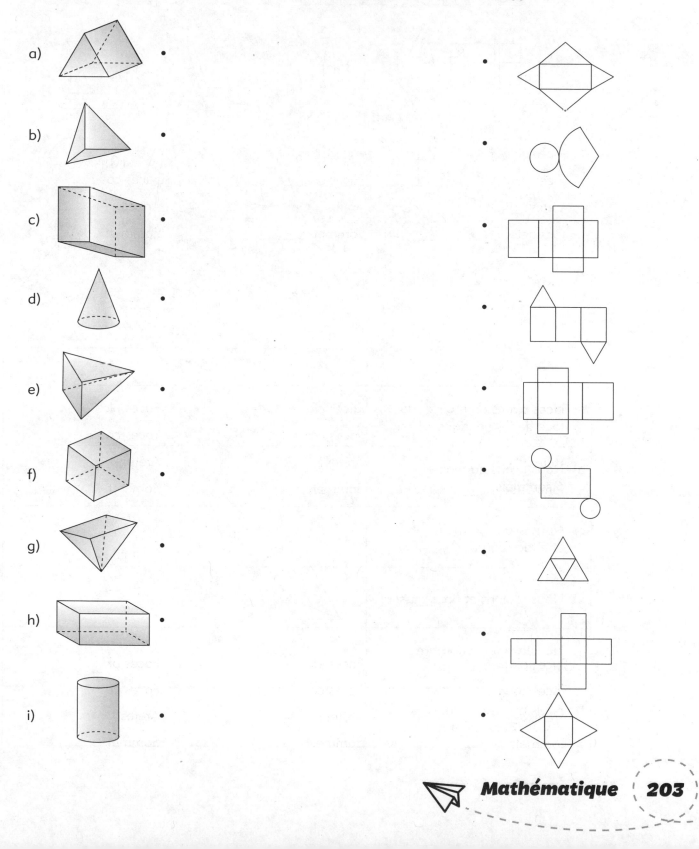

a)

b)

c)

d)

e)

f)

g)

h)

i)

Mathématique **203**

Les solides

4. **Remplis le tableau en identifiant les solides qui répondent aux exigences.**

1. 2. 3. 4. 5.

6. 7. 8. 9. 10.

11. 12. 13. 14. 15.

	Solides
a) Nous avons au moins une face de forme triangulaire.	
b) Nous avons au moins 6 sommets.	
c) Nous avons au moins une face courbe.	
d) Nous roulons et nous glissons.	
e) Nous avons un nombre impair d'arêtes.	
f) Nous avons au moins 4 faces congruentes.	

Les solides

5. Remplis le tableau en inscrivant le nom du solide ou en indiquant le nombre de figures planes entrant dans sa conception.

Nom du solide	△	⬡	□	○	⬠	▭
	0	0	2	0	0	4
Prisme à base hexagonale						
	4	0	0	0	0	0
Pyramide à base pentagonale						
	0	0	0	2	0	1
	4	0	1	0	0	0
Prisme à base pentagonale						
	4	0	0	0	0	1
Cube						
Pyramide à base hexagonale						
	2	0	0	0	0	3

Les solides

6. Écris la lettre associée à chaque solide dans le bon ensemble.

A   B   C   D   E

F   G   H   I   J

a) 1 – Solides avec au moins 1 face plane

2 – Au moins 2 faces carrées

3 – Au moins 8 arêtes

b) 1 – Prismes

2 – Au moins 2 faces triangulaires

3 – Au moins 8 sommets

c) 1 – Solides

2 – Au moins 1 face courbe

3 – Au moins 5 arêtes

7. Lors d'un voyage en Europe, le petit Christopher a été impressionné par la magnificence des cathédrales. Il a remarqué que la partie principale du lieu de culte ressemblait à un prisme à base carrée et que les 2 tours étaient chacune composée d'un cube surmonté d'une pyramide à base carrée. Combien de faces, de sommets et d'arêtes compte l'assemblage de solides qui compose la cathédrale observée par Christopher ?

Démarche :

_____

_____

_____

_____

_____

Réponse :

L'assemblage de solides est composé de _____ faces, de _____ sommets et de _____ arêtes.

8. Avec l'aide de son frère aîné, Laurence scie des blocs de bois aux formes diverses : un cube à la verticale, un cylindre placé debout à l'horizontale et une pyramide à base carrée à partir de deux sommets opposés de sa base. Quels solides obtiennent Laurence et son frère en sciant les blocs ?

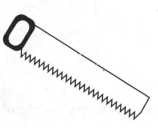

Dessin ou démarche :

Réponse : En sciant le cube, ils obtiennent _____.

En sciant le cylindre, ils obtiennent _____.

En sciant la pyramide à base carrée, ils obtiennent _____.

Les figures planes

1. **Encercle la bonne définition du mot** *polygone*.

a) Un polygone est une figure plane, ouverte ou fermée, dont tous les segments sont droits.

b) Un polygone est une figure plane et fermée dont tous les segments sont droits.

c) Un polygone est une figure plane et ouverte dont tous les segments sont courbes.

d) Un polygone est une figure plane et fermée dont les segments sont droits ou courbes.

2. **Encercle les polygones et fais un X sur les autres figures.**

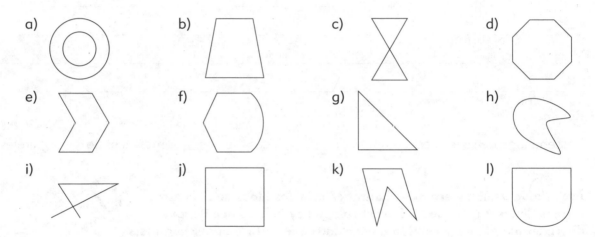

a)   b)   c)   d)

e)   f)   g)   h)

i)   j)   k)   l)

3. **Compte le nombre de côtés de chaque polygone.**

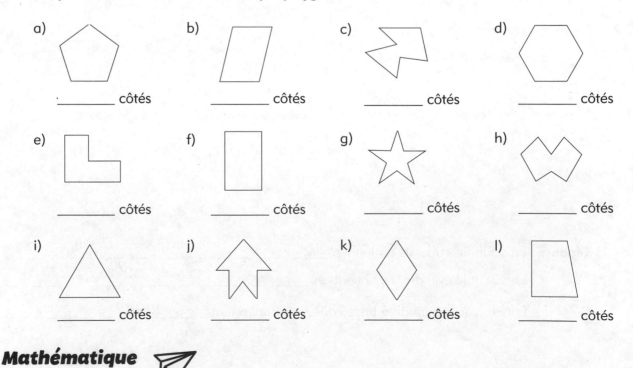

a) _____ côtés   b) _____ côtés   c) _____ côtés   d) _____ côtés

e) _____ côtés   f) _____ côtés   g) _____ côtés   h) _____ côtés

i) _____ côtés   j) _____ côtés   k) _____ côtés   l) _____ côtés

Les figures planes

4. Surligne de la même couleur les côtés congrus des figures suivantes.

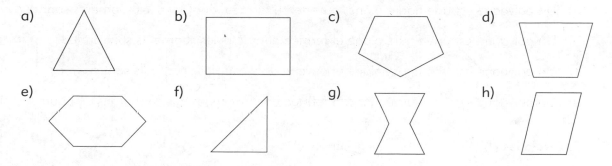

a) b) c) d)

e) f) g) h)

5. Compte le nombre d'angles de chaque polygone.

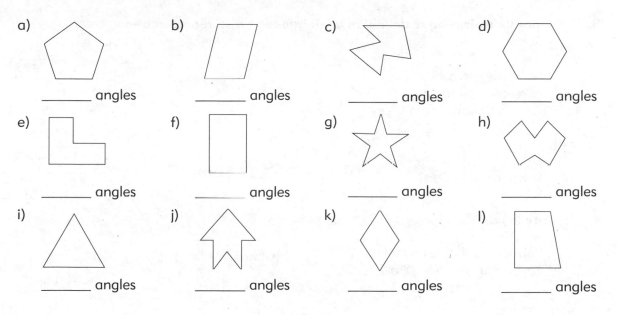

a) _____ angles b) _____ angles c) _____ angles d) _____ angles

e) _____ angles f) _____ angles g) _____ angles h) _____ angles

i) _____ angles j) _____ angles k) _____ angles l) _____ angles

6. Colorie en bleu les polygones convexes et en rouge les polygones non convexes.

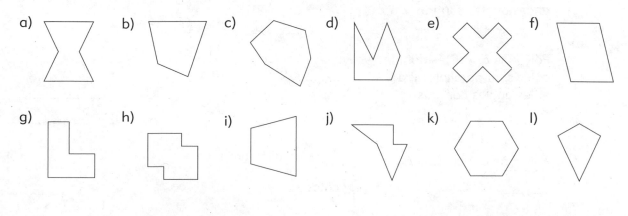

a) b) c) d) e) f)

g) h) i) j) k) l)

Mathématique **209**

Les figures planes

7. **Colorie de la même couleur les angles congrus des figures suivantes.**

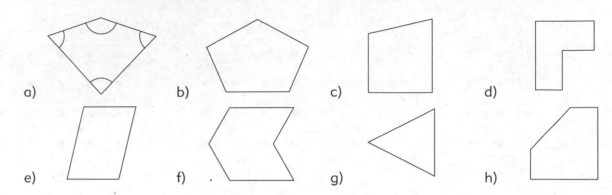

a)   b)   c)   d)

e)   f)   g)   h)

8. **Relie par un trait chaque définition au polygone et à sa représentation.**

a)

Polygone à 4 côtés
possédant au moins
2 côtés opposés parallèles

• rectangle •

b)

Polygone à 4 côtés

• losange •

c)

Polygone à 4 côtés dont les
côtés sont parallèles 2 à 2

• trapèze •

d)

Polygone à 4 côtés
possédant 4 angles droits
et des angles congrus 2 à 2

• carré •

e)

Polygone à 4 côtés dont les
côtés sont parallèles 2 à 2
et les angles congrus

• quadrilatère •

f)

Polygone à 4 côtés congrus

• parallélogramme •

Les figures planes

9. Avec ta règle, relie les points afin de tracer deux segments de droite formant un angle...

a) droit

b) obtus

c) aigu

10. Dans chaque polygone, identifie par un « **A** » les angles aigus, par un « **D** » les angles droits, par un « **O** » les angles obtus, et par un « **X** » ceux qui ne sont ni aigus, ni droits, ni obtus.

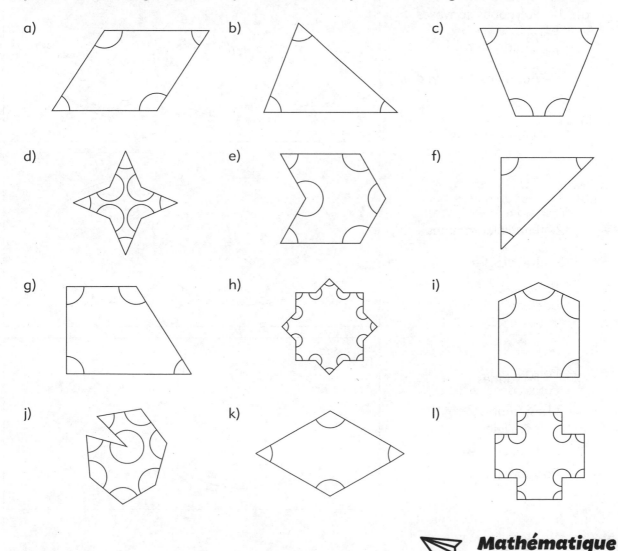

a)

b)

c)

d)

e)

f)

g)

h)

i)

j)

k)

l)

Les figures planes

11. Classe les polygones selon leurs caractéristiques en inscrivant leur lettre dans le bon ensemble.

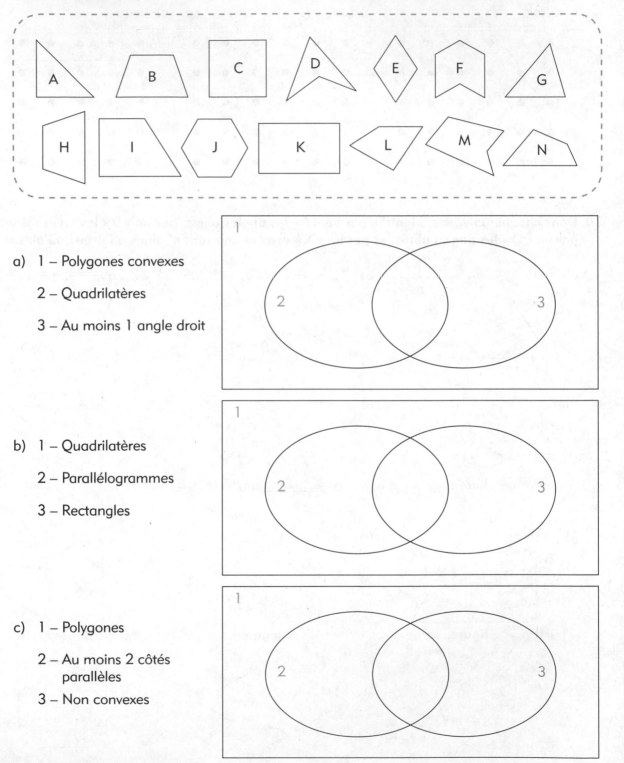

a) 1 – Polygones convexes

    2 – Quadrilatères

    3 – Au moins 1 angle droit

b) 1 – Quadrilatères

    2 – Parallélogrammes

    3 – Rectangles

c) 1 – Polygones

    2 – Au moins 2 côtés parallèles

    3 – Non convexes

Les figures planes

12. Décompose chaque tangram en y traçant avec ta règle des segments de droite afin d'obtenir les figures planes demandées.

a) 1 carré et 2 triangles

b) 2 triangles, 1 rectangle et 2 parrallélogrammes

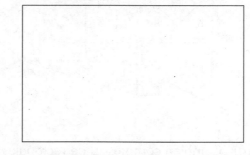

c) 3 carrés et 2 triangles

d) 2 rectangles et 2 triangles

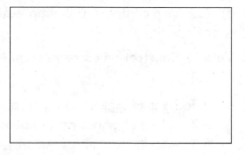

13. Pour chaque figure, surligne en vert deux segments qui sont parallèles.

a)   b)   c)   d)

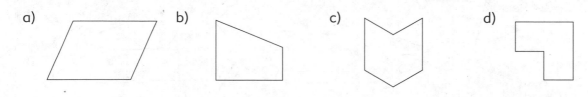

14. Pour chaque figure, surligne en mauve deux segments qui sont perpendiculaires.

a)   b)   c)   d)

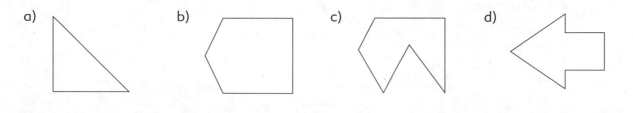

Mathématique 213

Les figures planes

15. Compte le nombre de figures planes entrant dans la composition de cette illustration.

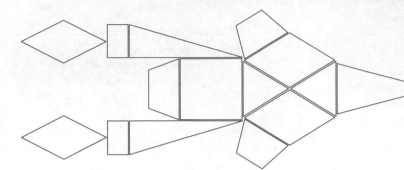

a) Combien comptes-tu de rectangles ? _____

b) Combien comptes-tu de triangles ? _____

c) Combien comptes-tu de losanges ? _____

d) Combien comptes-tu de trapèzes ? _____

16. Colorie l'illustration en respectant les consignes.

- Tous les triangles, sauf ceux qui ont un angle droit, sont rouges.
- Tous les polygones qui ont au moins un angle droit sont verts.
- Tous les quadrilatères qui ont au moins deux angles aigus sont oranges.
- Toutes les figures planes, sauf les polygones, sont bleues.

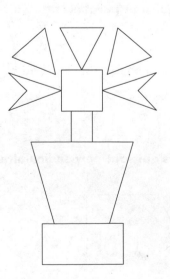

La symétrie, les frises et les dallages

1. Observe chaque paire de figures. Encercle celles qui sont symétriques par rapport à l'axe de réflexion, puis fais un **✗** sur celles qui ne le sont pas.

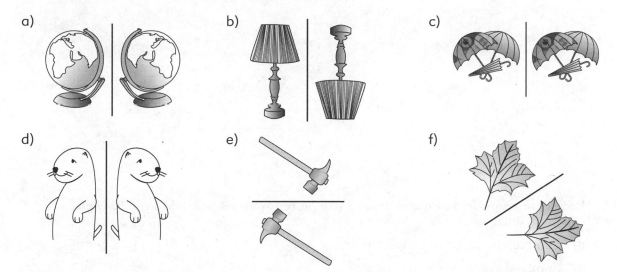

a)   b)   c)
d)   e)   f)

2. Pour chaque paire de figures, écris la raison pour laquelle la figure réfléchie (R) n'est pas symétrique à la figure d'origine (O) par rapport à l'axe de réflexion (A).

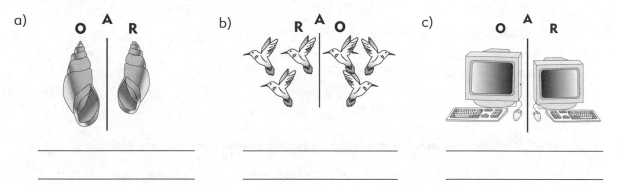

a)   b)   c)

3. Sur chaque figure, surligne en vert les droites qui sont des axes de réflexion et en rouge les droites qui ne le sont pas.

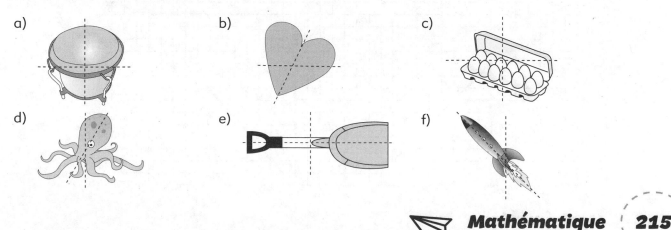

a)   b)   c)
d)   e)   f)

Mathématique **215**

La symétrie, les frises et les dallages

4. Sur chaque figure, trace avec ta règle un axe de réflexion, s'il y a lieu.

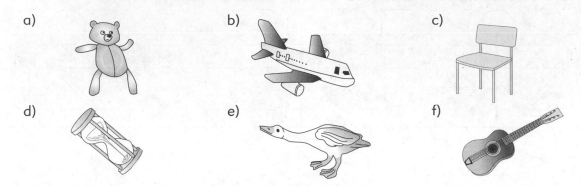

a)   b)   c)

d)   e)   f)

5. Pour chaque paire de figures, trace l'axe de réflexion en pointillé avec ta règle.

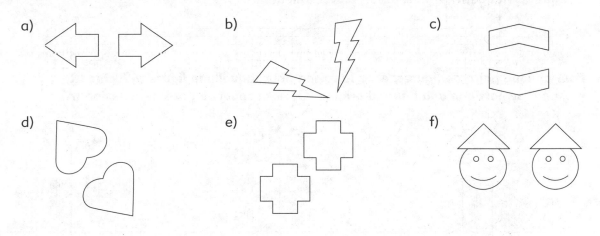

a)   b)   c)

d)   e)   f)

6. Reproduis chaque figure par réflexion en tenant compte de l'axe de réflexion.

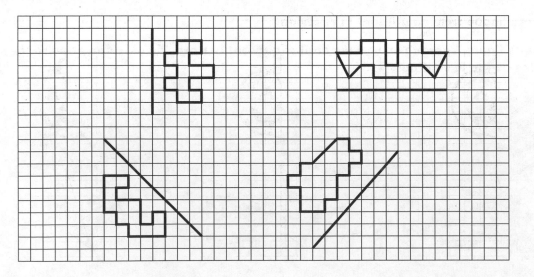

7. Colorie chaque frise en alternant trois couleurs différentes.

a)

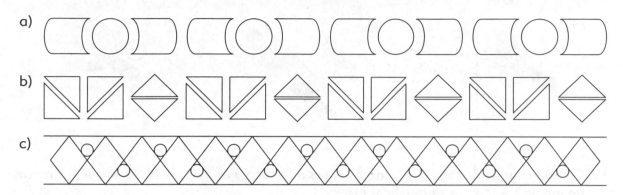

b)

c)

8. Complète chaque frise en reproduisant les éléments répétitifs.

a)

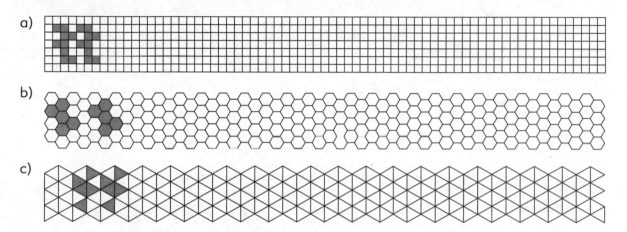

b)

c)

9. Complète chaque frise en utilisant la réflexion.

a)

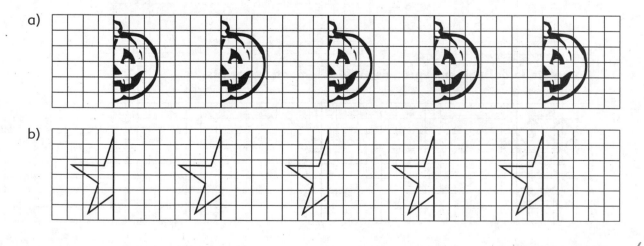

b)

10. Reproduis chaque figure par réflexion en utilisant du papier calque.

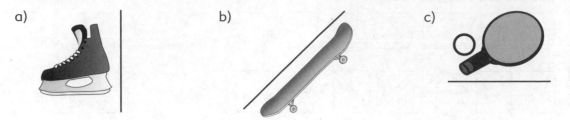

a) b) c)

11. Colorie chaque dallage avec cinq couleurs différentes en faisant en sorte que les motifs de même couleur ne se touchent pas.

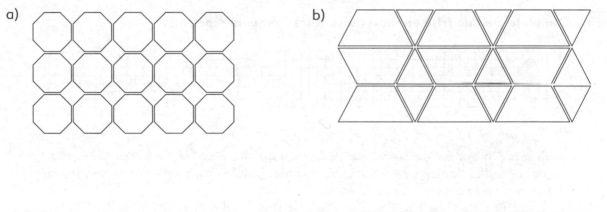

a) b)

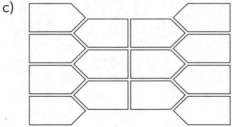
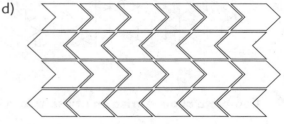

c) d)

12. Complète le dallage en reproduisant les éléments répétitifs.

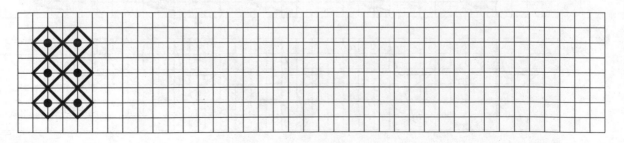

La mesure des longueurs et du périmètre

1. Des escargots participent à une course. Compare les différentes mesures à l'aide des symboles <, > ou =.

a) 8 dm _____ 79 cm

b) 46 mm _____ 4,7 cm

c) 93 mm _____ 0,93 dm

d) 5,2 m _____ 52,5 dm

e) 37 cm _____ 3,7 dm

f) 4 m _____ 384 cm

2. Un charmeur de serpents tente de classer ses reptiles selon leur longueur. Place les mesures dans l'ordre croissant.

> 0,7 m   66 cm   548 mm   7,2 dm   75 cm   693 mm
>
> 721 mm   0,64 m   6,9 dm   71 cm   5,6 dm   0,57 m

_____

_____

3. Édith a tellement de clés dans son trousseau qu'elle n'arrive plus à trouver celle qui déverrouille l'entrée de sa maison. Estime, puis mesure en centimètres les clés ci-dessous en te servant de ta règle.

a)

b)

c)

d)

Estimation :
_____ cm

Estimation :
_____ cm

Estimation :
_____ cm

Estimation :
_____ cm

Mesure :
_____ cm

Mesure :
_____ cm

Mesure :
_____ cm

Mesure :
_____ cm

La mesure des longueurs et du périmètre

4. Le père de Gabriel veut installer des guirlandes lumineuses autour de la pergola. Mesure chaque rallonge électrique à l'aide d'une règle. Attention aux unités de mesure!

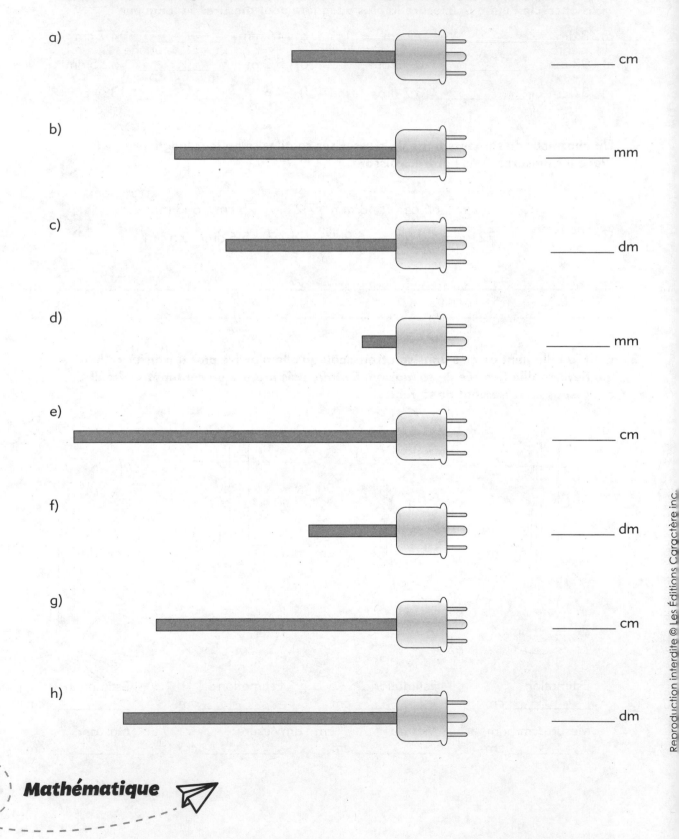

a) _____ cm

b) _____ mm

c) _____ dm

d) _____ mm

e) _____ cm

f) _____ dm

g) _____ cm

h) _____ dm

La mesure des longueurs et du périmètre

5. Le règne animal compte un nombre stupéfiant d'espèces d'invertébrés et de vertébrés aux proportions allant du nanisme au gigantisme. Observe chacune des bêtes et bestioles, puis encercle l'unité de mesure la plus adéquate pour mesurer sa longueur.

a) zèbre

mm cm dm m

b) grenouille

mm cm dm m

c) mouche

mm cm dm m

d) hérisson

mm cm dm m

e) coccinelle

mm cm dm m

f) dauphin

mm cm dm m

g) taupe

mm cm dm m

h) sanglier

mm cm dm m

i) morse

mm cm dm m

j) tarentule

mm cm dm m

k) belette

mm cm dm m

l) souris

mm cm dm m

La mesure des longueurs et du périmètre

6. Calcule le périmètre des figures représentées par les parties ombragées.

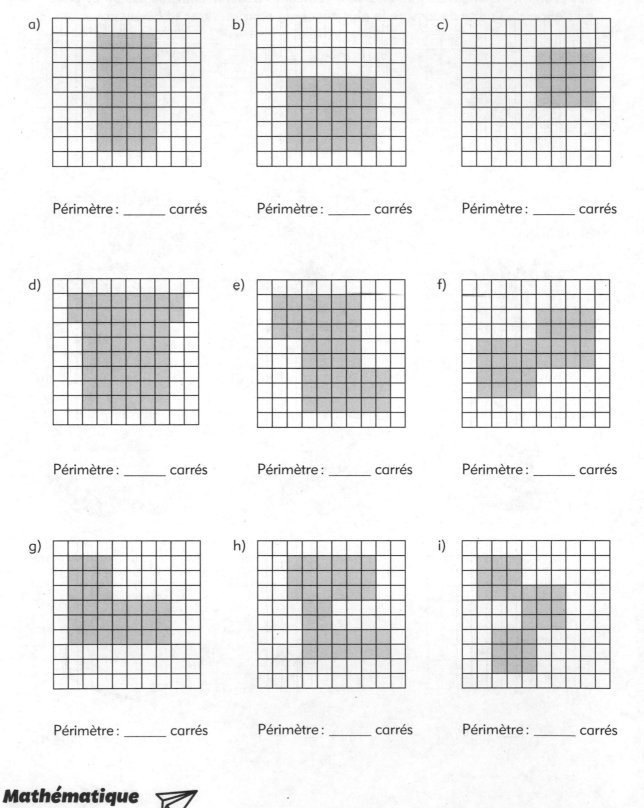

a)

Périmètre : _____ carrés

b)

Périmètre : _____ carrés

c)

Périmètre : _____ carrés

d)

Périmètre : _____ carrés

e)

Périmètre : _____ carrés

f)

Périmètre : _____ carrés

g)

Périmètre : _____ carrés

h)

Périmètre : _____ carrés

i)

Périmètre : _____ carrés

La mesure des surfaces

1. **Calcule l'aire des figures représentées par les parties ombragées.**

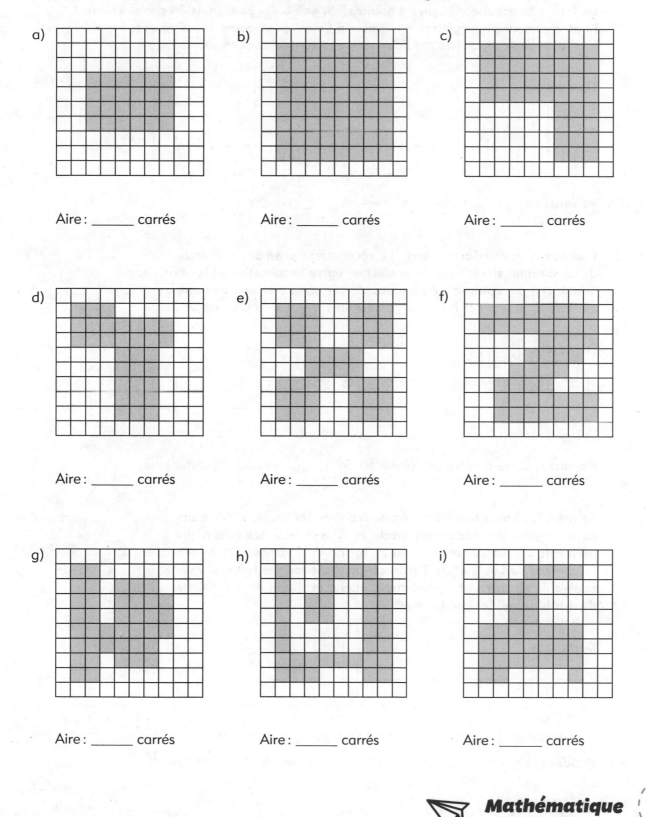

a)

Aire : _____ carrés

b)

Aire : _____ carrés

c)

Aire : _____ carrés

d)

Aire : _____ carrés

e)

Aire : _____ carrés

f)

Aire : _____ carrés

g)

Aire : _____ carrés

h)

Aire : _____ carrés

i)

Aire : _____ carrés

La mesure des surfaces

2. Un entrepreneur paysagiste a recouvert le stationnement d'une résidence de pavés de forme hexagonale (figure à 6 côtés). Si une boîte contenait 24 pavés et que l'entrepreneur paysagiste a dû utiliser 9 boîtes pour complètement recouvrir le stationnement, quelle est l'aire de ce stationnement en pavés?

Démarche:

_____

_____

_____

Réponse: L'aire du stationnement est de _____ pavés.

3. Lucien est un ouvrier aguerri. Il a récemment posé des carreaux de céramique sur le mur de la cuisine, entre le comptoir et les armoires. Si une rangée compte 37 carreaux de céramique et une colonne en compte 8, quelle est l'aire de ce mur en carreaux de céramique?

Démarche:

_____

_____

_____

Réponse: L'aire du mur de cuisine est de _____ carreaux de céramique.

4. La mère de Louis travaille pour un traiteur qui prépare des plats cuisinés pour des occasions spéciales. Elle dispose les sandwichs de forme carrée sur un plateau en formant 15 rangées et 6 colonnes. Si la mère de Louis étale 7 plateaux sur une longue table et que ceux-ci la recouvrent entièrement, quelle est l'aire en sandwichs de 4 tables collées bout à bout?

Démarche:

_____

_____

_____

Réponse: L'aire de 4 tables collées bout à bout est de _____ sandwichs.

La mesure des surfaces

5. Calcule le périmètre et l'aire des figures représentées par des carrés.

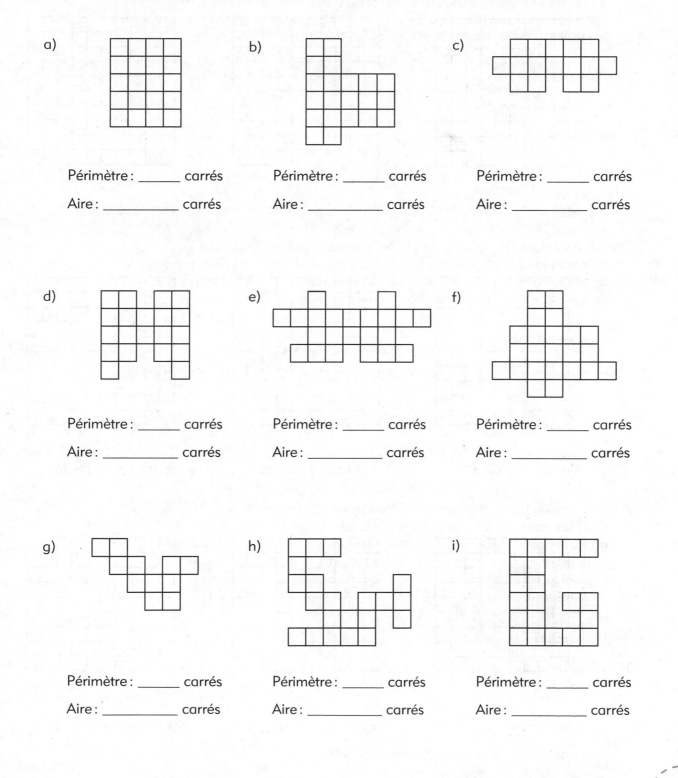

a)

Périmètre : _____ carrés

Aire : _____ carrés

b)

Périmètre : _____ carrés

Aire : _____ carrés

c)

Périmètre : _____ carrés

Aire : _____ carrés

d)

Périmètre : _____ carrés

Aire : _____ carrés

e)

Périmètre : _____ carrés

Aire : _____ carrés

f)

Périmètre : _____ carrés

Aire : _____ carrés

g)

Périmètre : _____ carrés

Aire : _____ carrés

h)

Périmètre : _____ carrés

Aire : _____ carrés

i)

Périmètre : _____ carrés

Aire : _____ carrés

La mesure des surfaces

6. Calcule l'aire des figures représentées par les parties ombragées.

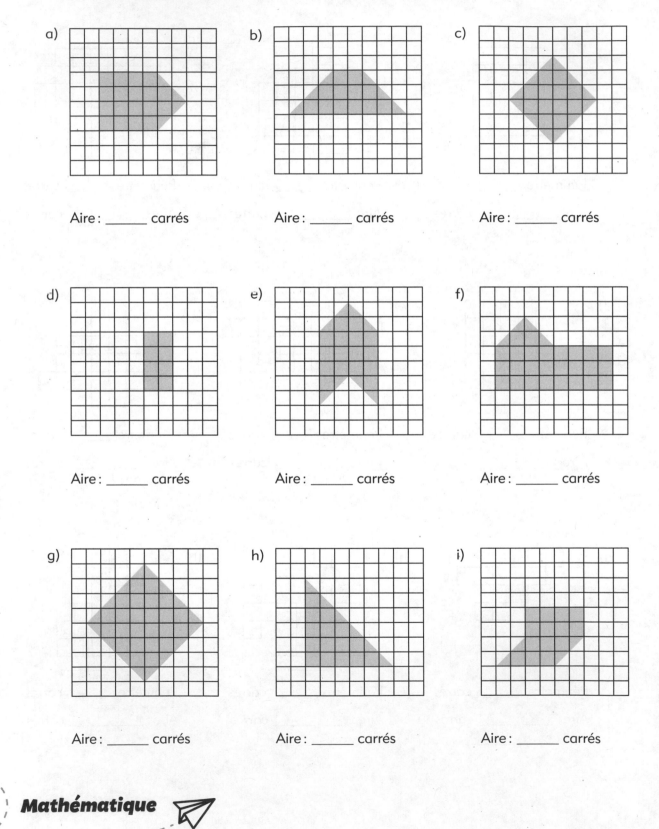

a)

Aire : _____ carrés

b)

Aire : _____ carrés

c)

Aire : _____ carrés

d)

Aire : _____ carrés

e)

Aire : _____ carrés

f)

Aire : _____ carrés

g)

Aire : _____ carrés

h)

Aire : _____ carrés

i)

Aire : _____ carrés

La mesure des volumes

1. **Calcule le volume de chaque assemblage de cubes.**

a)

b)

c)

Volume : _____ cubes

Volume : _____ cubes

Volume : _____ cubes

d)

e)

f)

Volume : _____ cubes

Volume : _____ cubes

Volume : _____ cubes

g)

h)

i)

Volume : _____ cubes

Volume : _____ cubes

Volume : _____ cubes

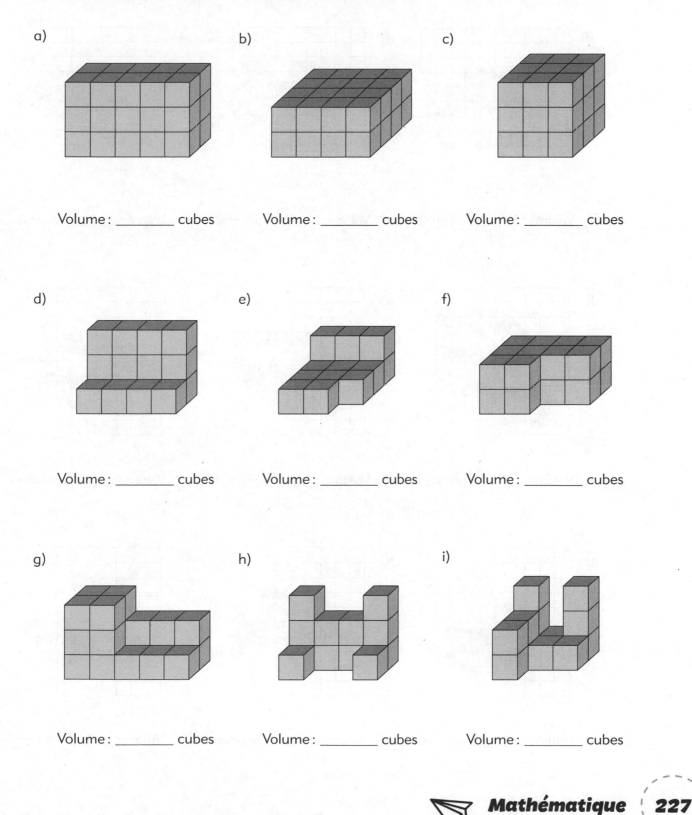

La mesure des volumes

2. **Calcule le volume de chaque assemblage de prismes.**

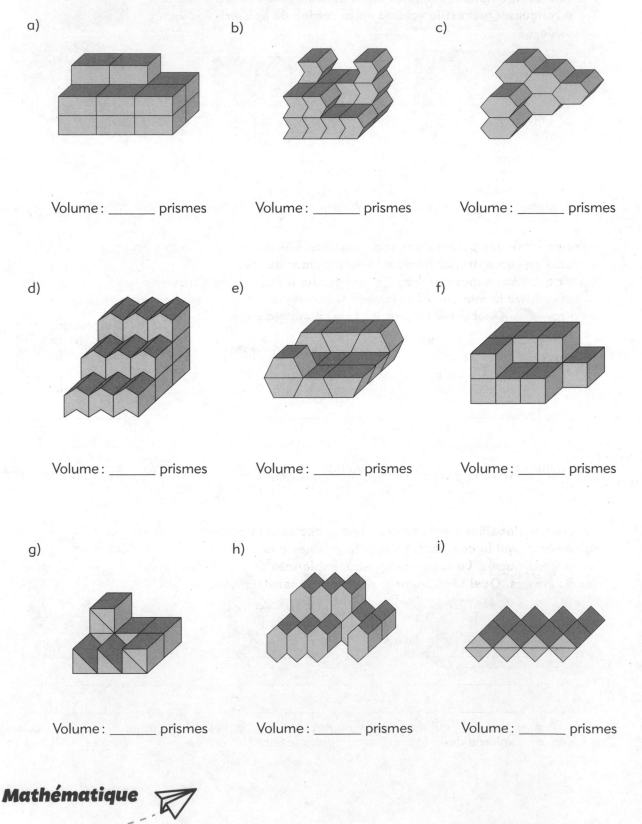

a)

Volume : _____ prismes

b)

Volume : _____ prismes

c)

Volume : _____ prismes

d)

Volume : _____ prismes

e)

Volume : _____ prismes

f)

Volume : _____ prismes

g)

Volume : _____ prismes

h)

Volume : _____ prismes

i)

Volume : _____ prismes

La mesure des volumes

3. **Isidore érige une cordée de bois avec des rondins qu'il a sciés, puis sectionnés. Il empile les rondins sur 8 colonnes de 4 rondins étalées sur 6 rangées. Quel est le volume de la cordée de bois érigée par Isidore?**

Démarche :

_____

_____

_____

Réponse : Le volume de la cordée de bois érigée par Isidore est de _____ rondins.

4. **Corinne élève des poules dans son poulailler. Elle empile les douzaines d'œufs dans un entrepôt réfrigéré en attendant de les livrer aux épiceries et aux supermarchés. Ce matin, elle a disposé les douzaines d'œufs contre le mur sur 23 colonnes de 9 rangées et sur 7 colonnes de 5 rangées. Quel est le volume de l'empilage réalisé par Corinne?**

Démarche :

_____

_____

_____

Réponse : Le volume de l'empilage réalisé par Corinne est de _____ douzaines d'œufs.

5. **Un essaim d'abeilles s'est construit une ruche sous la corniche du presbytère. Les alvéoles qui la composent sont des prismes à base hexagonale juxtaposés les uns aux autres. La ruche comprend 6 colonnes de 7 alvéoles réparties sur 8 rangées. Quel est le volume de la ruche construite par les abeilles?**

Démarche :

_____

_____

_____

Réponse : Le volume de la ruche construite par les abeilles est de _____ alvéoles.

La mesure du temps

1. **Un conducteur de taxi transporte des voyageurs de l'aéroport à leur hôtel. Observe l'heure indiquée sur le cadran de gauche. Détermine l'heure de départ ou d'arrivée, puis dessine les aiguilles sur le cadran de droite.**

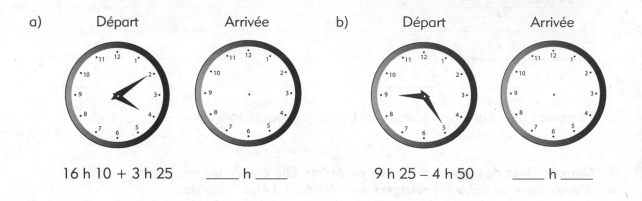

a) Départ   Arrivée

16 h 10 + 3 h 25 _____ h _____

b) Départ   Arrivée

9 h 25 – 4 h 50 _____ h _____

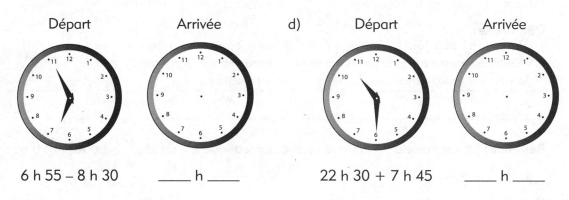

c) Départ   Arrivée

6 h 55 – 8 h 30 _____ h _____

d) Départ   Arrivée

22 h 30 + 7 h 45 _____ h _____

e) Départ   Arrivée

8 h 15 + 4 h 05 _____ h _____

f) Départ   Arrivée

12 h 20 – 6 h 30 _____ h _____

La mesure du temps

2. La longévité d'une sauterelle est d'environ 7 mois. Si une sauterelle voit le jour le 1ᵉʳ mai et qu'elle s'éteint le 30 novembre, combien de jours aura-t-elle vécu ?

Démarche :

_____

_____

Réponse : La sauterelle aura vécu _____ jours.

3. Le pouls varie selon les individus, mais en moyenne, notre cœur effectue 72 battements par minute. Après 5 minutes, combien de battements ton cœur a-t-il effectués ?

Démarche :

_____

_____

Réponse : Mon cœur a effectué _____ battements après 5 minutes.

4. La Terre met 365 jours pour effectuer un tour complet du Soleil, ce qui correspond à une année. Lorsque tu célébreras ton 9ᵉ anniversaire de naissance, depuis combien de jours auras-tu existé ?

Démarche :

_____

_____

Réponse :

Lorsque je célébrerai mon 9ᵉ anniversaire de naissance, j'aurai existé depuis _____ jours.

5. Le coucou de l'horloge appartenant au grand-père de Véronique est détraqué, puisqu'il chante toutes les 15 minutes. Après 3 journées complètes, combien de fois aura chanté le coucou détraqué ?

Démarche :

_____

_____

Réponse : Le coucou détraqué aura chanté _____ fois après 3 journées complètes.

Les statistiques

1. **Chez un disquaire, des mélomanes se procurent des disques compacts appartenant à divers courants musicaux. Observe le diagramme à bandes des ventes pour la semaine dernière, puis réponds aux questions.**

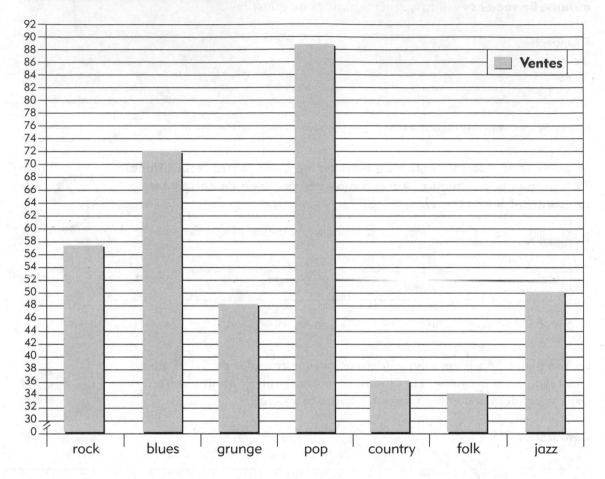

a) Combien de mélomanes ont acheté des disques de country? _____

b) Combien de mélomanes ont acheté des disques de blues? _____

c) Combien de disques de rock se sont vendus de plus que de disques de folk? _____

d) Combien de disques de grunge se sont vendus de moins que de disques de pop? _____

e) Combien de mélomanes ont acheté des disques de jazz et de rock? _____

f) Combien de disques le disquaire a-t-il vendus en tout? _____

g) Outre les disques de blues, de pop et de jazz, combien de disques se sont vendus? _____

Les statistiques

2. Dans un sondage réalisé auprès de la population locale, on a tenté de dresser la liste des races canines préférées. Observe le diagramme à ligne brisée des résultats, puis réponds aux questions.

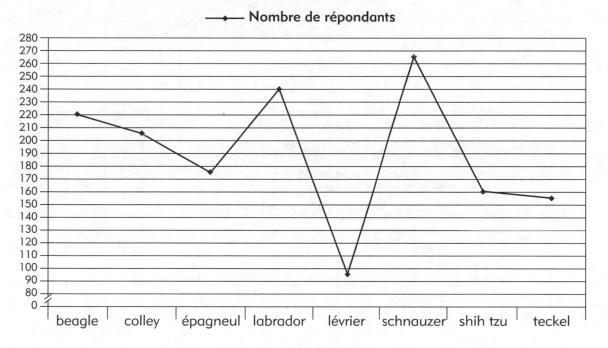

a) Quelle race de chiens est la plus populaire ? _____

b) Quelle race de chiens est la moins populaire ? _____

c) Combien de répondants préfèrent les colleys ? _____

d) Combien de répondants préfèrent les beagles ? _____

e) Combien de répondants de plus préfèrent les labradors aux teckels ? _____

f) Combien de répondants de moins préfèrent les épagneuls aux schnauzers ? _____

g) Combien de répondants préfèrent les labradors et les shih tzus ? _____

h) Combien de personnes ont répondu au sondage ? _____

Mathématique **233**

Les statistiques

3. Un coiffeur teint les cheveux de ses clientes dans des teintes naturelles, mais aussi extravagantes. Observe le diagramme à bandes des colorations réalisées le mois dernier, puis réponds aux questions.

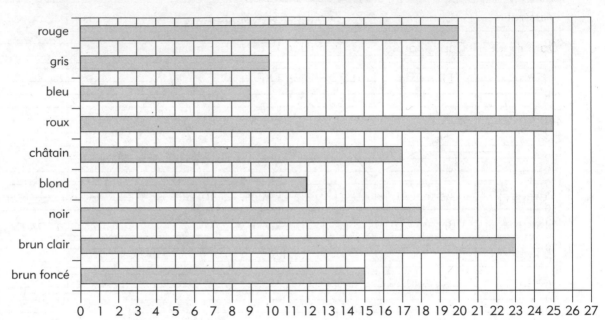

Nombre de clientes

a) Combien de clientes se sont fait teindre les cheveux châtains ? _____

b) Combien de clientes se sont fait teindre les cheveux bruns ? _____

c) Classe les teintures dans l'ordre décroissant selon le nombre de clientes.

_____

d) Après un an, combien de clientes de plus ont les cheveux rouges comparativement à celles qui ont les cheveux blonds ? _____

e) Après un an, combien de clientes de moins ont les cheveux gris comparativement à celles qui ont les cheveux noirs ? _____

f) Combien de clientes se sont fait colorer les cheveux dans ce mois ? _____

g) Combien de clientes de plus ont les cheveux roux ou blonds comparativement à celles qui ont les cheveux bleus ou gris ? _____

Les statistiques

4. Les pays du monde abritent des cultures diversifiées. Observe le tableau, puis réponds aux questions.

	Capitale	Superficie	Habitants	Langue	Monnaie
Australie	Canberra	7,68 millions km^2	20,5 millions	anglais	dollar
Danemark	Copenhague	0,04 million km^2	5,5 millions	danois	couronne danoise
Gabon	Libreville	0,27 million km^2	1,5 million	français	franc
Japon	Tokyo	0,37 million km^2	128 millions	japonais	yen
Kenya	Nairobi	0,58 million km^2	35 millions	swahili	shilling
Mongolie	Oulan-Bator	1,57 million km^2	2,8 millions	khalkha	tugrik
Paraguay	Asunción	0,41 million km^2	6,5 millions	espagnol	guaraní
Slovaquie	Bratislava	0,05 million km^2	5,4 millions	slovaque	euro
Ukraine	Kiev	0,6 million km^2	47 millions	ukrainien	hrivna
Yémen	Sanaa	0,53 million km^2	21,5 millions	arabe	dinar

a) Quel pays est le plus peuplé ? _____

b) Quelle est la monnaie du Paraguay ? _____

c) Quelle est la capitale du Danemark ? _____

d) Quelle langue parle-t-on au Yémen ? _____

e) Combien la Slovaquie compte-t-elle d'habitants de plus
   que le Gabon ? _____

f) Combien l'Australie compte-t-elle d'habitants de moins que l'Ukraine ? _____

g) De combien de kilomètres carrés la superficie de la Mongolie
   est-elle plus grande que celle du Japon ? _____

h) Place les pays dans l'ordre croissant selon leur population.

_____

i) Place les pays dans l'ordre décroissant selon leur superficie.

_____

Les statistiques

5. Chaque semaine, le fleuriste met à jour son registre des ventes de plantes, de fleurs et d'arrangements floraux. Remplis le diagramme à ligne brisée à partir des indices. N'oublie pas de marquer la quantité de chaque espèce de fleur par un point.

◆ Nombre de fleurs vendues

- Le fleuriste a vendu 87 roses.
- Le fleuriste a vendu 59 violettes de moins que de roses.
- Le fleuriste a vendu 2 fois plus d'œillets que de violettes.
- Le fleuriste a vendu 25 jonquilles de plus que d'œillets.
- Le fleuriste a vendu 37 iris de moins que de jonquilles.
- Le fleuriste a vendu 2 fois moins de bégonias que d'iris.
- Le fleuriste a vendu 48 orchidées de plus que de bégonias.
- Le fleuriste a vendu 2 fois moins de tournesols que d'orchidées.

a) Combien de fleurs le fleuriste a-t-il vendues en tout ? _____

b) Quelle espèce de fleur s'est le plus vendue ? _____

c) Quelle espèce de fleur s'est le moins vendue ? _____

Les statistiques

6. Un ornithologue amateur se promène dans la forêt pour observer et photographier les oiseaux qui y vivent. Dans son carnet, il inscrit le nombre d'individus par espèce qu'il croise. Remplis le diagramme à bandes à partir des indices. Pour ce faire, trace avec ta règle des colonnes aux hauteurs appropriées, puis colorie l'intérieur de la couleur de ton choix.

Nombre d'oiseaux observés

| 75 |
| 70 |
| 65 |
| 60 |
| 55 |
| 50 |
| 45 |
| 40 |
| 35 |
| 30 |
| 25 |
| 20 |
| 15 |
| 10 |
| 5 |
| 0 |

bihoreaux | cardinaux | chardonnerets | étourneaux | martinets | merles | roitelets | roselins | rouges-gorges | sizerins

- L'ornithologue amateur a observé 8 roselins de moins que de roitelets.
- L'ornithologue amateur a observé 39 cardinaux.
- L'ornithologue amateur a observé 16 chardonnerets de moins que de martinets.
- L'ornithologue amateur a observé 13 rouges-gorges de plus que de cardinaux.
- L'ornithologue amateur a observé 28 martinets de plus que d'étourneaux.
- L'ornithologue amateur a observé 15 merles de plus que de chardonnerets.
- L'ornithologue amateur a observé 6 bihoreaux de moins que de sizerins.
- L'ornithologue amateur a observé 18 roitelets de moins que de merles.
- L'ornithologue amateur a observé 2 fois plus de rouges-gorges que d'étourneaux.
- L'ornithologue amateur a observé 2 fois plus de sizerins que de roselins.

a) Combien d'oiseaux l'ornithologue amateur a-t-il observés en tout ? _____

b) Quelle espèce d'oiseaux est la plus répandue dans cette forêt ? _____

c) Quelle espèce d'oiseaux est la plus rare dans cette forêt ? _____

Les statistiques

7. De tout temps, les inventeurs ont fait preuve d'ingéniosité, et parfois d'humour, en imaginant des produits, des instruments ou des appareils qui nous facilitent la vie. Remplis le tableau à partir des indices fournis.

- Thomas Hancock vivait en Angleterre.
- L'élastique a été inventé en 1820.
- Ladislao Biro a inventé le stylo à bille.
- Joseph-Armand Bombardier a inventé la motoneige.
- Le stylo à bille a été inventé 21 ans avant la motoneige.
- Josephine Cochrane a inventé le lave-vaisselle.
- Le chronomètre a été inventé en 1853.
- Thomas Hancock a inventé l'élastique.
- La motoneige a été inventée en 1959.
- Le lave-vaisselle a été inventé 66 ans après l'élastique.
- Emile Berliner a inventé le microphone.
- Joseph-Armand Bombardier vivait au Canada.
- Josephine Cochrane vivait aux États-Unis.

- John Harrison a inventé le chronomètre.
- Emile Berliner vivait en Allemagne.
- La cellophane a été inventée en 1908.
- John Harrison vivait dans le même pays que l'inventeur de l'élastique.
- Eugène Poubelle a inventé la poubelle.
- Ladislao Biro vivait en Argentine.
- La poubelle a été inventée 31 ans après le chronomètre.
- Jacques Brandenberger vivait en Suisse.
- Eugène Poubelle vivait en France.
- Jacques Brandenberger a inventé la cellophane.
- Le microphone a été inventé 61 ans avant le stylo à bille.

Invention	Inventeur	Lieu	Année
Stylo à bille			
Lave-vaisselle			
Élastique			
Motoneige			
Chronomètre			
Poubelle			
Cellophane			
Microphone			

Les probabilités

1. **Un magicien prépare son chapeau truqué avant la présentation de son numéro. Il y dissimule un lapin, une carotte, un bouquet de fleurs et une montre-bracelet. Pendant le spectacle, le magicien retire seulement deux objets de son chapeau. Illustre toutes les combinaisons possibles.**

Combinaison 1

Combinaison 2

Combinaison 3

Combinaison 4

Combinaison 5

Combinaison 6

2. **Madeleine et Gaston se disputent afin de savoir lequel des deux a raison. Coche la case qui convient pour chaque affirmation.**

	Certain	Possible	Impossible
a) Gaston remportera une médaille au championnat auquel il participera.			
b) Madeleine portera des bottes doublées cet hiver.			
c) Gaston volera comme les oiseaux, sans truquage ni machine.			
d) Madeleine fera une grimace lorsqu'on la photographiera.			
e) Gaston enlèvera ses chaussettes et les mettra au lavage.			
f) Madeleine lancera une balle qui fera le tour de la Terre.			

Les probabilités

3. **Zaza, la copine canine de Claudine, est enceinte. Grâce à une échographie pratiquée par le vétérinaire, Claudine sait que Zaza porte 3 chiots dans son ventre tout rond. Les couleurs possibles pour cette race de chiens étant le noir, le gris, le brun, le roux et le beige, trouve toutes les combinaisons possibles en coloriant les chiots ci-dessous sans que 2 ou 3 chiots de la même portée soient de la même couleur.**

Combinaison 1

Combinaison 2

Combinaison 3

Combinaison 4

Combinaison 5

Combinaison 6

Combinaison 7

Combinaison 8

Combinaison 9

La résolution de problèmes

1. Les plaques d'immatriculation des voitures en Europe sont numérotées la plupart du temps. Inscris des séries de 5 nombres de 1 à 9 sur les plaques d'immatriculation en évitant de répéter le même numéro de plaque et les mêmes nombres sur une même plaque. Puis, colorie en bleu celles dont le numéro est pair et en jaune celles dont le numéro est impair.

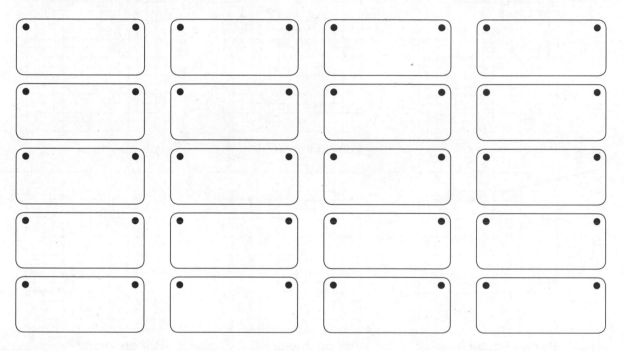

2. Recopie aléatoirement des numéros de plaques d'immatriculation du problème précédent en fonction des symboles < et >. Attention, tu dois utiliser chaque numéro une seule fois !

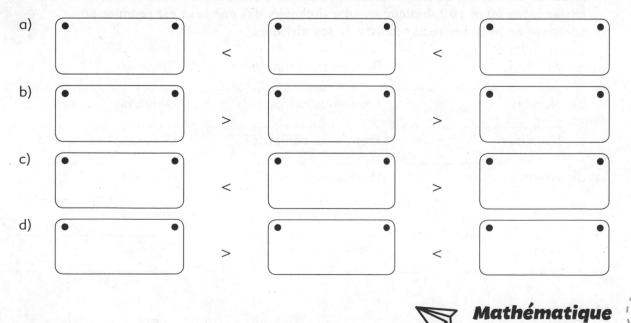

La résolution de problèmes

3. Au musée, Bénédicte a remarqué que le plancher était recouvert de tuiles de marbre carrées et ayant toutes les mêmes dimensions. Depuis ce temps, elle s'amuse à découvrir des nombres carrés partout où elle va. À l'aide des grilles, illustre 6 nombres carrés différents supérieurs à 20 en coloriant les cases, puis indique si chaque nombre est pair ou impair.

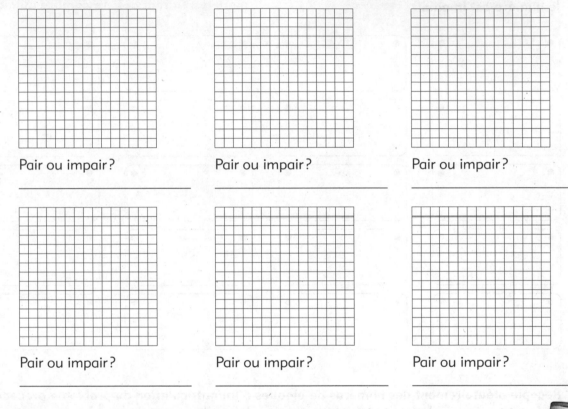

Pair ou impair? _____

Pair ou impair? _____

Pair ou impair? _____

Pair ou impair? _____

Pair ou impair? _____

Pair ou impair? _____

4. Avec les 10 chiffres de ton numéro de téléphone, compose 6 nombres à 2 chiffres situés entre 30 et 100. Indique ensuite si chacun des nombres est premier ou composé en plus de dresser la liste de ses diviseurs.

a) Nombre: _____ Premier ou composé? _____ Diviseurs: _____

b) Nombre: _____ Premier ou composé? _____ Diviseurs: _____

c) Nombre: _____ Premier ou composé? _____ Diviseurs: _____

d) Nombre: _____ Premier ou composé? _____ Diviseurs: _____

e) Nombre: _____ Premier ou composé? _____ Diviseurs: _____

f) Nombre: _____ Premier ou composé? _____ Diviseurs: _____

La résolution de problèmes

5. Prendre l'escalier au lieu de l'ascenseur te permet de rester en forme. D'ailleurs, savais-tu qu'on brûle deux fois plus de calories lorsqu'on monte un escalier que lorsqu'on marche sur un terrain plat ? Observe les escaliers représentés ci-dessous. Lorsque tu montes, tu dois additionner, et lorsque tu descends, tu dois soustraire. Inscris un nombre composé de 3 chiffres supérieur à 300, mais inférieur à 999 sur les marches identifiées par une étoile, puis trouve la valeur des autres marches en fonction du nombre magique.

Exemple :

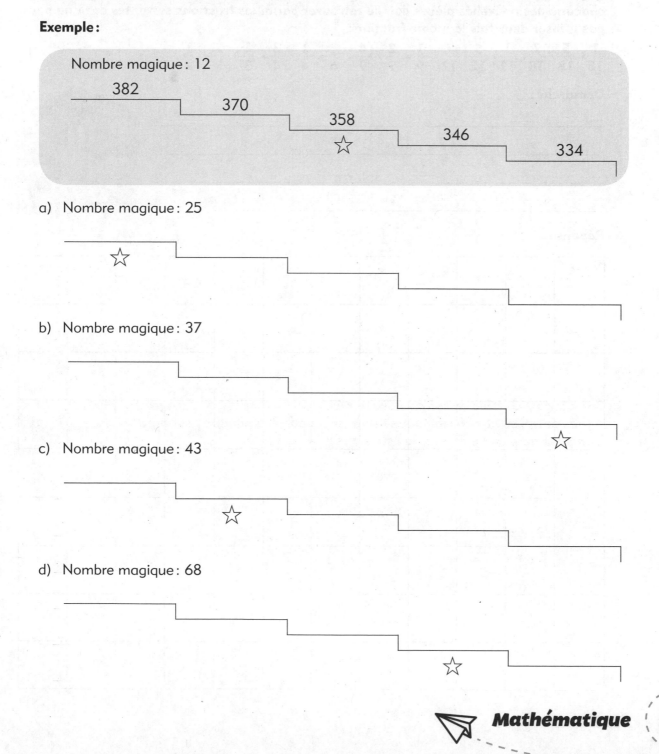

Nombre magique : 12

382   370   358   346   334

☆

a) Nombre magique : 25

☆

b) Nombre magique : 37

☆

c) Nombre magique : 43

☆

d) Nombre magique : 68

☆

La résolution de problèmes

6. Les voisins ont finalement vendu leur maison! Les nouveaux propriétaires ont démoli les murs intérieurs, car ils veulent ériger de nouvelles cloisons pour mieux répartir les pièces. La maison est de forme rectangulaire et elle mesure 12 m de long sur 9 m de large. Elle comportera 5 pièces distinctes : le salon, la cuisine, la salle à manger, la chambre et la salle de bain. Sépare les pièces en traçant des lignes pour simuler les murs, puis colorie chacune des pièces d'une couleur différente en les identifiant. Attention, la superficie de chacune des nouvelles pièces doit se retrouver parmi les fractions suivantes et tu ne peux pas utiliser deux fois la même fraction :

$\dfrac{1}{18}$, $\dfrac{5}{18}$, $\dfrac{7}{18}$, $\dfrac{1}{12}$, $\dfrac{5}{12}$, $\dfrac{7}{12}$, $\dfrac{1}{9}$, $\dfrac{2}{9}$, $\dfrac{4}{9}$, $\dfrac{1}{6}$, $\dfrac{1}{4}$, $\dfrac{3}{4}$, $\dfrac{1}{3}$, $\dfrac{2}{3}$, $\dfrac{1}{2}$.

Démarche :

_____

_____

_____

_____

Réponse :

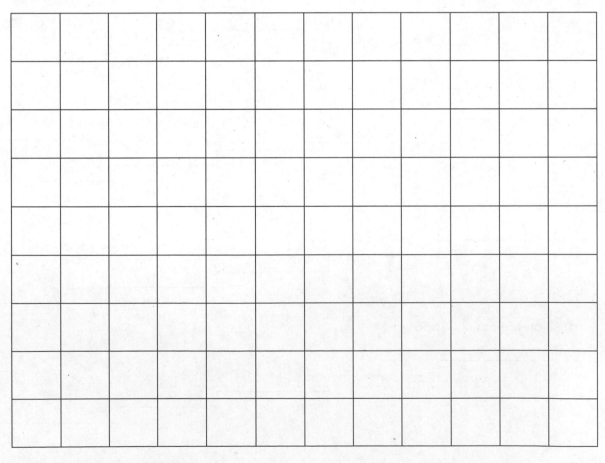

La résolution de problèmes

7. **Des gagnants à une loterie dont les fonds sont versés à une cause humanitaire doivent se partager également un lot de moins de 1 000 $. Choisis le nombre de personnes faisant partie du groupe en encerclant un nombre. Divise ensuite le montant du lot par le nombre de gagnants afin de découvrir le montant individuel que chacun empochera. Laisse des traces de tes calculs.**

a) Nombre de gagnants   Montant du gros lot   Montant individuel

    2 – 3 – 4 – 9   216 $ _____ $

b) Nombre de gagnants   Montant du gros lot   Montant individuel

    2 – 4 – 6 – 8   384 $ _____ $

c) Nombre de gagnants   Montant du gros lot   Montant individuel

    2 – 5 – 7 – 8   560 $ _____ $

d) Nombre de gagnants   Montant du gros lot   Montant individuel

    3 – 4 – 6 – 9   648 $ _____ $

e) Nombre de gagnants   Montant du gros lot   Montant individuel

    3 – 5 – 6 – 8   720 $ _____ $

f) Nombre de gagnants   Montant du gros lot   Montant individuel

    4 – 5 – 6 – 8   960 $ _____ $

La résolution de problèmes

8. En camping, l'espace est parfois limité… En procédant aux préparatifs, tu te rends compte que tu dois laisser certains articles au magasin. Parmi les 15 articles présentés ci-dessous, choisis-en 8 que tu achèteras et que tu emporteras au terrain de camping, puis calcule le coût total de tes achats.

Lampe de poche 16,35 $

Sac de couchage 98,77 $

Tente 213,86 $

Papier hygiénique 1,79 $

Trousse de premiers soins 24,98 $

Chasse-moustiques 3,53 $

Sac à dos 39,42 $

Lanterne 27,59 $

Jumelles 86,78 $

Chaise pliable 49,99 $

Briquet 0,99 $

Imperméable 43,65 $

Bouilloire 19,24 $

Radio 17,88 $

Boussole 8,55 $

Démarche :

_____

_____

_____

_____

_____

Réponse : Le coût total de mes achats pour le camping s'élève à _____ $.

9. André et Sophie reçoivent des invités à l'occasion de l'Action de grâce. Aussi, ils doivent préparer deux desserts, mais ils ne savent pas encore combien de personnes seront présentes. Adapte les recettes ci-dessous en fonction du nombre d'invités que tu auras encerclé. Laisse des traces de tes calculs. Arrondis tes réponses à l'unité près.

Nombre d'invités :   5   15   20   25   30

Pain aux bananes
(Pour 10 personnes)

- 60 ml de beurre
- 125 ml de sucre
- 2 bananes mûres
- 2 œufs
- 500 ml de farine
- 10 ml de poudre à pâte
- 2 ml de bicarbonate de soude
- 2 ml de sel
- 125 ml de lait

Gâteau aux pommes
(Pour 10 personnes)

- 335 ml de farine
- 190 ml de sucre
- 5 ml de poudre à pâte
- 2 ml de cannelle
- 65 ml de beurre
- 1 œuf
- 190 ml de lait
- 5 ml d'essence de vanille
- 3 pommes

Démarche :

_____

_____

Réponse :

PAIN AUX BANANES
(Recette adaptée)

_____ ml de beurre

_____ banane(s) mûre(s)

_____ œuf(s)

_____ ml de farine

_____ ml de poudre à pâte

_____ ml de bicarbonate de soude

_____ ml de sel

_____ ml de lait

GÂTEAU AUX POMMES
(Recette adaptée)

_____ ml de farine

_____ ml de poudre à pâte

_____ ml de cannelle

_____ ml de beurre

_____ œuf(s)

_____ ml de lait

_____ ml d'essence de vanille

_____ pomme(s)

La résolution de problèmes

10. Une entreprise fait appel à tes services pour créer un logo qui la représentera dans ses publicités et ses articles promotionnels. Le logo peut être une figure ouverte ou fermée, figurative ou abstraite. La seule contrainte est qu'il doit comporter 12 points reliés par des segments droits. Trace le logo sur le plan cartésien ci-dessous, assigne les lettres de A à L à chacun des points, puis indique les coordonnées de chaque point.

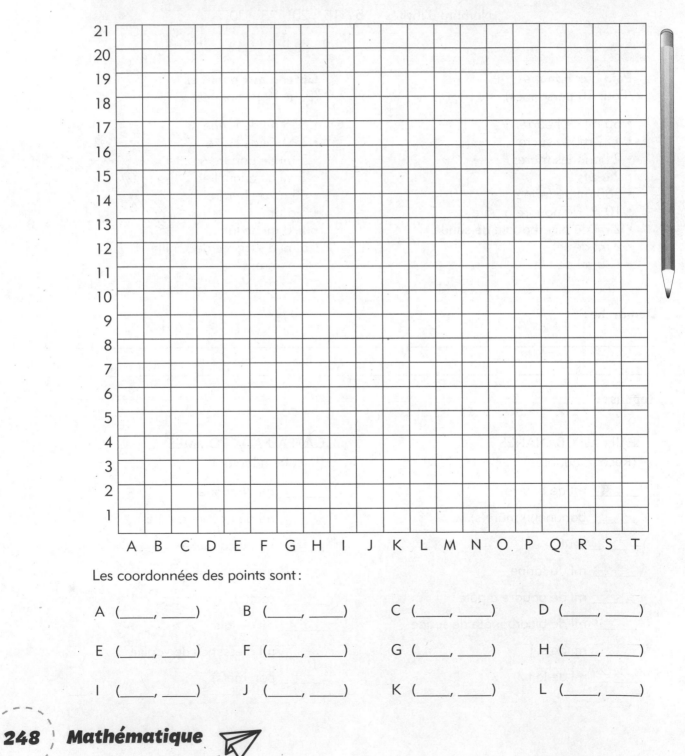

Les coordonnées des points sont :

A (____, ____)   B (____, ____)   C (____, ____)   D (____, ____)

E (____, ____)   F (____, ____)   G (____, ____)   H (____, ____)

I (____, ____)   J (____, ____)   K (____, ____)   L (____, ____)

La résolution de problèmes

11. Un roboticien veut construire un robot surpuissant qui assistera les pompiers dans la lutte contre les incendies. Après avoir relié les composantes électroniques des membres à des servomoteurs, il recouvre la structure interne de son robot à l'aide de panneaux de matière ignifuge (qui ne brûle pas). Toutes les parties du robot sont des pyramides ou des prismes composés des figures planes (panneaux ignifuges) placées ci-dessous et qui serviront à protéger les mécanismes (1 tronc, 1 tête, 2 bras et 2 jambes) du robot. Remplis le tableau en faisant attention de ne pas utiliser chaque prisme ou pyramide plus que deux fois.

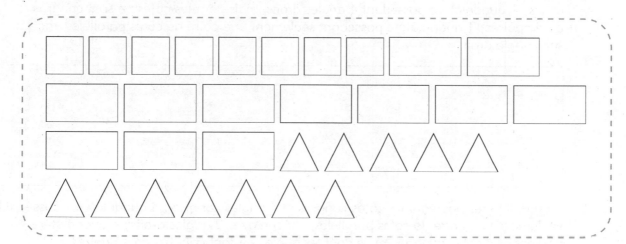

Parties du robot	Noms et quantités des figures planes utilisées	Nom du prisme ou de la pyramide obtenu
Tronc		
Tête		
Bras droit		
Bras gauche		
Jambe droite		
Jambe gauche		

La résolution de problèmes

12. Pour le défilé de la Saint-Patrick, la fête des Irlandais, les organisateurs te demandent de créer des bannières sur lesquelles on retrouve seulement des quadrilatères. Dans chaque rectangle, trace des segments avec ta règle afin de couvrir complètement l'espace de la bannière et d'obtenir les figures indiquées. Colorie ensuite les carrés en rouge, les rectangles en bleu, les losanges en vert, les parallélogrammes en jaune, les trapèzes en mauve et les quadrilatères irréguliers en orange.

a) 2 quadrilatères possédant seulement une paire de côtés parallèles, chacun avec 2 angles droits ; 1 quadrilatère possédant 4 angles droits, mais dont les côtés ne sont congrus qu'en paires ; 1 quadrilatère possédant seulement une paire de côtés parallèles, mais sans angle droit.

b) 2 quadrilatères possédant 4 côtés congrus et 4 angles congrus ; 4 quadrilatères possédant seulement une paire de côtés parallèles, chacun avec 2 angles droits ; 1 quadrilatère possédant 4 côtés congrus, mais dont les angles ne sont congrus qu'en paires.

c) 1 triangle rectangulaire et 1 autre triangle rectangulaire. Les 2 triangles rectangulaires sont isocèles l'un de l'autre et séparés par 1 parallélogramme. Si tu ajoutes une étoile jaune en haut à gauche, que tu colories les triangles en bleu et le parallélogramme en rouge et jaune le drapeau de quel pays obtiens-tu ?

La résolution de problèmes

13. Tes parents font appel aux services d'un designer pour décorer ta chambre. Ce dernier te demande de lui soumettre un motif pour élaborer une frise qui enjolivera le haut des murs de ta chambre. Sur le quadrillage, dans la section 1, noircis aléatoirement 10 cases afin de créer un motif figuratif ou abstrait de ton choix. Reproduis ensuite ce motif par réflexion dans chacune des sections qui suivent, et ce, en te rapportant à chaque axe de symétrie (lignes plus épaisses).

Section 1	Section 2	Section 3	Section 4	Section 5

14. En vacances en Italie, Mathias est étonné de voir que le fond des piscines est recouvert d'un dallage en mosaïque dont les motifs rappellent le costume d'Arlequin, célèbre personnage de la commedia dell'arte. Sur le quadrillage, dans le quadrant 1, noircis aléatoirement 12 cases afin de créer un motif figuratif ou abstrait de ton choix. Reproduis ensuite ce motif par réflexion dans chacun des autres quadrants, et ce, en te rapportant à chaque axe de symétrie (lignes plus épaisses).

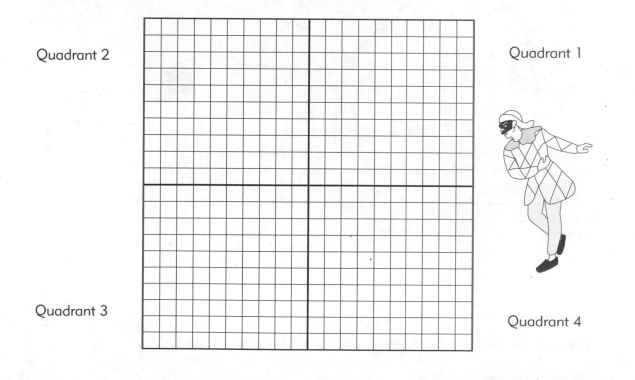

Quadrant 2

Quadrant 1

Quadrant 3

Quadrant 4

La résolution de problèmes

15. Le jardin zoologique permet à ses visiteurs d'observer des animaux exotiques (et parfois étranges) provenant de tous les continents. En partant du manchot, établis un trajet par lequel tu passes par 7 animaux différents entre ton point de départ et ton point d'arrivée, le rhinocéros (sans compter le manchot et le rhinocéros), puis calcule la longueur de ce trajet en donnant ta réponse en mètres. Attention aux unités de mesure.

Démarche :

_____

_____

_____

_____

_____

Réponse : La longueur du trajet que j'ai établi est de _____ mètres.

La résolution de problèmes

16. Les téléviseurs et les écrans d'ordinateur produisent des images composées de pixels. Aussi, si tu t'approches à quelques centimètres d'un téléviseur ou d'un moniteur pendant quelques secondes, tu pourras apercevoir ces points lumineux et colorés qui changent d'intensité selon l'action. Sur chaque quadrillage, noircis des cases pour représenter l'animal ou l'objet indiqué, puis trouve le périmètre et l'aire.

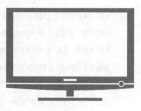

a) Une borne-fontaine

Périmètre : _____ pixels

Aire : _____ pixels

b) Un t-shirt

Périmètre : _____ pixels

Aire : _____ pixels

c) Un nœud papillon

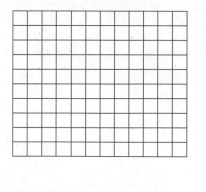

Périmètre : _____ pixels

Aire : _____ pixels

d) Un avion

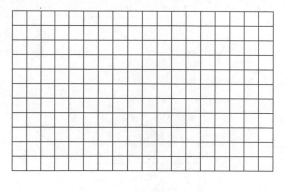

Périmètre : _____ pixels

Aire : _____ pixels

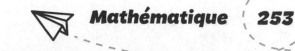

Mathématique **253**

La résolution de problèmes

17. Didier reçoit des invités de marque à l'occasion d'un banquet. Il dispose donc sur chaque table les ustensiles nécessaires ainsi que le lait, le beurre, le sel, le poivre et le sucre. Didier veut placer des cubes de sucre dans des sucriers en forme de prismes à base carrée et à base rectangulaire. Inscris le nombre de cubes de sucre qui pourraient entrer dans chaque sucrier dans le sens de la hauteur, de la largeur et de la profondeur en suivant ces consignes : 2 de ces nombres doivent comporter un seul chiffre situé entre 2 et 9 et le troisième nombre doit comporter 2 chiffres et être situé entre 11 et 99. Trouve ensuite le volume de chaque sucrier en cubes de sucre.

a)

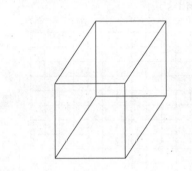

Volume : _____ cubes de sucre

b)

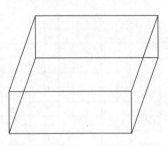

Volume : _____ cubes de sucre

c)

Volume : _____ cubes de sucre

d)

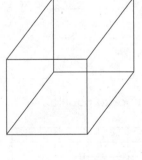

Volume : _____ cubes de sucre

e)

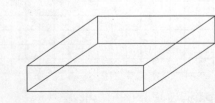

Volume : _____ cubes de sucre

f)

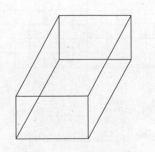

Volume : _____ cubes de sucre

La résolution de problèmes

18. Le temps est une grande préoccupation pour l'être humain. Plusieurs proverbes et dictons passés à l'histoire concernent le temps : « Le temps guérit tout », « Le temps perdu ne revient pas », « Le temps et l'usage rendent l'homme sage », etc. Le temps est aussi considéré comme la quatrième dimension (les trois autres étant la hauteur, la largeur et la profondeur). Enfin, le temps n'est pas toujours perçu de la même façon selon les circonstances : lorsqu'on attend, le temps semble s'éterniser, et lorsqu'on a du plaisir, il passe trop vite. Illustre l'aiguille des heures et celle des minutes sur chaque cadran en fonction des consignes. Calcule ensuite le temps écoulé entre chaque heure.

a) Sur le cadran A, indique l'heure à laquelle l'école commence. Sur le cadran B, indique l'heure à laquelle commence la récréation en matinée. Indique ensuite le temps qui s'est écoulé entre ces deux moments.

A

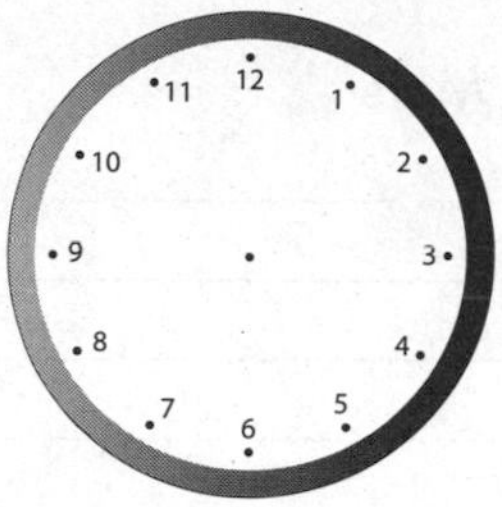

Heure : _____ h _____

Temps écoulé :

_____ h _____

B

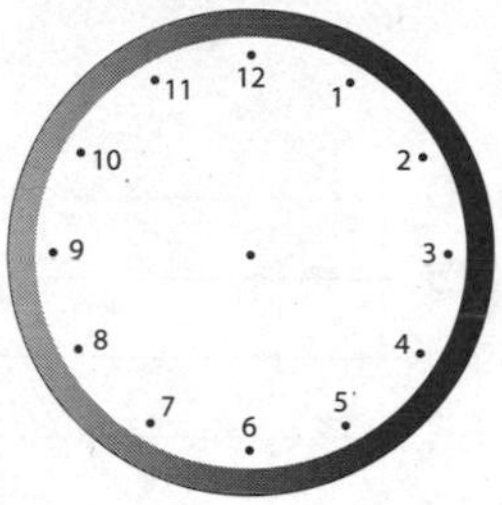

Heure : _____ h _____

b) Sur le cadran A, indique l'heure à laquelle l'école se termine. Sur le cadran B, indique l'heure à laquelle tu te couches le soir. Indique ensuite le temps qui s'est écoulé entre ces deux moments.

A

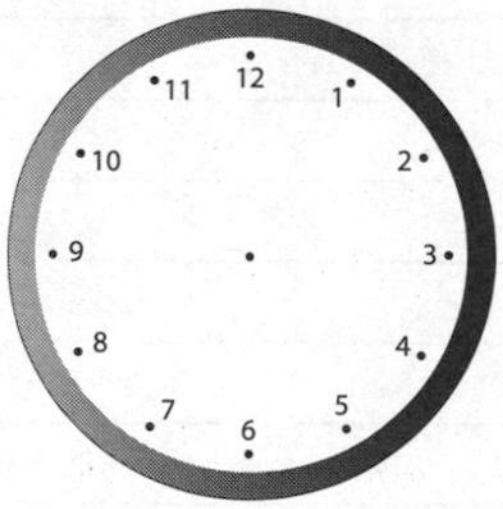

Heure : _____ h _____

Temps écoulé :

_____ h _____

B

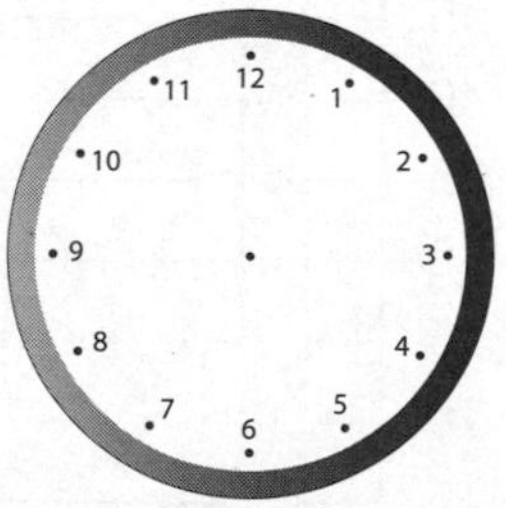

Heure : _____ h _____

19. En tenant compte du nombre de jours dans chaque mois (28, 29, 30 ou 31) et du nombre de jours dans une année (365 ou 366), calcule le nombre de jours qui sont passés depuis ta naissance jusqu'à aujourd'hui. Pour ce faire, tu peux utiliser une calculatrice.

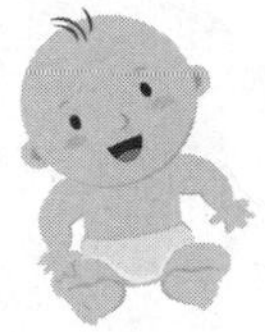

Réponse : _______ jours sont passés depuis ma naissance.

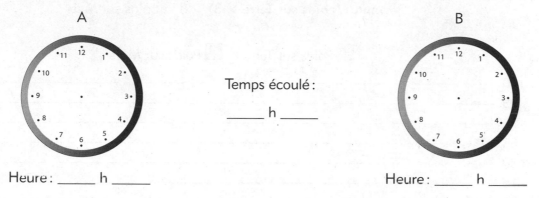

La résolution de problèmes

20. Le poids d'une personne varie selon son âge, sa masse musculaire, ses habitudes de vie, des facteurs reliés à l'hérédité (ensemble des caractères hérités de ses ancêtres), etc. Sur la planète Mars, le poids d'une personne est moins élevé parce que la gravité y est plus faible. Demande à sept personnes de ton entourage (famille, amis, voisins) de te dire leur poids en kilogrammes. À l'aide de la formule présentée ci-dessous, calcule le poids que ces personnes auraient sur la planète Mars, puis remplis le diagramme à bandes ci-dessous en arrondissant les poids à l'unité près (place les prénoms dans l'ordre alphabétique, et pour chaque personne, trace une bande pour son poids sur Terre et une autre pour son poids sur Mars, comme dans l'exemple avec Adélaïde).

Formule : (poids sur Terre × 3) ÷ 8 = poids sur Mars

☐ Poids sur Terre   ☐ Poids sur Mars

100
95
90
85
80
75
70
65
60
55
50
45
40
35
30
25
20
15
10
5
0

Adélaïde

La résolution de problèmes

21. Savais-tu que certaines personnes sont atteintes de nanisme ou de gigantisme? Les adultes atteints de nanisme sont plus petits que la moyenne (moins de 140 cm), et ceux qui sont atteints de gigantisme sont beaucoup plus grands que la majorité des gens (plus de 210 cm). Avec un ruban gradué en centimètres, mesure la taille de huit personnes de ton entourage (famille, amis, voisins), puis remplis le diagramme à ligne brisée. Pour ce faire, écris les prénoms dans l'ordre alphabétique, marque d'un point la taille de chaque personne, puis relie chaque point d'un trait.

La résolution de problèmes

22. À l'école, c'est souvent la routine, mais des événements bizarres peuvent parfois survenir. Dans chacun des carrés, illustre, pour l'école que tu fréquentes, un événement qui se produira certainement, un qui se produira possiblement et un autre dont la survenue est tout à fait impossible.

Événement certain	Événement possible	Événement impossible

23. En français, plusieurs expressions font allusion aux jeux de cartes : « Jouer cartes sur table » (dire toute la vérité, ne rien cacher), « Brouiller les cartes » (rendre une situation confuse), « S'écrouler comme un château de cartes » (tomber, s'effondrer facilement), etc. Un jeu de cartes classiques est composé de 52 cartes qui se distinguent par leur sorte (carreau, cœur, pique, trèfle), leur valeur (1 à 13) et leur figure (valet, dame, roi). Selon des spécialistes en probabilités, il y aurait autant de chances de tomber sur l'une ou l'autre des quatre sortes chaque fois qu'on tire une carte du paquet. Prends un paquet de cartes, puis brasse les cartes pendant un moment. Retire 12 cartes l'une après l'autre et écris de quelle sorte il s'agit.

Es-tu arrivé(e) aux mêmes conclusions que les spécialistes ? Pourquoi ?

_____
_____
_____
_____
_____
_____
_____

Anglais

Information

Read	Write	Draw	Colour	Say	Spell

I can say the alphabet in English.

A – B – C – D – E – F – G – H – I – J – K – L – M – N – O – P – Q – R – S – T – U – V – W – X – Y – Z

Ask for your parent's signature _____

I can spell!   Friend (F-R-I-E-N-D)   Pencil (P-E-N-C-I-L)   Door (D-O-O-R)

Can you spell the numbers from 1 to 10 in English?

1 – O-N-E	2 – T-W-O	3 – T-H-R-E-E	4 – F-O-U-R	5 – F-I-V-E
6 – S-I-X	7 – S-E-V-E-N	8 – E-I-G-H-T	9 – N-I-N-E	10 – T-E-N

Ask for your parent's signature _____

Read and Colour
Shapes

1. Colour the triangle blue. 2. Colour the square green. 3. Colour the circle red.
4. Colour the rectangle brown. 5. Colour the star purple.

Write

Hi! My name is _____.

I am _____ years old. I live

in _____.

I go to _____ School. I am in

grade _____. I like to _____.

Information Box

I like to read. I like to colour.
I like to watch television.
I like to ride my bicycle. I like to draw.

Read

Hi! My name is <u>Tommy</u>. I am <u>8</u> years old. I live in <u>Montréal</u>. I go to <u>St. Rédempteur</u> School. I am in grade <u>3</u>. I like to <u>play hockey</u>.

Information

Game – Word Search
Find these words :

BLUE	CIRCLE	EIGHT
GREEN	BROWN	TWO
RED	SQUARE	FOUR
YELLOW	STAR	THREE
TEN	TRIANGLE	RECTANGLE

Information Box

Find

```
C  E  R  C  L  K  N  E  Y  E  S  Q  U  A  R  E  T  O
T  T  L  X  T  B  L  U  E  Y  G  R  E  D  S  T  G  G
C  E  R  E  C  T  A  N  G  L  E  L  N  W  O  R  B  R
I  N  Q  S  X  R  G  F  A  C  E  L  G  E  O  U  G  E
R  T  R  I  A  N  G  L  E  X  R  O  N  I  E  O  P  E
C  W  O  L  L  E  Y  T  H  R  E  E  I  G  Z  F  S  N
L  O  E  I  G  H  T  R  A  T  S  T  H  R  E  A  D  T
E  N  A  P  F  A  T  F  U  N  S  P  E  A  K  W  H  A
```

Read

My name is <u>Mary</u>. My telephone number is <u>514 555-8031</u>. My address is <u>752 Baker Street</u>. My postal code is <u>G2T 1F8</u>.

Write

My name is _____. My telephone number is _____.

My address is _____. My postal code is _____.

☐ I can say my telephone number in English.

☐ I can say my address in English.

☐ I can say my postal code in English.

Ask for your parent's signature _____

Making Introductions

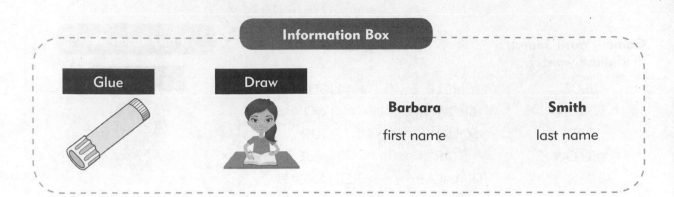

Information Box

Glue

Draw

Barbara
first name

Smith
last name

Draw a picture of **yourself** or **glue** a picture in this space.

Draw a picture of your **best friend** or glue a picture in this space.

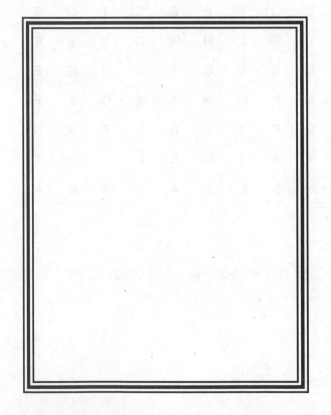

My first name is

_____.

My family name is

_____.

I am _____ years old.

My best friend's first name is

_____.

My best friend's last name is

_____.

My best friend is _____ years old.

Making Introductions

Read

Tim lives in Trois-Rivières with his mother and his father. They live in a red and white house near a shopping center. Their address is 58 Ducharme Avenue. Their postal code is G7H 2G5. Their phone number is 819 555-0158.

Tim is in grade 3. His friend David likes to call him on the phone.

Write

1. What is Tim's phone number? _____

2. What is Tim's address? _____

3. What is Tim's postal code? _____

4. What colour is Tim's house? _____

Play   **Battleship**

Choose a phone number. Write it on a paper.
Guess your friend's number before he guesses yours.

Is your phone number _____?

968-1777	968-3458	564-1945	678-3821
432-7893	580-1439	982-4993	571-9876

Match

ONE — 2

TWO — 1

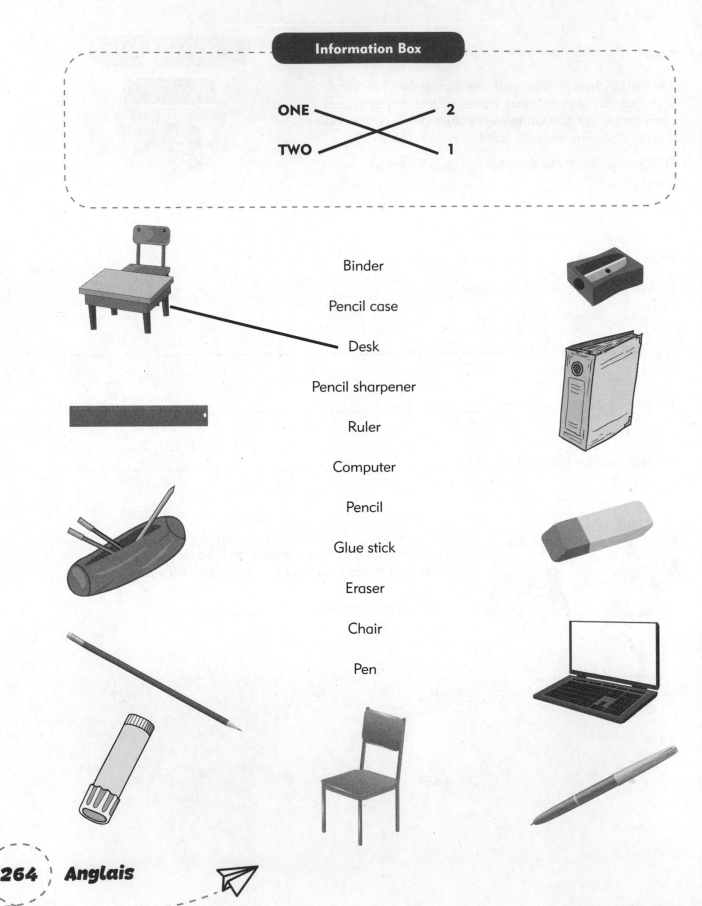

Binder

Pencil case

Desk

Pencil sharpener

Ruler

Computer

Pencil

Glue stick

Eraser

Chair

Pen

Match

pencil   desk   pencil sharpener   binder   eraser   pencil case   ruler   chair

Write the correct word in the space provided. Colour the pictures.

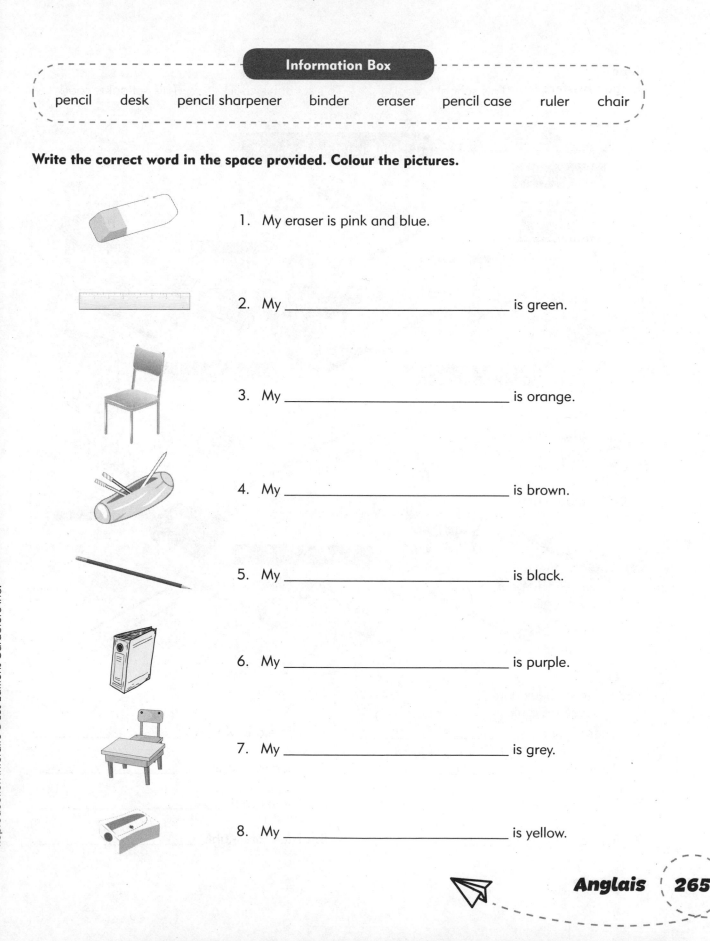

1. My eraser is pink and blue.

2. My _____ is green.

3. My _____ is orange.

4. My _____ is brown.

5. My _____ is black.

6. My _____ is purple.

7. My _____ is grey.

8. My _____ is yellow.

Match

Tongue twister: This school is cool!   This school is cool!   This school is cool!

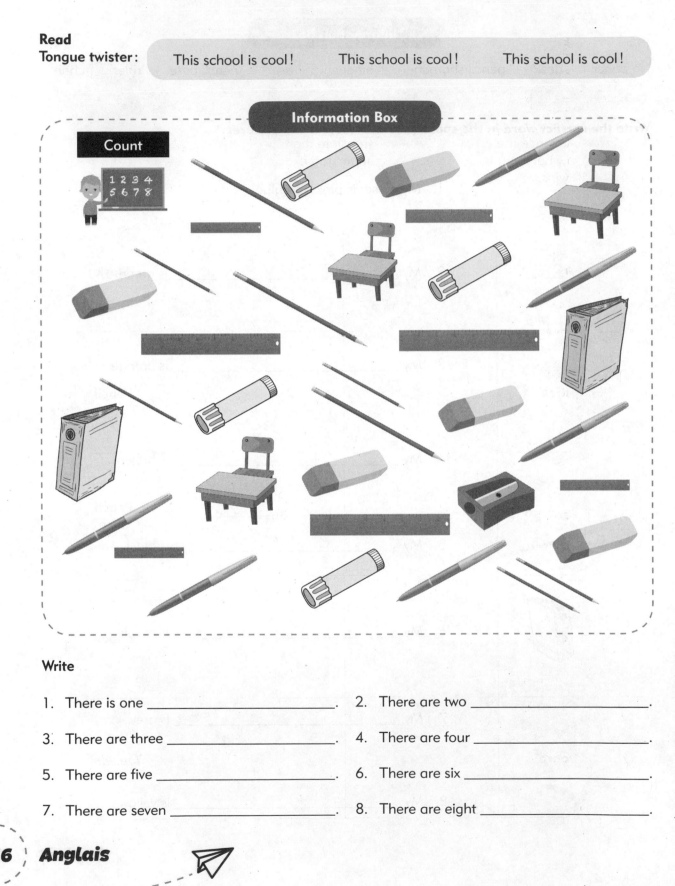

Information Box

Count

Write

1. There is one _____.

2. There are two _____.

3. There are three _____.

4. There are four _____.

5. There are five _____.

6. There are six _____.

7. There are seven _____.

8. There are eight _____.

Match

Play

Roll a dice. Advance the number indicated. Translate the word or go back to where you were. The first person to stop exactly on space 20 wins.

Window = Fenêtre

Start 1	**Chair** 2	**Pencil** 3	**Desk** 4
Glue stick 5	**Pen** 6	**Advance 2 spaces** → 7	**Pencil** 8
Ruler 9	**Go back 2 spaces** ← 10	**Binder** 11	**Pencil case** 12
Poster 13	**Computer** 14	**Window** 15	**Paper** 16
Blackboard 17	**You lose your turn** 18	**Book** 19	**You win!** 20

Positions

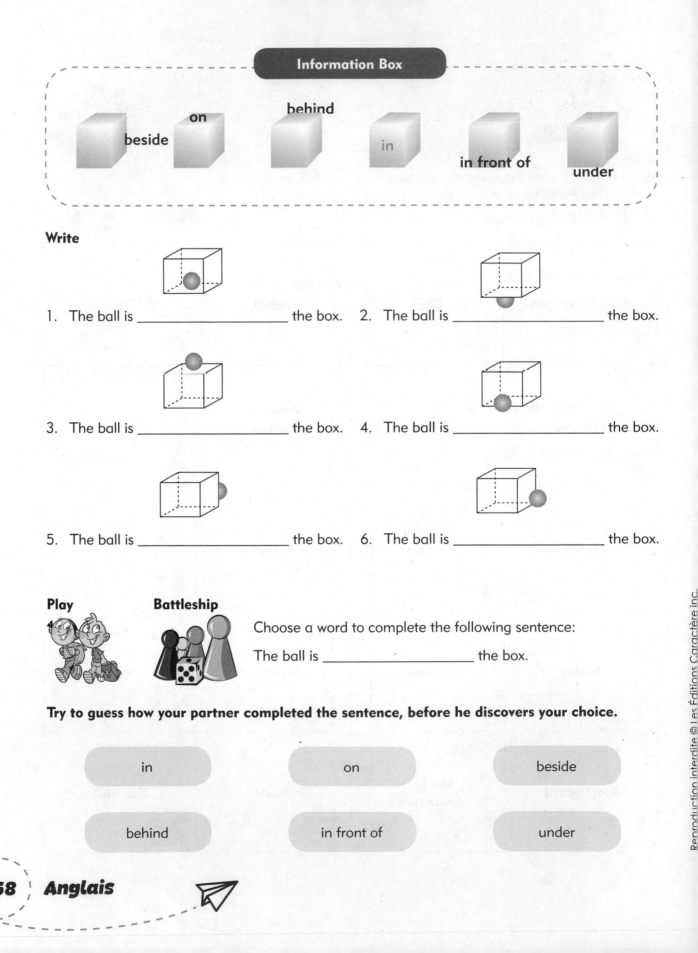

Information Box

beside   on   behind   in   in front of   under

Write

1. The ball is _____ the box.

2. The ball is _____ the box.

3. The ball is _____ the box.

4. The ball is _____ the box.

5. The ball is _____ the box.

6. The ball is _____ the box.

Play   **Battleship**

Choose a word to complete the following sentence:

The ball is _____ the box.

Try to guess how your partner completed the sentence, before he discovers your choice.

in   on   beside

behind   in front of   under

Days of the Week

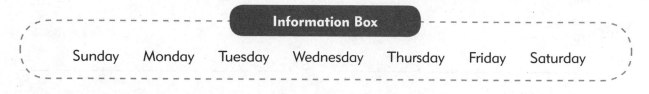

Information Box

Sunday   Monday   Tuesday   Wednesday   Thursday   Friday   Saturday

Read

Sunday is a fun day.

Monday, it's back to school.

Tuesday is a good day.

Wednesday is really cool.

Thursday is my favourite.

Friday is just okay.

Maybe every day should be Saturday.

I can say the poem by heart.

Ask for your parent's signature

_____

Write the days in the puzzle.

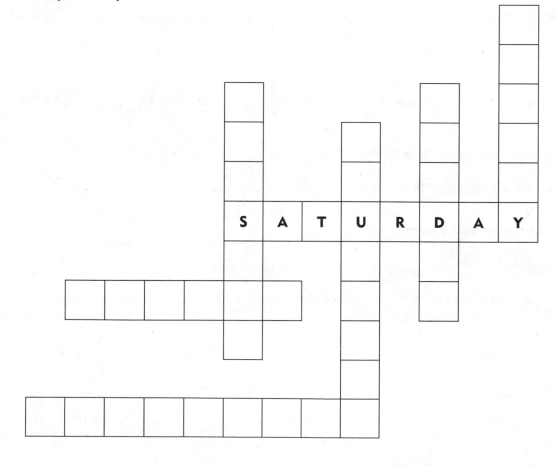

Numbers 11 to 20

Write

11 _____   16 _____

12 _____   17 _____

13 _____   18 _____

14 _____   19 _____

15 _____   20 _____

Look

Mixed up numbers

Nineteen	Eleven	Sixteen	Twelve	Eighteen

Twenty	Fourteen	Thirteen	Fifteen	Seventeen

I can count from 11 to 20 in English.

Ask for your parent's signature _____

Write the letters in the correct order.

A. tefienf _____   B. neevle _____

C. heniegte _____   D. vewtle _____

E. ntsvneeee _____   F. nxietse _____

G. wytent _____   H. nnneeeit _____

I. hteniert _____   J. urfoenet _____

Months

Write

1. J__n__a__y
2. F__b__u__ry
3. M__r__h
4. A__r__l
5. M__y
6. J__n__
7. J__l__
8. A__g__st
9. S__p__e__b__r
10. O__t__b__r
11. N__v__m__er
12. D__c__m__er

Read

Thirty days has September,

April, June and November.

All the rest have thirty-one,

Except February alone,

And it has twenty-eight days clear,

Twenty-nine, a leap year.

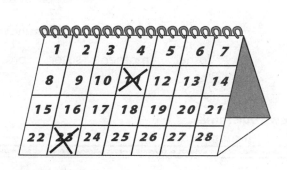

Information Box

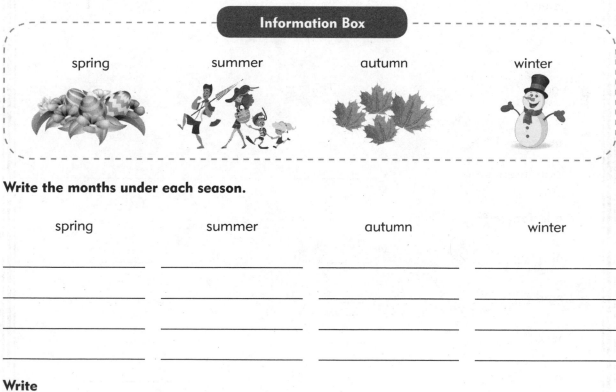

spring   summer   autumn   winter

Write the months under each season.

spring	summer	autumn	winter
_____	_____	_____	_____
_____	_____	_____	_____
_____	_____	_____	_____
_____	_____	_____	_____

Write

My birthday is on _____.

Family

Read

I am a member of a family

My father, my mother, my sister and me.

We live in a house down by the sea

We like to read books and watch T.V.

Information Box

Family Vocabulary

father   mother   sister   brother   grandfather   grandmother

Draw your family.

Telling Time

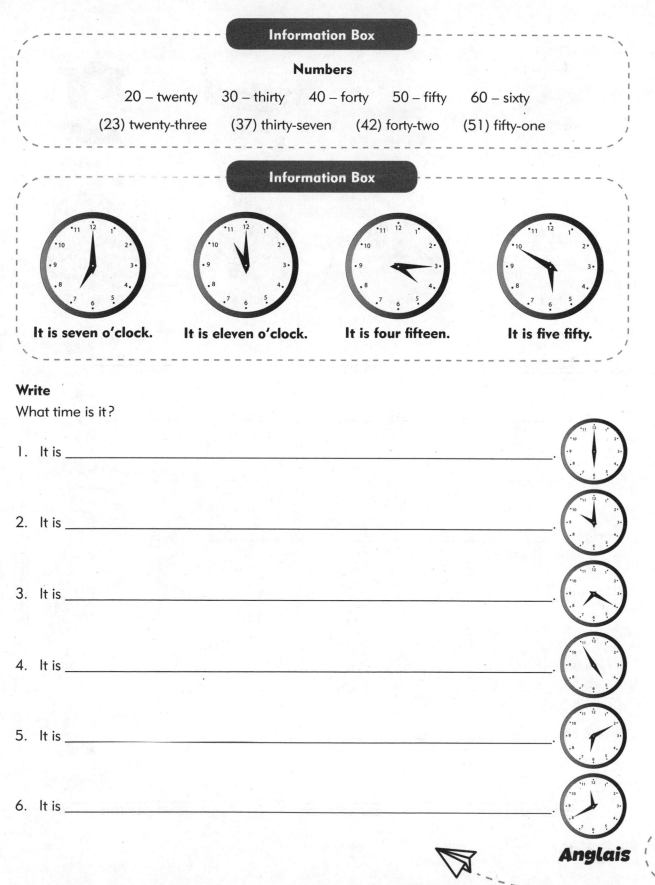

Information Box

Numbers

20 – twenty   30 – thirty   40 – forty   50 – fifty   60 – sixty

(23) twenty-three   (37) thirty-seven   (42) forty-two   (51) fifty-one

Information Box

It is seven o'clock.   It is eleven o'clock.   It is four fifteen.   It is five fifty.

Write

What time is it?

1. It is _____.

2. It is _____.

3. It is _____.

4. It is _____.

5. It is _____.

6. It is _____.

Description Words

big

small

strong

weak

fast

slow

happy

sad

Write

1. I am _____.

2. You are _____.

3. He is _____.

4. She is _____.

5. He is _____.

6. We are _____.

7. They are _____.

The Body

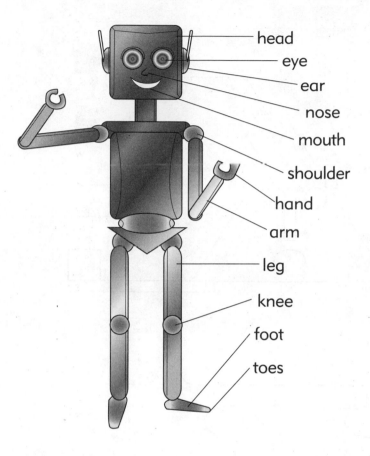

head
eye
ear
nose
mouth
shoulder
hand
arm
leg
knee
foot
toes

Information Box

Sing

Look/Write

1. The robot has two eyes.

2. It has one mouth.

3. It has _____ feet.

4. It has _____ nose.

5. It has _____ legs.

6. It has _____ head.

7. It has _____ arms.

8. It has _____ hands.

Head and shoulders,

Knees and toes (2)

Head and shoulders

Knees and toes (2)

And eyes and ears

And mouth and nose

Head and shoulders

Knees and toes (2)

Can you sing and touch the body parts at the same time?

The Body

Look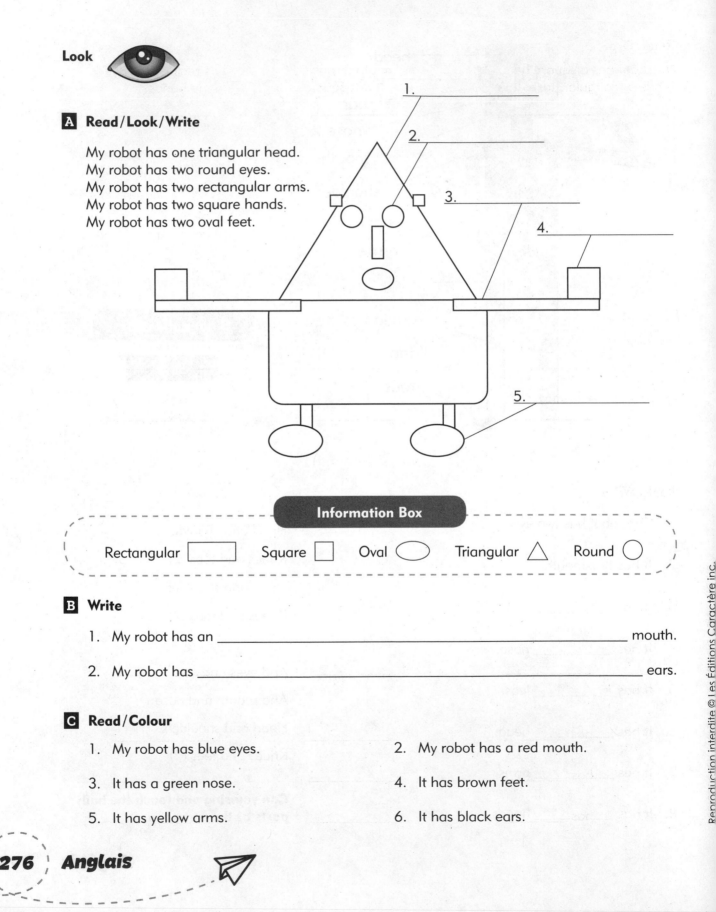

A Read/Look/Write

My robot has one triangular head.
My robot has two round eyes.
My robot has two rectangular arms.
My robot has two square hands.
My robot has two oval feet.

1.
2.
3.
4.
5.

Information Box

Rectangular ▭ Square ◻ Oval ⬭ Triangular △ Round ◯

B Write

1. My robot has an _____ mouth.

2. My robot has _____ ears.

C Read/Colour

1. My robot has blue eyes.

2. My robot has a red mouth.

3. It has a green nose.

4. It has brown feet.

5. It has yellow arms.

6. It has black ears.

The Body

Read/Draw

My robot has a square head. It has a round mouth. It has oval arms. It has rectangular eyes. It has a triangular nose. It has triangular legs. It has square feet. It has round hands.

Draw your own robot.

Write

1. My robot has _____.

2. My robot has _____.

3. My robot has _____.

Clothes

shirt   hat   dress   socks   shoes   pants

Look

Write *True* or *False*.

1. The boy is wearing a shirt. _____

2. The boy is wearing a hat. _____

3. The boy is wearing a dress. _____

4. He is wearing pants. _____

5. He is wearing shoes. _____

6. The girl is wearing a T-shirt. _____

7. The girl is wearing a dress. _____

8. The girl is wearing socks. _____

9. She is wearing shoes. _____

10. She is wearing pants. _____

Clothes

Look

My Robot Fashion Show

Draw/Colour/Present

Draw clothes on the robot. Colour the clothes.
Present the robot to a friend or a member of your family.

Presentation

My robot is wearing _____.

It is wearing _____.

It is wearing _____.

It is wearing _____.

Anglais 279

Animals

Read

I like to watch the animals when I go to the zoo.
My favourite is the monkey, but I like the tiger too.
The lion is ferocious, but it sleeps most of the day.
The zebra and the cheetah prefer to run and play.
There's the panda and the hippo and the funny kangaroo.
I like to watch the animals when I go to the zoo.

Size	Description	Read
big	strong	The elephant is <u>big</u>.
little	fast	The giraffe is <u>tall</u>.
tall	funny	The lion is <u>ferocious</u>.
long	dangerous	The peacock is <u>beautiful</u>.
	ferocious	The crocrodile is <u>long</u>.
	beautiful	

Food

Read

I scream.

You scream.

We all scream for ice cream.

Read/Write

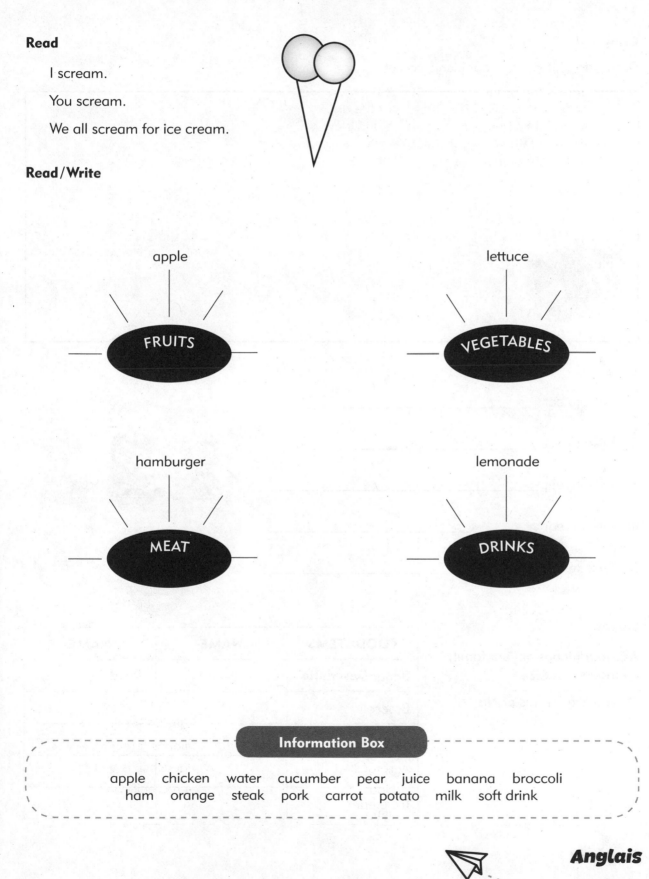

apple

FRUITS

lettuce

VEGETABLES

hamburger

MEAT

lemonade

DRINKS

Information Box

apple   chicken   water   cucumber   pear   juice   banana   broccoli
ham   orange   steak   pork   carrot   potato   milk   soft drink

My Picnic Basket

Draw

Draw 5 food items for your picnic basket.

Write

1. I like to eat _____ .

2. I like to eat _____ .

3. I like to eat _____ .

4. I like to eat _____ .

5. I like to eat _____ .

Survey

Ask your friends or your family members :

Do you like…? Yes or No

FOOD ITEMS	NAME	NAME
Bananas		
Broccoli		
Fish		
Milk		
Ice cream		

My Picnic Basket

Information Box

Meals: Breakfast   Lunch   Supper/Dinner

Word Search

Find

Bowl   Plate   Glass   Fork
Knife   Spoon   Breakfast
Lunch   Dinner   Supper

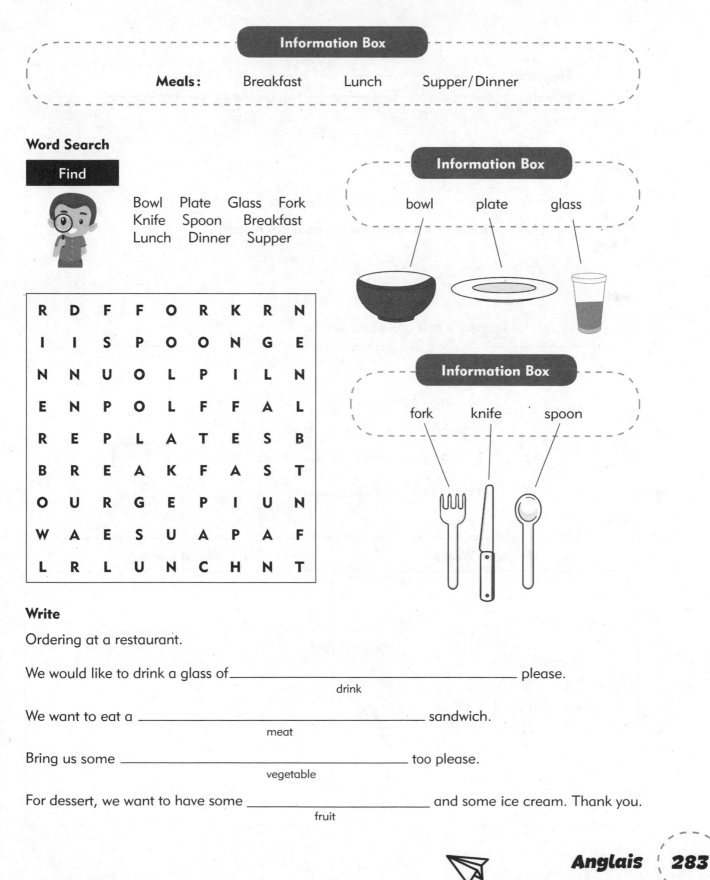

Information Box

bowl   plate   glass

Information Box

fork   knife   spoon

R	D	F	F	O	R	K	R	N
I	I	S	P	O	O	N	G	E
N	N	U	O	L	P	I	L	N
E	N	P	O	L	F	F	A	L
R	E	P	L	A	T	E	S	B
B	R	E	A	K	F	A	S	T
O	U	R	G	E	P	I	U	N
W	A	E	S	U	A	P	A	F
L	R	L	U	N	C	H	N	T

Write

Ordering at a restaurant.

We would like to drink a glass of _____ please.
                                                   drink

We want to eat a _____ sandwich.
                                  meat

Bring us some _____ too please.
                           vegetable

For dessert, we want to have some _____ and some ice cream. Thank you.
                                                fruit

Anglais 283

Singular/Plural

Information Box

Singular: one book   one box   one brush   one baby
Plural: two books   two boxes   two brushes   two babies

Count

Read

One potato, two potatoes, three potatoes, four potatoes,

five potatoes, six potatoes, seven potatoes more.

Read

Help Tommy fish for singular words and plural words.

boy   girls   brothers   pencil   number

brush   dogs   babies   students   teacher

school   desks   boxes   book   pen

Write

Singular Words	Plural Words

Science

La fabrication d'un anémomètre

Matériel

- 4 pots de yogourt de la même grosseur
- Gouache rouge
- 1 clou de 6 cm
- 2 brochettes de bois de 30 cm
- Morceau de bois d'environ 60 cm
- Colle

1. Peins en rouge un des pots de yogourt.

2. Croise les deux brochettes pour former un T.
   Cloue les deux brochettes sur le morceau de bois.

3. Colle les pots sur les brochettes, tous orientés dans le même sens. Installe l'anémomètre dans un endroit dégagé.

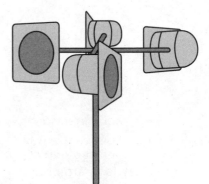

4. Pour avoir une idée de la vitesse du vent exprimée en kilomètres, compte le nombre de tours accomplis par le pot de yogourt rouge en 30 secondes. Divise ce nombre par 3.

Note tes résultats ici :

	lundi	mardi	mercredi	jeudi	vendredi	samedi	dimanche
Nombre de tours							
Divisé par 3							
Vitesse du vent en km/h							

Nombre de tours							
Divisé par 3							
Vitesse du vent en km/h							

La température de l'eau

Est-ce que tu crois que la température de l'eau varie selon la profondeur?

Écris ici ton hypothèse : _____

_____

Matériel

- Seau
- Un ou deux thermomètres

1. Remplis le seau d'eau froide. Plonges-y le thermomètre le plus profondément possible. Note la température.

2. Déplace le thermomètre le plus près possible de la surface. Note la température.

3. Si tu as deux thermomètres, sers-toi des deux en même temps.

4. Ajoute un filet d'eau chaude. Reprends la température au fond et à la surface. Note les températures.

5. Sors le seau à l'extérieur et reprends la température toutes les dix minutes. Note les températures.

6. Reprends toutes les mesures de température, mais en remplissant le seau d'eau chaude et en ajoutant un filet d'eau froide. Attention de ne pas te brûler!

Est-ce que ton hypothèse de départ était bonne? _____

Note les températures et tes observations ici.

_____

_____

_____

_____

_____

_____

_____

_____

La fabrication de papier

Matériel

- 4 baguettes ou bouts de bois de la même longueur
- Agrafeuse et agrafes
- Morceau de moustiquaire un peu plus grand que les baguettes
- 1 ou 2 feuilles de papier journal
- Grand bol
- 500 ml d'eau tiède
- 15 ml de détergent à vaisselle
- Mélangeur ou batteur
- Carottes râpées, persil haché ou colorant alimentaire (facultatif)
- Plaque à biscuits
- 2 grands torchons
- Fer à repasser (facultatif)

1. Fabrique un cadre à l'aide des quatre baguettes ou morceaux de bois de la même longueur. Fixe le morceau de moustiquaire sur le cadre à l'aide d'agrafes.

2. Déchire le papier journal en petits morceaux et mets-les dans le bol. Ajoute l'eau et le détergent. Laisse tremper pendant au moins quatre heures.

3. Mets la pâte dans un mélangeur et mélange à vitesse moyenne jusqu'à ce que la mixture soit lisse, ou bats la pâte avec un batteur à œufs directement dans le bol. Si le mélange est trop épais, ajoute un peu d'eau. À cette étape, tu peux ajouter des carottes râpées, du persil haché ou du colorant pour donner la couleur de ton choix à ton papier.

4. Pose ton cadre sur une plaque à biscuits et verse la pulpe au centre du cadre. Remue le cadre pour égaliser la pulpe. Soulève le cadre et laisse l'eau s'égoutter le plus possible.

5. Place le cadre rempli de pulpe sur un grand torchon. Place un autre torchon par-dessus. Retourne le tout afin que le cadre soit sur le dessus. Retire délicatement le cadre. Si la pulpe colle sur le cadre, c'est qu'il reste trop d'eau dans le mélange. Tu peux laisser sécher le mélange pendant trois ou quatre jours en mettant la plaque à biscuits par-dessus les torchons et en posant un objet lourd sur la plaque pour que ton papier soit bien plat. Tu peux aussi repasser par-dessus le torchon avec un fer tiède jusqu'à ce que le papier soit sec.

Attention, ne jette pas les restants de pulpe dans l'évier, car cela pourrait bloquer les conduits. Récupère la pulpe à l'aide d'une passoire et congèle-la pour un usage ultérieur.

L'électricité statique

Matériel

- Peigne de plastique
- Chandail de laine
- Balle de ping-pong
- Ballon gonflable

1. Frotte le peigne sur le chandail de laine à plusieurs reprises. Fais couler un mince filet d'eau du robinet. Approche le peigne du filet d'eau. Attention de ne pas mouiller le peigne.

   Décris ce que tu vois : _____

   _____

2. Frotte le peigne sur le chandail de laine à plusieurs reprises. Approche le peigne de la balle de ping-pong.

   Décris ce que tu vois : _____

   _____

3. Gonfle le ballon. Frotte-le contre tes cheveux. Essaie de le faire tenir sur un mur.

   Décris ce que tu vois : _____

   _____

4. Frotte le ballon sur différentes surfaces et observe si le ballon adhère au mur.
   Note la surface et la réaction obtenue ci-dessous.

   _____

   _____

   _____

   _____

   _____

   _____

   _____

   _____

La fabrication d'une girouette

Matériel

- Bouteille d'eau de plastique de 1 l
- Semoule de blé (couscous) ou sable
- 2 brochettes de bois
- Vieilles cartes de souhaits

- Papier d'aluminium
- Paille
- Bille de bois ou de plastique

1. Remplis la bouteille de semoule de blé et perce le bouchon d'un trou de la taille d'une brochette. Insère une brochette dans le trou en laissant dépasser une partie. Enfonce l'autre extrémité dans la semoule et visse le bouchon.

2. Reproduis les formes suivantes sur de vieilles cartes de souhaits et recouvre-les de papier d'aluminium.

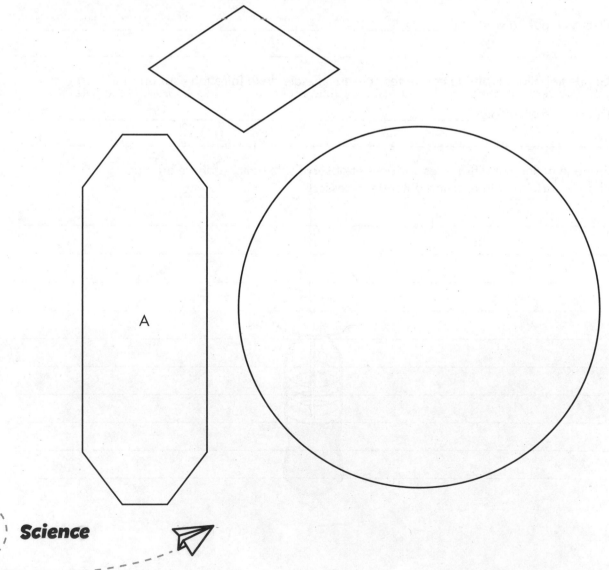

La fabrication d'une girouette

3. Plie la forme A en deux et colle-la sur le bout non pointu de la brochette.

4. Transperce la paille avec le bout pointu de la brochette.

5. Plie le losange en deux et perce le centre avec le bout pointu de la brochette de façon à former une flèche. Fixe-le solidement sur la brochette.

6. Reproduis les points cardinaux sur le cercle. Observe le modèle pour la position des lettres.

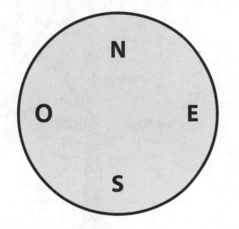

7. Perce le cercle et introduis-le dans le bout de la brochette qui dépasse. Ajoute la bille de bois ou de plastique et mets la paille par-dessus.

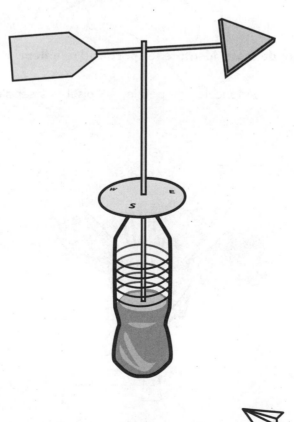

Les parties d'un arbre
et les parties d'une fleur

En te servant de la liste de mots, identifie les parties d'un arbre.

> branche   cime   feuillage   racine   tronc

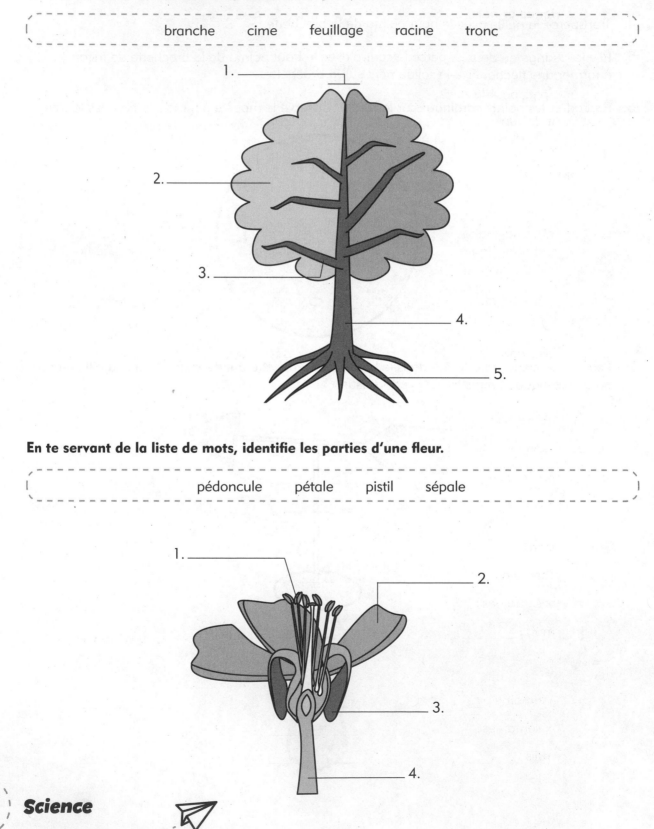

En te servant de la liste de mots, identifie les parties d'une fleur.

> pédoncule   pétale   pistil   sépale

Faire pousser un haricot

Est-ce qu'un haricot pousse mieux dans la terre, dans le sable ou dans l'eau ?
Tente l'expérience et note tes observations.

Matériel

- 2 petits pots pour les plantes
- Petit pot de verre
- Cailloux
- Terre

- Sable
- Ouate
- 3 graines de haricot

1. Mets quelques cailloux dans le fond des deux pots pour les plantes. Dans un des pots, mets de la terre et dans l'autre, du sable. Enterre dans chacun des 2 pots une graine de haricot à 1 cm de la surface.

2. Mets de la ouate dans le fond du pot de verre. Dépose la troisième graine de haricot et remplis le pot d'eau jusqu'à la moitié.

3. Place les pots dans un endroit ensoleillé et arrose-les régulièrement.

4. Note ici la croissance des plantes.

Dans le sable :

Après une semaine : _____

Après deux semaines : _____

Après un mois : _____

Dans la terre :

Après une semaine : _____

Après deux semaines : _____

Après un mois : _____

Dans l'eau :

Après une semaine : _____

Après deux semaines : _____

Après un mois : _____

Le cycle de l'eau

Écris à côté de chaque numéro les différentes étapes du cycle de l'eau.

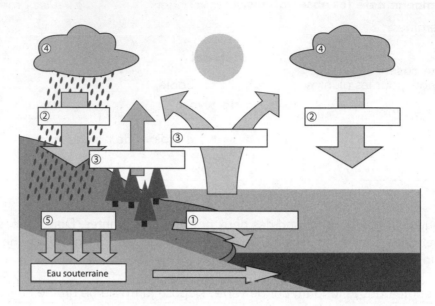

Infiltration : L'eau qui est libérée retourne au sol, où elle est absorbée par la terre.

Condensation : Lorsque la quantité de vapeur est suffisante, les particules se condensent et forment des nuages.

Évaporation : Les rayons du soleil réchauffent l'eau, qui se transforme en vapeur.

Précipitations : L'eau accumulée dans les nuages est libérée sous forme de pluie ou de neige.

Ruissellement : L'eau s'écoule vers le cours d'eau.

Petite expérience sur l'évaporation de l'eau

Matériel

- Tasse à mesurer
- 2 contenants de plastique

1. Remplis les 2 contenants de 250 ml d'eau. Place le premier au soleil ou, s'il pleut, sous une lampe pendant quatre heures. Place l'autre contenant dans la maison pendant quatre heures.

2. Après les quatre heures, mesure la quantité d'eau dans chaque contenant.

Quel contenant contient le moins d'eau ? _____

Pourquoi ? _____

Qu'est-ce qu'on mange ?

Les animaux sont classifiés selon ce qu'ils mangent. Les carnivores mangent de la viande, les herbivores mangent de l'herbe, les insectivores mangent des insectes et les granivores mangent des graines.

Coche la bonne case.

	Carnivore	Herbivore	Insectivore	Granivore
a) bison				
b) chacal				
c) chameau				
d) chauve-souris				
e) chevreuil				
f) coyote				
g) crapaud				
h) girafe				
i) jaguar				
j) koala				
k) léopard				
l) lion				
m) mouton				
n) orignal				
o) ours polaire				
p) perruche				
q) renard				
r) taupe				
s) tigre				
t) vache				
u) zèbre				

Faire du fromage à la maison

Matériel

- 250 ml de lait
- 10 ml de vinaigre
- Sel

- Étamine, chiffon propre ou coton fromage
- Grand bol

Demande l'aide d'un adulte.

1. Fais chauffer le lait dans une casserole jusqu'à ébullition en remuant constamment pour éviter qu'il colle.

2. Éteins le feu lorsque le lait bout, mais laisse la casserole sur le rond de la cuisinière.

3. Ajoute le vinaigre. À cette étape, le lait devrait cailler. Remue pendant 5 à 10 minutes sans retirer la casserole du rond.

4. Étends l'étamine au fond d'un grand bol et déposes-y ensuite le mélange. Retire l'excédent de liquide en pressant la boule de fromage entre tes mains. Tu peux aussi suspendre l'étamine au-dessus du bol et laisser le liquide s'égoutter lentement.

5. Retire le fromage de l'étamine et ajoute une pincée de sel.

6. Tu peux former une boule avec le fromage ou le placer dans un moule de ton choix.

Pour donner un peu plus de goût, tu peux ajouter une pincée de fines herbes, de l'ail, des épices, etc. Tu peux également ajouter une petite quantité de colorant alimentaire.

Essaie de faire la recette avec d'autres sortes de lait (chèvre, soya, etc.) et d'autres variétés de vinaigre. Fais des essais et vois ce que tu préfères.

Si tu aimes le goût de ton fromage, tu peux doubler la recette pour en avoir plus et le partager avec tes amis et ta famille.

La faune du Québec

Remplis les fiches d'identification de ces mammifères du Québec. Trouve les informations sur des sites Internet, dans des guides d'identification, etc.

Raton laveur

Poids : _____

Hauteur : _____

Longueur : _____

Habitat : _____

Alimentation : _____

Longévité : _____

Particularités : _____

_____

Orignal

Poids : _____

Hauteur : _____

Longueur : _____

Habitat : _____

Alimentation : _____

Longévité : _____

Particularités : _____

_____

Cerf d'Amérique

Poids : _____

Hauteur : _____

Longueur : _____

Habitat : _____

Alimentation : _____

Longévité : _____

Particularités : _____

_____

Castor

Poids : _____

Hauteur : _____

Longueur : _____

Habitat : _____

Alimentation : _____

Longévité : _____

Particularités : _____

_____

Renard roux

Poids : _____

Hauteur : _____

Longueur : _____

Habitat : _____

Alimentation : _____

Longévité : _____

Particularités : _____

_____

Martre

Poids : _____

Hauteur : _____

Longueur : _____

Habitat : _____

Alimentation : _____

Longévité : _____

Particularités : _____

_____

La flore du Québec

Remplis les fiches d'identification de ces arbres du Québec. Trouve les informations sur des sites Internet, dans des guides d'identification, etc.

Sapin baumier

Hauteur : _____

Largeur : _____

Feuillu ou conifère : _____

Utilisation : _____

_____

Épinette noire

Hauteur : _____

Largeur : _____

Feuillu ou conifère : _____

Utilisation : _____

_____

Érable à sucre

Hauteur : _____

Largeur : _____

Feuillu ou conifère : _____

Utilisation : _____

_____

Bouleau blanc

Hauteur : _____

Largeur : _____

Feuillu ou conifère : _____

Utilisation : _____

_____

Peuplier faux-tremble

Hauteur : _____

Largeur : _____

Feuillu ou conifère : _____

Utilisation : _____

_____

Pin gris

Hauteur : _____

Largeur : _____

Feuillu ou conifère : _____

Utilisation : _____

_____

Fontaine de soda

Cette expérience doit absolument se faire à l'extérieur, dans un endroit dégagé.

Matériel

- Feuille de papier
- Ruban adhésif ou colle
- Bouteille de boisson gazeuse de 2 l jamais ouverte
- Paquet de menthes Mentos

1. Avec le papier, forme un rouleau légèrement plus large que le paquet de Mentos et colle-le. Plie une des extrémités et colle-la.

2. Insère toutes les menthes dans le rouleau. Les bonbons doivent pouvoir bouger librement. C'est maintenant le moment de te diriger dehors avec tout ton matériel.

3. Place la bouteille de boisson gazeuse à la verticale. Ouvre la bouteille. Ajoute vite tous les bonbons. Éloigne-toi rapidement et observe le puissant jet de boisson gazeuse.

Une fusée qui vole bien haut

Cette expérience doit absolument se faire à l'extérieur, dans un endroit dégagé, et exige le port de lunettes de sécurité.

Matériel

- Boîte de pilules vide en plastique, clair de préférence
- Eau
- Comprimés d'Alka-Seltzer
- Lunettes de sécurité

1. Mets tes lunettes de sécurité.

2. Divise un comprimé d'Alka-Seltzer en quatre parties égales et mets un quart du comprimé dans la boîte de pilules.

3. Remplis la boîte de pilules jusqu'à la moitié avec de l'eau.

4. Ferme rapidement le bouchon.

5. Voilà une fusée qui monte vers le ciel.

Varie la quantité d'eau ou d'Alka-Seltzer et note les différents résultats.

_____

_____

Fabriquer de faux fossiles

Matériel

- Plâtre de Paris
- Petit plat rectangulaire en aluminium
- Eau
- Spatule
- Coquillages, feuilles, fougères, arêtes de poisson
- Huile

1. Mets un peu d'eau dans le fond du plat.

2. Saupoudre un peu de plâtre sur l'eau.

3. Remue énergiquement jusqu'à ce que le mélange ait la consistance d'une pâte. Si le mélange est trop liquide, ajoute un peu de plâtre.

4. Dépose les coquillages, les feuilles, etc., sur le plâtre. Huile les coquillages avant de les déposer sur le plâtre. Presse fermement pour imprimer la forme dans le plâtre, puis retire les objets.

5. Laisse sécher le plâtre deux ou trois jours avant de démouler.

6. Tu peux imprimer un seul motif ou plusieurs.

7. Utilise des plats de différentes grandeurs pour avoir de plus petits ou de plus grands fossiles.

Produits d'entretien écologiques

Nettoyer les fenêtres :
vaporiser du vinaigre sur les fenêtres et essuyer avec du papier journal.

Assouplir la lessive :
ajouter une cuillérée à soupe de bicarbonate de soude à l'eau du rinçage.

Éliminer les mauvaises odeurs dans la maison :
ajouter un bâton de cannelle ou de la cannelle en poudre dans une casserole d'eau bouillante.
Laisser bouillir quelques minutes.

Épousseter :
faire tremper le torchon dans de l'eau additionnée de quelques gouttes de glycérine.
Faire sécher complètement le torchon à l'air libre avant de l'utiliser.

Épousseter les abat-jour :
utiliser un séchoir à cheveux pour déloger la poussière. Il est préférable de le faire à
l'extérieur afin d'éviter que la poussière se répande dans la maison.

Détacher les vêtements :
rincer la tache avec de la boisson gazeuse incolore sans sucre. Ce produit est efficace sur
la plupart des taches fraîches.

Nettoyer la baignoire :
saupoudrer généreusement la baignoire de bicarbonate de soude,
puis frotter avec une éponge humide. Rincer et essuyer avec
un torchon.

Éliminer les mauvaises herbes entre les dalles :
saupoudrer du bicarbonate de soude entre les pierres ou les dalles
du chemin.

Neutraliser les odeurs de litière du chat :
verser du bicarbonate de soude dans le fond du bac de la litière du chat avant d'ajouter
la matière absorbante utilisée habituellement.

Augmenter l'efficacité de la laveuse :
mettre 10 balles de golf dans la cuve de la laveuse. Faire la lessive comme d'habitude.

Purifier l'air : mélanger dans l'ordre :
15 ml (1 c. à soupe) de bicarbonate de soude, 500 ml (2 tasses) d'eau chaude
et 15 ml (1 c. à soupe) de jus de citron. Verser dans un vaporisateur.
Agiter le mélange avant chaque utilisation.

Nettoyer le micro-ondes :
faire chauffer pendant 2 minutes 250 ml (1 tasse) d'eau chaude
additionnée de 15 ml (1 c. à soupe) de jus de citron. Essuyer.

Je joue avec le sel

L'eau salée bout-elle plus rapidement que l'eau non salée ?

Note ici ton hypothèse : _____

Attention, cette activité doit absolument se faire sous la supervision d'un adulte.

Matériel

- Tasse à mesurer
- 45 ml de sel
- 2 chaudrons identiques

1. Verse 250 ml d'eau dans chacun des chaudrons. Ajoute 45 ml de sel dans un des chaudrons.

2. Fais chauffer l'eau sur un feu vif. Vérifie dans quel chaudron l'eau arrive à ébullition en premier.

Note ici le résultat de ton expérience : _____

L'eau salée gèle-t-elle plus rapidement que l'eau non salée ?

Note ici ton hypothèse : _____

Matériel

- Tasse à mesurer
- 45 ml de sel
- 2 plats de plastique

1. Verse 250 ml d'eau dans chacun des plats. Ajoute 45 ml de sel dans un des plats et mélange bien.

2. Mets les deux contenants dans le congélateur. Vérifie toutes les 30 minutes.

Note ici le résultat de ton expérience : _____

L'œuf qui flotte

Matériel

- Grand bol
- 250 ml d'eau
- 50 ml de sel
- Œuf

1. Dans le grand bol, mets les 250 ml d'eau. Mets l'œuf dans l'eau.

Note ici le résultat de ton expérience :

_____

2. Ajoute 50 ml de sel à l'eau. Mélange bien. Mets l'œuf dans l'eau salée.

Note ici le résultat de ton expérience :

_____

Les sens

Un jeu odorant

Mets dans de petits contenants de plastique des épices et des fines herbes. Numérote chacun des contenants. Sur une feuille, inscris ce que renferme chaque pot.

Demande à tes amis ou à des membres de ta famille de sentir le contenu de chaque pot à tour de rôle. Ils doivent inscrire sur une feuille ce qu'ils sentent.

Lorsque tous les contenants ont circulé parmi les participants, donne les réponses. Le gagnant est celui qui a identifié le plus d'odeurs.

Qu'est-ce que ça goûte ?

Prépare en petite quantité une série d'aliments qui ont bon goût. Demande à un membre de ta famille ou à un ami de fermer les yeux et d'identifier les aliments qu'il vient de goûter.

Tu peux refaire le même jeu, mais en demandant cette fois d'identifier les aliments en les sentant.

L'oreille

Replace les noms des différentes parties de l'oreille. Tu peux te servir d'un dictionnaire ou d'Internet.

cochlée   conduit auditif   enclume   étrier
marteau   pavillon   trompe d'Eustache   tympan

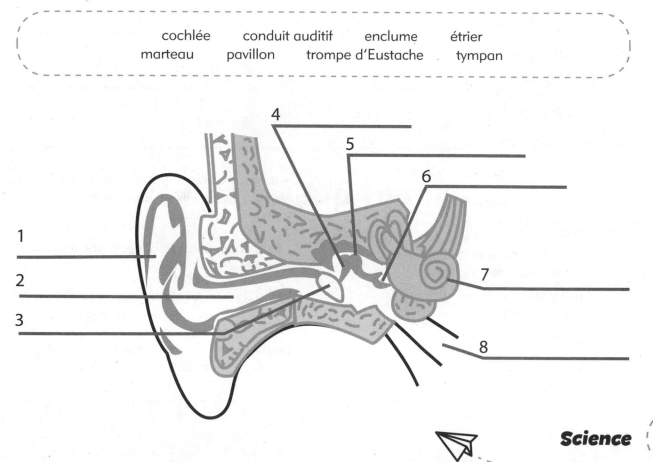

La lumière

Matériel

- Verre transparent
- Eau
- Lampe de poche
- Feuille blanche

1. Remplis le verre d'eau. Mets la feuille devant le verre. Allume la lampe de poche et éclaire le verre du côté opposé à la feuille.

2. Note tes observations :

_____

_____

Deux expériences sur la couleur

Matériel

- Verre ayant des côtés droits
- Eau
- 15 ml de lait
- Lampe de poche

1. Remplis le verre avec de l'eau jusqu'aux trois quarts. Ajoute 15 ml de lait.

2. Dans une pièce sombre, éclaire le verre par-dessous.

Note tes observations : _____

Éclaire maintenant un des côtés du verre.

Note tes observations : _____

Éclaire maintenant le dessus du verre.

Note tes observations : _____

Matériel

- Carton blanc
- Crayons de couleur : violet, jaune, orange, bleu, rouge, vert
- Crayon de plomb avec gomme à effacer à l'extrémité
- Lampe de poche

1. Dessine un cercle d'environ 10 cm sur le carton blanc. Divise le cercle en six pointes égales.

2. Colorie chacune des pointes d'une couleur différente.

3. Perce un trou en plein centre du cercle et enfonce-le dans la gomme à effacer.

4. Fais tourner le cercle le plus rapidement possible. Essaie dans les deux sens.

Note tes observations : _____

Recyclage et compostage

Recycler est un geste essentiel pour la survie de notre planète. Est-ce que vous recyclez à la maison ? À l'école ? Toutefois, recycler n'est pas tout : il faut également réduire notre consommation. Voici quelques trucs qui t'aideront.

La boîte à lunch

Au lieu de mettre ton sandwich dans une pellicule plastique, mets-le dans un contenant en plastique lavable et réutilisable.

Achète de gros contenants de jus que tu verseras dans un contenant de plastique lavable et réutilisable. Fais la même chose avec le yogourt.

N'utilise pas d'ustensiles jetables en plastique. Prends plutôt ceux en métal que tu as à la maison et assure-toi de ne pas les perdre.

Compostage

Composter les déchets de cuisine et les résidus du jardin réduit considérablement les déchets envoyés dans les sites d'enfouissement.

Coche **oui** si les matières sont compostables et coche **non** si elles ne peuvent être compostées.

	oui	non
a) Pelures de fruits et de légumes		
b) Coquilles d'œufs		
c) Marc de café, filtre inclus		
d) Restes de viande		
e) Sachets de thé		
f) Huile		
g) Rognures de gazon		
h) Produits laitiers		
i) Foin		
j) Cheveux et poils d'animaux		

	oui	non
k) Fleurs fanées		
l) Mouchoirs et essuie-tout		
m) Excréments d'animaux		
n) Fonds des pots de fleurs		
o) Branches coupées en petits morceaux		
p) Métaux		
q) Écales de noix ou d'arachides		
r) Plantes malades		
s) Restes de poisson		
t) Mauvaises herbes		

L'encre sympathique

L'encre invisible, ou sympathique, te permettra d'écrire des messages secrets à tes amis.

Trempe un cure-dent dans du lait. Écris ton message sur une feuille. Pour en découvrir le contenu, chauffe la feuille avec une chandelle.

Attention, demande l'aide d'un adulte et assure-toi de ne pas brûler la feuille.

Pour écrire en **brun**, utilise du jus de citron.   Pour écrire en **noir**, utilise du jus d'oignon.

Pour écrire en **vert**, utilise du jus de cerise.   Pour écrire en **rouge** pâle, utilise du vinaigre.

1. Pour écrire sur du papier foncé, mélange 60 ml (4 c. à soupe) d'eau avec 20 ml (4 c. à thé) de sel et remue. Écris le message avec le mélange, en remuant souvent. Fais sécher avec un sèche-cheveux. En séchant, le message apparaîtra en blanc sur le papier foncé.

2. Tu peux aussi faire apparaître un message secret en suivant ces étapes : écris le message avec le jus de citron sur la feuille de papier et laisse sécher. Prépare un thé très foncé en le laissant infuser longtemps. Verse le thé dans un plat rectangulaire assez grand pour contenir ta feuille. Place ta feuille dans le thé et le message apparaîtra après quelques minutes.

3. Maintenant, invente un code secret pour rendre ton message plus difficile à décoder. Tu peux remplacer les lettres de l'alphabet par un chiffre. Par exemple, *a* devient 1, *b* devient 2, et ainsi de suite. Tu peux également remplacer les lettres par des symboles, etc.

4. Écris ici la clé de décodage de ton code secret.

_____

_____

_____

_____

_____

_____

_____

_____

Un message sur des feuilles

1. Reproduis les lettres nécessaires à l'écriture de ton message sur du carton à l'aide du modèle fourni et découpe-les. Tu pourrais, par exemple, écrire : Bonne fête, papa.

2. Choisis des feuilles d'un arbre assez grand pour placer tes lettres dessus. Chaque lettre ne devrait couvrir que partiellement la feuille.

3. Découpe les lettres et fixe-les sur les feuilles d'un arbre à l'aide de trombones. Fais bien attention de ne pas arracher les feuilles de l'arbre.

4. Au bout d'une semaine, arrache les feuilles de l'arbre et enlève les lettres de carton. Tu verras qu'étant donné qu'une partie de la feuille a été privée de lumière et que la photosynthèse n'a pas pu se faire, la silhouette des lettres sera apparente. Colle les feuilles de l'arbre sur une feuille de papier de manière à reconstituer ton message.

A B C D E F
G H I J K
L M N O P Q
R S T U V
W X Y Z

De quelle couleur est le jus du chou ?

La couleur du jus du chou variera du rouge au bleu selon ce que tu y ajoutes. Un ingrédient acide le fera devenir bleu et un ingrédient alcalin le fera devenir rouge.

Matériel

- Chou rouge
- Râpe
- 2 bols

- Passoire
- Verres transparents
- Bicarbonate de soude, jus de citron, vinaigre, cola, etc.

1. Râpe le chou rouge et mets-le dans un bol. Couvre le chou d'eau froide et laisse reposer pendant une heure. Sépare le chou de l'eau en versant le tout dans une passoire placée au-dessus du second bol. Jette le chou.

2. Divise le liquide obtenu dans plusieurs verres transparents.

3. Verse 5 ml de bicarbonate de soude dans un des verres.

   De quelle couleur est le jus ? _____

   As-tu ajouté un ingrédient acide ou alcalin ? _____

4. Verse 5 ml de jus de citron dans un des verres.

   De quelle couleur est le jus ? _____

   As-tu ajouté un ingrédient acide ou alcalin ? _____

5. Verse 5 ml de cola dans un des verres.

   De quelle couleur est le jus ? _____

   As-tu ajouté un ingrédient acide ou alcalin ? _____

6. Reprends les verres et tente de rechanger la couleur. Si tu as ajouté un ingrédient acide la première fois, ajoute un ingrédient alcalin et note tes résultats.

   _____

   _____

7. Essaie avec d'autres liquides (lait, jus, rince-bouche, etc.) et note tes résultats.

   _____

   _____

Un petit pot de beurre

Matériel

- Crème 35 %
- Pot muni d'un couvercle

1. Remplis le pot jusqu'à la moitié avec de la crème. Ferme bien le couvercle.

2. Agite vigoureusement le pot pendant une dizaine de minutes, jusqu'à ce que le liquide se solidifie. La crème s'est divisée en deux parties : la partie liquide est ce qu'on appelle du lait de beurre et la partie solide est le beurre.

3. Tu peux ajouter une pincée de sel au beurre ou le déguster tel quel.

Crème glacée maison

Matériel

- 125 ml de lait
- 45 ml de sucre
- Petit sac de type Ziploc
- 125 ml de sel
- Colorant alimentaire
- Extrait de vanille
- Grand sac de type Ziploc
- 2 tasses de glaçons

1. Mets le lait dans le petit sac et ajoute le sucre, quelques gouttes de colorant alimentaire et quelques gouttes de vanille. Referme hermétiquement le sac.

2. Mets dans le grand sac les deux tasses de glaçons et le sel.

3. Insère le petit sac dans le grand et referme le grand correctement.

4. Agite les sacs pendant environ cinq minutes. Tu peux mettre des gants ou couvrir le sac d'un linge propre pour éviter de te geler les mains.

5. Pour avoir une crème glacée au chocolat, remplace la vanille par du sirop au chocolat. Et voilà, il ne te reste qu'à y goûter !

Le système solaire

Trouve des renseignements sur les planètes qui forment le système solaire. Tu peux, par exemple, donner leur diamètre, leur distance par rapport à la Terre, depuis combien de temps elles sont formées, leur température, etc.

Mercure : _____

_____

_____

Vénus : _____

_____

_____

Terre : _____

_____

_____

Mars : _____

_____

_____

Jupiter : _____

_____

_____

Saturne : _____

_____

Uranus : _____

_____

_____

Neptune : _____

_____

_____

Tourbillon dans une bouteille

Matériel

- Eau
- Ruban à masquer
- Colorant alimentaire
- Brillants
- 2 bouteilles de 2 l de boisson gazeuse vides

1. Verse de l'eau environ aux trois quarts d'une des deux bouteilles.

2. Ajoute quelques gouttes de colorant alimentaire.

3. Ajoute une petite poignée de brillants.

4. Place la bouteille vide sur la première, goulot contre goulot.

5. Fixe bien les deux bouteilles avec le ruban à masquer.

6. Maintenant, retourne les bouteilles en leur donnant un mouvement de rotation.

Note tes observations : _____

Illusion d'optique

Fixe les cercles pendant 30 secondes en faisant bouger le cahier. Arrête le mouvement de la feuille et dis ce que tu vois.

Les empreintes digitales

Matériel

Tampon encreur

Demande à tes amis d'appuyer leur pouce sur le tampon encreur et de l'apposer ensuite sur une des cases vides ci-dessous. Écris le nom de la personne à l'endroit prévu à cet effet. Observe bien toutes les empreintes.

Que remarques-tu ?

_____

_____

Nom :	Nom :	Nom :

Nom :	Nom :	Nom :

Nom :	Nom :	Nom :

Nom :	Nom :	Nom :

Nom :	Nom :	Nom :

Univers social

La société iroquoienne vers 1500

1. **Les premiers habitants de l'Amérique du Nord sont arrivés sur ce continent il y a de cela environ 12 000 ans. Surligne en bleu la flèche qui correspond au trajet qu'ils ont emprunté pour accéder à ce nouveau territoire.**

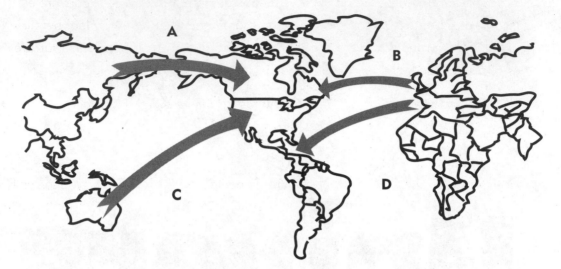

2. **Encercle la lettre qui correspond à la principale raison qui a poussé les premiers habitants de l'Amérique du Nord à venir s'y établir.**

   a) Ils fuyaient la famine causée par une grande sécheresse sur leur territoire d'origine.

   b) Ils souhaitaient étendre les frontières de leur territoire et dominer le monde.

   c) Ils étaient en quête de ressources pour intensifier le commerce entre les colonies.

   d) Ils étaient chasseurs et suivaient les hordes de gros gibiers dans leurs déplacements.

3. **Encercle la lettre qui correspond aux noms des nations iroquoiennes.**

   a) Les Abénaquis, les Cris, les Malécites et les Népissingues

   b) Les Attikameks, les Ojibwés et les Micmacs

   c) Les Andastes, les Ériés, les Hurons et les Pétuns

   d) Les Béothuks, les Delawares, les Montagnais et les Outaouais

4. **Encercle uniquement les aliments dont se nourrissaient les Iroquoiens au début du XVIᵉ siècle.**

Béluga   Blé   Courge   Maïs   Phoque   Poisson   Poulet   Tournesol

La société iroquoienne vers 1500

5. **Encercle la lettre qui correspond à la description appropriée du mode de vie des Iroquoiens au début du XVIᵉ siècle.**

a) Chasseurs et nomades, ils se déplaçaient constamment pour traquer leurs proies.

b) Éleveurs et sédentaires, ils demeuraient au même endroit pour élever leur bétail.

c) Trappeurs et nomades, ils se déplaçaient constamment pour vendre leurs fourrures.

d) Agriculteurs et sédentaires, ils demeuraient au même endroit pour cultiver le sol.

6. **Encercle la principale habitation des Iroquoiens au début du XVIᵉ siècle.**

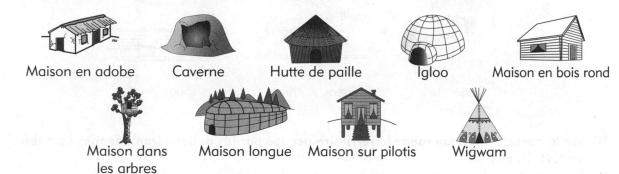

Maison en adobe   Caverne   Hutte de paille   Igloo   Maison en bois rond

Maison dans les arbres   Maison longue   Maison sur pilotis   Wigwam

7. **Coche les cases associées aux activités auxquelles les femmes iroquoiennes s'adonnaient au début du XVIᵉ siècle.**

❑ Abattre les arbres pour bâtir les habitations.

❑ Chasser le gros gibier comme le cerf et l'ours.

❑ Confectionner les vêtements et les bijoux.

❑ Cueillir les fruits et les plantes sauvages.

❑ Fabriquer des canots d'écorce.

❑ Fabriquer des lances, des arcs et des flèches.

❑ Nommer et conseiller le chef du village.

❑ Ramasser le bois de chauffage.

❑ Semer et cultiver les graminées.

❑ Transporter et dépecer le gibier.

8. **Encercle la lettre qui correspond le mieux aux réalités politiques dans un village iroquoien du début du XVIᵉ siècle.**

a) Chaque village était dirigé par un conseil composé des anciens.

b) Chaque village était dirigé par deux chefs qui étaient des hommes.

c) Chaque village était dirigé par un chaman (prêtre et guérisseur).

d) Chaque village était dirigé par deux chefs qui étaient des femmes.

La société iroquoienne vers 1500

9. Encercle les moyens de transport utilisés par les Iroquoiens au début du XVIᵉ siècle.

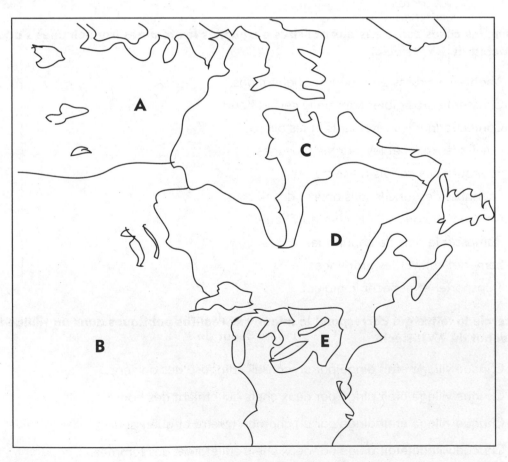

Cheval Canot d'écorce Kayak ou umiaq Marche

Raquettes Traîneau à chiens Toboggan

10. Sur la carte, colorie en rouge le territoire occupé par les nations iroquoiennes au début du XVIᵉ siècle.

La société iroquoienne vers 1500

11. Encercle la lettre qui correspond le mieux à la description du type de végétation qui couvrait le territoire occupé par les Iroquoiens au début du XVIᵉ siècle.

   a) Le territoire était surtout couvert par la forêt mixte composée de feuillus et de conifères.

   b) Le territoire était surtout couvert par la forêt boréale composée de grands conifères.

   c) Le territoire était surtout couvert par la forêt subarctique composée de petits conifères.

   d) Le territoire était surtout couvert par la toundra composée de mousses et de lichens.

12. Sur la carte, colorie en vert le Bouclier canadien, en rouge les basses-terres du Saint-Laurent et des Grands Lacs, en orange les basses-terres de l'Hudson et en jaune les Appalaches.

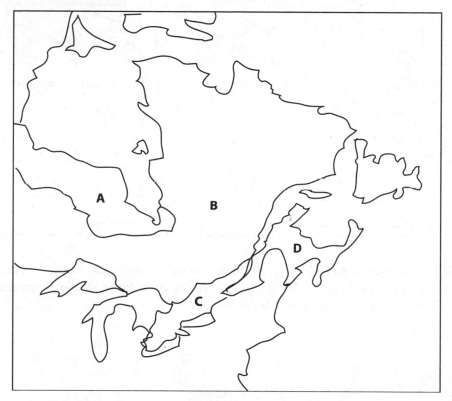

13. Encercle la lettre qui correspond le mieux à la description du type de climat associé au territoire occupé par les Iroquoiens au début du XVIᵉ siècle.

   a) Climat de montagne avec des étés chauds et des hivers doux.

   b) Climat continental sec avec des étés chauds et secs et des hivers froids.

   c) Climat continental humide avec des étés chauds et humides et des hivers froids.

   d) Climat subarctique avec des étés courts et frais et des hivers longs et rigoureux.

La société iroquoienne vers 1500

14. Sur la carte, écris au bon endroit le nom de chaque étendue et cours d'eau (lac Érié, lac Huron, lac Ontario, rivière des Outaouais et fleuve Saint-Laurent) sur le territoire occupé par les Iroquoiens au début du XVIᵉ siècle.

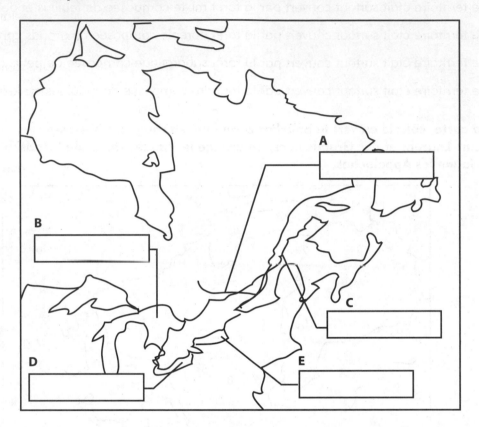

15. Encercle les éléments de la flore et de la faune qui constituaient les principales ressources des Iroquoiens au début du XVIᵉ siècle pour leurs armes, leur artisanat, leur habillement, leur logement et leurs loisirs.

Baleine   Bison   Castor   Coton   Orignal

Ours polaire   Perdrix   Porc-épic   Sève d'érable   Tabac

La société iroquoienne vers 1500

16. Relie par un trait chacun des toponymes iroquoiens à sa signification.

a) Adirondack •   • Là où la rivière se rétrécit

b) Akwesasne •   • Eau étincelante

c) Canada •   • Les mangeurs d'arbres

d) Hochelaga •   • Près des rapides

e) Kanesatake •   • Endroit de rencontre

f) Kahnawake •   • Village ou colonie

g) Ontario •   • Là où vrombit la perdrix

h) Québec •   • Au bas de la côte

i) Toronto •   • Digue des castors

17. De nos jours, des archéologues fouillent les sites d'anciens villages iroquoiens, comme celui de Droulers-Tsiionhiakwatha, près de la frontière canado-américaine, et y découvrent de nombreux artefacts datant du début du XVI⁰ siècle. Encercle uniquement les objets pouvant constituer des artefacts iroquoiens.

Pointe de flèche   Vase en terre cuite   Boulet de canon   Clous en fer   Hache de guerre

Mortier en pierre   Mousquet   Porte-bébé en bois   Pièce de monnaie   Pipe ou calumet

18. Encercle le personnage qui représente le mieux un membre d'une nation iroquoienne du début du XVI⁰ siècle.

a)    b)    c)    d)

La société iroquoienne et la société algonquienne vers 1500

1. Au début du XVIe siècle, les Iroquoiens étaient *sédentaires* et les Algonquiens étaient *nomades*. Donne les caractéristiques de chaque mode de vie.

Les Iroquoiens

On les dit sédentaires parce que…

_____

_____

_____

Les Algonquiens

On les dit nomades parce que…

_____

_____

_____

2. Sur la carte, colorie en mauve le territoire occupé par les nations algonquiennes au début du XVIe siècle.

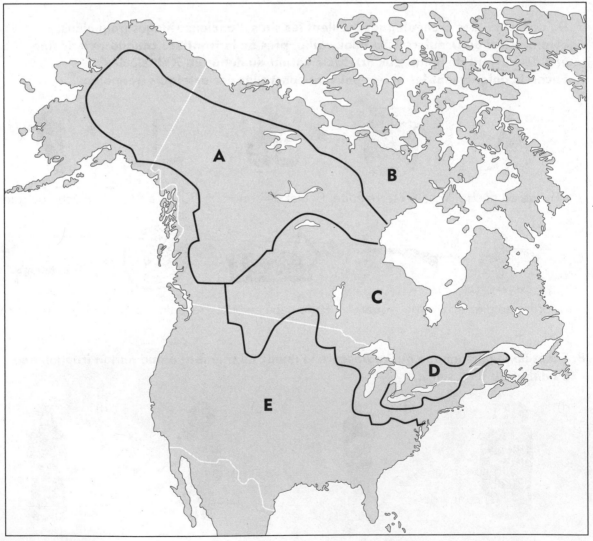

La société iroquoienne et la société algonquienne vers 1500

3. Observe les scènes qui représentent des activités économiques auxquelles les Amérindiens s'adonnaient au début du XVIe siècle. Nomme chaque activité, puis indique pour chacune si elle correspond au mode de vie des Iroquoiens, des Algonquiens, des deux ou de ni l'un ni l'autre.

a)

Activité économique : _____

Groupe(s) concerné(s) : _____

_____

b)

Activité économique : _____

Groupe(s) concerné(s) : _____

_____

c)

Activité économique : _____

Groupe(s) concerné(s) : _____

_____

d)

Activité économique : _____

Groupe(s) concerné(s) : _____

_____

e)

Activité économique : _____

Groupe(s) concerné(s) : _____

_____

f)

Activité économique : _____

Groupe(s) concerné(s) : _____

_____

La société iroquoienne et la société algonquienne vers 1500

4. **Les Iroquoiens et les Algonquiens du début du XVIe siècle utilisaient sensiblement les mêmes matériaux pour confectionner leurs vêtements, mais ceux-ci différaient tout de même. Complète les descriptions à l'aide des indices fournis. Illustre ensuite l'habillement de chacun des peuples en te fiant à sa description.**

L'habillement des Amérindiens variait au rythme des saisons pour pallier les changements draconiens de température.

Pendant l'été, les chasseurs iroquoiens portaient un a) **B** _ _ _ _ **T** muni de pans de peaux d'animaux devant et derrière ainsi que des souliers fabriqués en feuilles de b) _ _ **A** _ _ tressées, mais ils demeuraient d'ordinaire c) **T** _ _ **S** _ nu. Ils se paraient souvent de d) _ _ **J** _ _ **X** décorés avec des épines de e) _ **O** _ _ _- _ _ **I** _ et des f) **C** _ _ _ _ **I** _ _ **A** _ _ _. Pendant l'hiver, ils portaient des g) **J** _ _ **B** _ **È** _ _ **S** en peaux d'animaux sur lesquelles étaient cousues des h) **F** _ _ **N** _ _ _ du côté extérieur pour empêcher la glace de s'y former.

Pendant la belle saison, les chasseurs algonquiens portaient un i) _ **A** _ _ **E** ou une j) **T** _ _ _ **Q** _ _ qui étaient faits de peaux de cervidés (orignal, chevreuil ou caribou), mais ils restaient la plupart du temps k) _ **I** _ **D** _ nus. Pendant l'hiver, ils enfilaient des l) **M** _ _ _ **S** _ _ _ **S** et s'emmitouflaient ensuite dans une m) _ _ **P** _ en fourrure de lièvre, en plus de revêtir un n) **B** _ _ _ **E** _ sur la tête, des o) **M** _ _ **A** _ _ **E** _ aux jambes et des p) _ _ **T** _ _ **N** _ _ en fourrure de castor ou de rat musqué aux mains.

Les chasseurs iroquoiens

Période estivale   Période hivernale

Les chasseurs algonquiens

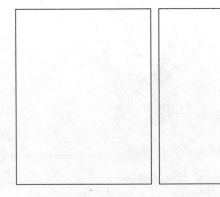

Période estivale   Période hivernale

La société iroquoienne et la société algonquienne vers 1500

5. **Qui suis-je ? À partir des indices, trouve le nom de chaque aliment dont se nourrissaient les Algonquiens au début du XVIᵉ siècle.**

a) Je suis un oiseau au cou noir et à la gorge blanche.
_ _ _ _ **A** _ _ _ _

b) Je suis un petit fruit rouge aussi appelé atoca.
_ _ **N** _ _ _ _ **E** _ _ _

c) Je suis un poisson très allongé et à la peau visqueuse.
_ _ _ _ _ _ **L** _ _

d) Je suis une partie de la plante qui se trouve sous le sol.
_ _ **C** _ _ _ _

e) Je suis un petit fruit noir qui ressemble à la framboise.
_ _ _ _ **E** _ _

f) Je suis un mammifère rongeur à grandes oreilles.
_ _ _ _ _ **R** _

g) Je suis un fruit à écorce qui contient une amande.
_ **O** _ _

h) Je suis un mammifère cervidé qui a le ventre blanc.
_ _ **E** _ _ **E** _ _ _ _

i) Je suis un poisson souvent tacheté.
_ _ **U** _ _ _

j) Je suis un petit fruit sauvage bleu ou noirâtre.
_ _ **E** _ _ _ _

k) Je suis un mammifère omnivore et au corps massif.
_ _ _ _ _ _ **O** _ _ _

l) Je suis une graminée qui pousse dans l'eau.
_ **I** _ _ _ **A** _ _ **A** _ **E**

6. **À partir des indices, découvre des éléments de coutumes des Algonquiens au début du XVIᵉ siècle tout en remplissant la grille de mots entrecroisés.**

1. Action de transporter par terre son canot pour éviter des rapides ou des chutes.

2. Grand esprit surnaturel qui guide les chasseurs et qui se manifeste dans les rêves.

3. Rite de purification spirituelle et physique qui est pratiqué dans une tente.

4. Corde ou ceinture en soie de porc-épic et utilisée comme objet rituel ou religieux.

5. Petit objet servant à se protéger contre la maladie, les esprits ou les dangers.

6. Sport d'équipe pratiqué à l'aide d'une balle et d'un bâton muni d'un filet.

7. Guérisseur et guide spirituel qui utilise des plantes sauvages.

8. Qualificatif s'appliquant à l'organisation d'une société basée sur le pouvoir des mâles.

9. Longue pipe qui est fumée lors des grands rassemblements.

10. Soulier à semelle souple et fait de peau tannée.

La société iroquoienne et la société algonquienne vers 1500

7. Encercle la lettre qui correspond le mieux aux réalités politiques de la nation algonquienne du début du XVIᵉ siècle.

   a) Chaque bande algonquienne était dirigée par le Conseil des Anciens.

   b) Chaque bande algonquienne était dirigée par un chef de guerre et un chef civil.

   c) Les Algonquiens étaient dirigés par un conseil de la Nation et des chefs de bandes.

   d) Les Algonquiens étaient dirigés par la femme la plus âgée de chaque bande.

8. Décris le rôle des personnages amérindiens du début du XVIᵉ siècle en énumérant quatre responsabilités de chacun.

Homme iroquoien

-
-
-
-

Femme iroquoienne

-
-
-
-

Homme algonquien

-
-
-
-

Femme algonquienne

-
-
-
-

La société iroquoienne et la société inca vers 1500

1. Sur la carte de l'Amérique au début du XVIᵉ siècle, colorie en vert le territoire occupé par les Iroquoiens ainsi que les images représentant les éléments du relief, du climat, de la faune et de la flore qui y sont associés. Colorie ensuite en rouge le territoire occupé par les Incas ainsi que les images représentant les éléments du relief, du climat, de la faune et de la flore qui y sont associés.

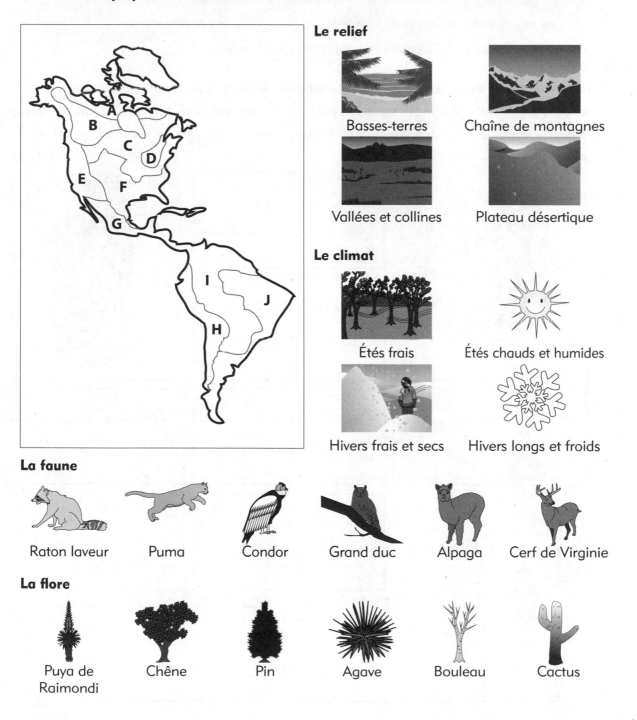

Le relief

Basses-terres   Chaîne de montagnes

Vallées et collines   Plateau désertique

Le climat

Étés frais   Étés chauds et humides

Hivers frais et secs   Hivers longs et froids

La faune

Raton laveur   Puma   Condor   Grand duc   Alpaga   Cerf de Virginie

La flore

Puya de Raimondi   Chêne   Pin   Agave   Bouleau   Cactus

La société iroquoienne et la société inca vers 1500

2. Encercle la lettre qui correspond le mieux aux caractéristiques de la population inca du début du XVIe siècle.

a) Les Incas sont nomades : ils se déplacent pour suivre le gibier.

b) Les Incas sont 10 fois moins nombreux que les Iroquoiens.

c) Les Incas sont installés sur les plateaux et les vallées des Andes.

d) Les Incas sont installés dans les montagnes Rocheuses.

3. La société inca du début du XVIe siècle est très hiérarchisée. Remplis l'organigramme ci-dessous à partir des mots suivants, puis décris sommairement le rôle de chaque groupe social : *camayocs*, *curacas*, *gouverneurs apus*, *membres du conseil impérial*, *paysans*, *prêtres*, *Sapa Inca* et *soldats*.

Titre :_____
Rôle :_____

Titre :_____
Rôle :_____

Titre :_____
Rôle :_____

Titre :_____
Rôle :_____

Titre :_____
Rôle :_____

Titre :_____
Rôle :_____

Titre :_____
Rôle :_____

Titre :_____
Rôle :_____

La société iroquoienne et la société inca vers 1500

4. Pour chaque activité économique dans la société inca du début du XVIᵉ siècle, indique si elle était principalement exercée par l'homme (H) ou la femme (F).

a) Acheminer des messages d'un village à l'autre. _____

b) Construire et réparer les routes. _____

c) Cultiver les terres pour faire pousser le maïs. _____

d) Éduquer les enfants et s'occuper des vieillards. _____

e) Effectuer les travaux domestiques. _____

f) Faire l'élevage des alpagas et des lamas. _____

g) Filer la laine et tisser des vêtements. _____

h) Pêcher le poisson. _____

i) Servir comme soldat au sein de l'armée. _____

j) Transporter les provisions des soldats en temps de guerre. _____

5. Encercle uniquement les aliments dont se nourrissaient les Incas au début du XVIᵉ siècle.

Bœuf   Piment   Orignal   Poisson   Maïs   Haricots

Blé   Cochon d'Inde   Avocat   Pomme de terre   Courge   Ours

6. Encercle la scène qui correspond le mieux au type de bâtiments des Incas au début du XVIᵉ siècle.

A 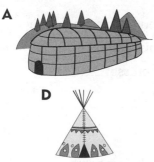   **B** 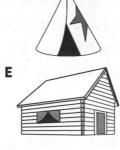   **C**

D   **E**    **F**

La société iroquoienne et la société inca vers 1500

7. Au début du XVIe siècle, les Incas étaient plus avancés scientifiquement et technologiquement que les Iroquoiens et leur religion était fondée sur les éléments de la nature (ils vouaient un culte aux étoiles, au tonnerre, à la terre et à la mer). Découvre quelques éléments liés aux réalisations et aux croyances des Incas en remplissant la grille de mots entrecroisés.

1. Sœur et première épouse du Sapa Inca qui dirige l'empire en son absence.

2. Langue parlée par les membres de la société inca.

3. Groupe familial dirigé par un chef sur un territoire défini.

4. Plante à tige droite utilisée pour construire des ponts suspendus.

5. Cadavre desséché et embaumé qui était vénéré.

6. Pratique adoptée par les Incas pour insensibiliser le corps lors d'une opération.

7. Offrande faite à une divinité pour apaiser sa colère ou obtenir sa grâce.

8. Animal ruminant au pelage laineux voisin du lama et de l'alpaga.

9. Poncho de laine d'alpaga porté par les paysans incas.

10. Brique de terre cuite utilisée par les Incas pour construire leurs maisons.

11. Paille utilisée par les Incas pour recouvrir le toit de leurs maisons.

12. Conduits utilisés pour irriguer les champs en temps de sécheresse.

13. Nom du Dieu-Soleil duquel descend directement le Sapa Inca.

14. Capitale de l'Empire inca.

15. Alcool très fort préparé par les femmes incas.

16. Système de division du temps des Incas selon les phases de la Lune.

La société française en Nouvelle-France vers 1645

1. **Place sur la ligne du temps la lettre associée à chaque événement qui a marqué les débuts de la Nouvelle-France au cours du XVIIᵉ siècle.**

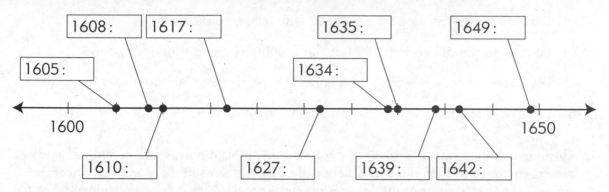

A. Début des guerres iroquoises qui décimeront presque tous les Hurons.

B. Étienne Brûlé se rend jusqu'aux lacs Ontario, Huron et Supérieur.

C. La Compagnie des Cent-Associés distribue des terres à des seigneurs.

D. Les Jésuites fondent le Collège de Québec.

E. Louis Hébert devient le premier véritable colon français à défricher une terre.

F. Marie de l'Incarnation fonde la première école pour filles à Québec.

G. Samuel de Champlain fonde la ville de Port-Royal.

H. Nicolas Goupil de Laviolette fonde la ville de Trois-Rivières.

I. Paul de Chomedey de Maisonneuve fonde la ville de Ville-Marie, qui deviendra Montréal.

J. Samuel de Champlain fonde la ville de Québec.

2. **Sur la carte, colorie en bleu le territoire occupé par les Français au milieu du XVIIᵉ siècle.**

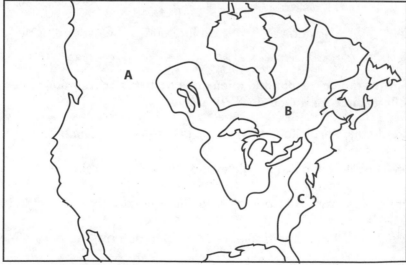

La société française en Nouvelle-France vers 1645

3. **Encercle la lettre qui correspond le mieux aux caractéristiques de la population de la colonie de la Nouvelle-France au milieu du XVIIe siècle.**

a) Les colons français sont, pour la plupart, de religion protestante.

b) La colonie compte environ 900 habitants, dont la plupart sont des hommes.

c) Les colons français deviennent les ennemis jurés des Montagnais et des Hurons.

d) La colonie compte environ 2 000 habitants, dont la plupart sont des femmes.

4. **Plusieurs colons français étaient des agriculteurs, mais d'autres exerçaient des métiers divers, surtout dans les villes de Québec, de Trois-Rivières et de Montréal. Encercle les personnages représentant des métiers qu'exerçaient les colons en Nouvelle-France au milieu du XVIIe siècle.**

Militaire   Religieux   Amuseur public   Coureur des bois   Mineur

Pompier   Navigateur   Explorateur   Ouvrier d'usine   Banquier

5. **Encercle la lettre qui correspond le mieux aux activités économiques des premiers colons de la Nouvelle-France au milieu du XVIIe siècle.**

a) La culture du blé, l'exploitation forestière, la chasse, la pêche et la traite des fourrures

b) La culture du coton et du tabac, l'élevage, l'exploitation minière et la fonderie

c) La culture de légumes, l'élevage de bétail, la traite des fourrures et la fonderie

d) La culture du blé, l'industrie textile, le commerce du bois, la sidérurgie et les finances

La société française en Nouvelle-France vers 1645

6. **Encercle la lettre qui correspond le mieux aux réalités politiques de la Nouvelle-France au milieu du XVIIᵉ siècle.**

a) La Nouvelle-France est administrée par un conseil souverain.

b) La Nouvelle-France est administrée par des capitaines de milice.

c) La Nouvelle-France est administrée par un gouverneur et un intendant.

d) La Nouvelle-France est administrée par des compagnies de commerce.

7. **Dans chaque encadré, illustre chacun des éléments du relief et du climat qui correspondent au territoire de la Nouvelle-France au milieu du XVIIᵉ siècle.**

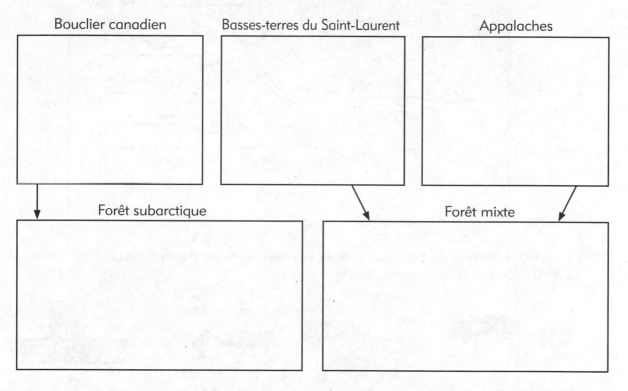

Bouclier canadien

Basses-terres du Saint-Laurent

Appalaches

Forêt subarctique

Forêt mixte

8. **Encercle la lettre qui correspond le mieux aux types de fourrures que les coureurs des bois échangeaient aux Amérindiens contre des armes et des outils en Nouvelle-France au milieu du XVIIᵉ siècle.**

a) Castor, martre, loutre, lynx, renard et vison

b) Écureuil, marmotte, mouffette, raton laveur et tamia

c) Cerf de Virginie, couguar, coyote, lièvre et orignal

d) Belette, carcajou, loup, musaraigne et porc-épic

La société française en Nouvelle-France vers 1645

9. Sur la carte, écris au bon endroit le nom de chaque étendue ou cours d'eau (lac Michigan, lac Supérieur, rivière Chaudière, rivière Richelieu, rivière Saint-François, rivière Saint-Maurice et rivière Saguenay) du territoire de la Nouvelle-France au milieu du XVII⁰ siècle.

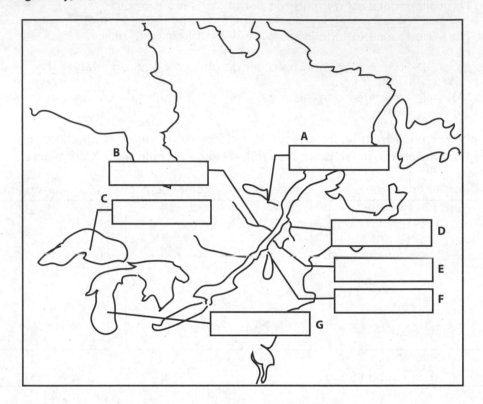

10. Encercle les moyens de transport utilisés par les colons en Nouvelle-France au milieu du XVII⁰ siècle.

Charrette tirée par des bœufs

Canot d'écorce

Carriole tirée par des chevaux

Bateau à vapeur

Traîneau tiré par un cheval

Barque de pêche

Raquettes

Vélocipède

La société française en Nouvelle-France vers 1645

11. **Place les noms d'intervenants au bon endroit dans la chaîne d'exploitation associée au commerce de la fourrure en Nouvelle-France au milieu du XVII\u1d49 siècle.**

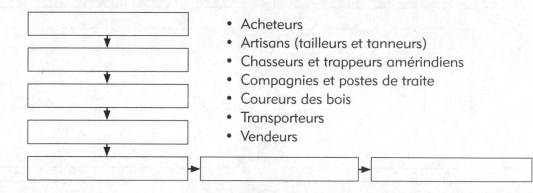

- Acheteurs
- Artisans (tailleurs et tanneurs)
- Chasseurs et trappeurs amérindiens
- Compagnies et postes de traite
- Coureurs des bois
- Transporteurs
- Vendeurs

12. **Associe chaque personnage qui a marqué les débuts de la colonie de la Nouvelle-France au milieu du XVII\u1d49 siècle à sa description en écrivant le bon numéro.**

1. Armand Jean du Plessis de Richelieu
2. Charles Jacques Huault de Montmagny
3. Charles Le Moyne de Longueuil et de Châteauguay
4. Jean de Brébeuf
5. Jean Nicollet
6. Jean-François de La Rocque, sieur de Roberval
7. Jeanne Mance
8. Marguerite Bourgeoys
9. Marie Guyart de l'Incarnation
10. Marie Rollet

a) Fondatrice de la Congrégation de Notre-Dame et institutrice. _____

b) Fondatrice de l'Hôtel-Dieu, premier hôpital de Ville-Marie. _____

c) Premier gouverneur général en titre de la Nouvelle-France. _____

d) Religieuse des Ursulines qui fit bâtir un couvent à Québec. _____

e) Missionnaire jésuite qui mourut martyrisé aux mains des Iroquois. _____

f) Lieutenant-général de la Nouvelle-France en 1541 et explorateur. _____

g) Colon et explorateur qui fut le premier à atteindre le lac Michigan. _____

h) Cardinal français à l'origine du partage des terres en seigneuries. _____

i) Épouse de Louis Hébert, premier colon à planter du blé près de Québec. _____

j) Soldat et seigneur qui défendit la colonie contre les Iroquois. _____

La société française en Nouvelle-France vers 1645

13. Illustre quatre utilisations que les colons faisaient du bois qu'ils coupaient dans les forêts de la Nouvelle-France au milieu du XVIIᵉ siècle.

14. Encercle le personnage dont l'habillement correspond le mieux à celui du colon qui défrichait et cultivait sa terre en Nouvelle-France au milieu du XVIIᵉ siècle.

1   2   3   4   5   6

15. Encercle les objets que les coureurs des bois échangeaient contre des fourrures avec les trappeurs amérindiens au milieu du XVIIᵉ siècle.

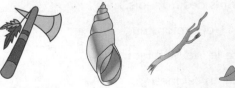   

Hache   Coquillage   Branches   Couverture   Fusil   Alcool   Parfum   Cuiller

La société française en Nouvelle-France vers 1645

16. Encercle uniquement les aliments dont se nourrissaient les colons de la Nouvelle-France au milieu du XVIIe siècle.

Castor   Porc   Cheval   Bœuf   Orignal   Poisson

Pain   Maïs   Cocottes de pin   Navet   Pois   Brocoli

17. Qui suis-je? À partir des indices, trouve chaque mot qui faisait partie du vocabulaire des colons de la Nouvelle-France au milieu du XVIIe siècle.

a) Nom donné au territoire occupé par les Hurons.

_ _ R _ N _ E

b) Maladie des colons due à une carence en vitamine C et caractérisée par la pourriture des gencives.

_ C _ _ _ U _

c) Religieux dont la mission était d'évangéliser les Amérindiens.

_ I _ _ _ O _ _ A _ _ _

d) Nom donné par Samuel de Champlain à l'établissement construit au pied du cap Diamant à Québec.

_ B _ _ A _ _ _ _ _

e) Barrière formée de pieux plantés dans le sol et destinée à protéger les constructions des colons contre les attaques des Iroquois.

_ _ L _ _ _ _ D _

f) Poste de traite pour le commerce de la fourrure établi en 1600 par Pierre de Chauvin, sieur de Tonnetuit, à l'embouchure de la rivière Saguenay.

_ _ D _ _ S _ _ _

g) Société commerciale fondée en 1627 par le cardinal de Richelieu afin de peupler la Nouvelle-France et qui eut le monopole de la traite des fourrures jusqu'en 1645.

_ _ M _ _ G _ _ _ _ DES
_ _ N _ – _ S _ _ _ _ _ É _

h) Tenancier d'une terre qui versait une partie de ses récoltes au seigneur.

_ _ N _ _ _ _ _ _ R _

i) Nom donné aux Amérindiens par les colons de la Nouvelle-France.

_ _ U _ _ _ ES

La société française en Nouvelle-France vers 1645

18. **Encercle la lettre qui correspond le mieux au type d'habitations que les colons construisaient en Nouvelle-France au milieu du XVIIᵉ siècle.**

   a) Les maisons en pierres étaient couvertes d'un toit de chaume contre les intempéries.

   b) Les maisons en bois comportaient une ou deux pièces chauffées par un foyer.

   c) Les maisons en briques de terre cuite résistaient aux forts vents de l'hiver.

   d) Les maisons en peaux d'animaux étaient calquées sur les wigwams algonquiens.

19. **Indique si chacune des affirmations concernant la population de la Nouvelle-France au milieu du XVIIᵉ siècle est vraie (V) ou fausse (F).**

   a) Les colons français étaient presque tous de confession catholique.   _____

   b) Quelques routes reliaient les villes de la colonie.   _____

   c) Des postes de traite furent établis dans la région des Grands Lacs.   _____

   d) Plusieurs religieux devinrent des martyrs aux mains des Iroquois.   _____

   e) Les habitants des colonies britanniques étaient moins nombreux.   _____

   f) Les coureurs des bois étaient des fermiers qui avaient quitté leurs terres.   _____

   g) Les hommes étaient beaucoup plus nombreux que les femmes.   _____

   h) Dans les rares écoles, la plupart des instituteurs étaient des religieux.   _____

   i) Au cours des guerres iroquoises, presque tous les Hurons furent décimés.   _____

   j) Chaque seigneurie avait son manoir, son moulin à farine et son église.   _____

   k) Les colons n'avaient aucun passe-temps et ne s'amusaient jamais.   _____

   l) Les colons imitaient les Amérindiens et récoltaient la sève des érables.   _____

20. **Encercle la lettre qui correspond le mieux aux types d'activités auxquelles les femmes s'adonnaient en Nouvelle-France au milieu du XVIIᵉ siècle.**

   a) Les femmes s'adonnaient à la couture, faisaient cuire le pain, effectuaient les tâches ménagères, fabriquaient du savon et des chandelles et travaillaient aux champs.

   b) Les femmes faisaient le commerce de la fourrure, évangélisaient les Amérindiens, exploraient les territoires inconnus et faisaient l'élevage de bétail.

   c) Les femmes demeuraient à la maison et ne s'occupaient que des tâches ménagères; elles ne se rendaient jamais aux champs, car le travail était trop difficile.

   d) Les femmes apprenaient la lecture et l'écriture à leurs enfants, défrichaient les forêts et confectionnaient des objets d'artisanat qu'elles vendaient en ville.

Test final

Test final
Français

1. Souligne les noms communs en rouge, les noms propres en bleu, les verbes en jaune et les adjectifs en brun.

rue	fleur	sécher	main	chaud	dos
avoir	dormir	mot	arriver	beau	Denis
Marie	pluie	content	jaune	Dorval	maison

2. Souligne les déterminants et relie-les au mot qu'ils accompagnent.

Au clair de la lune, mon ami Pierrot. Prête-moi ta plume pour écrire un mot.
Ma chandelle est morte, je n'ai plus de feu. Ouvre-moi ta porte, pour l'amour de Dieu !

3. Ajoute la lettre majuscule ou minuscule manquante.

a) _____ asseport   b) _____ vion   c) _____ aïti   d) _____ athieu

e) _____ nventer   f) _____ anitoba   g) _____ adio   h) _____ sabelle

4. Souligne les groupes du nom dans les phrases suivantes.

a) Marie et Josée mangent des pommes.

b) Mon chat et mon chien s'aiment beaucoup.

c) Sacha a mangé quatre bonbons.

5. Conjugue les verbes à la personne et au temps demandés.

a) être, 1re pers. sing. à l'indicatif présent : _____

b) aimer, 2e pers. sing. à l'indicatif présent : _____

c) savoir, 3e pers. fém. plur. au subjonctif présent : _____

d) avoir, 1re pers. plur. au passé composé : _____

e) aller, 2e pers. plur. au passé composé : _____

f) écrire, 3e pers. masc. sing. au futur simple : _____

g) danser, 1re pers. sing. à l'imparfait : _____

h) fuir, 2e pers. sing. à l'imparfait : _____

i)   être, 3e pers. fém. plur. à l'imparfait : _____

j)   avoir, 1re pers. plur. à l'impératif présent : _____

k)   aller, 2e pers. plur. au conditionnel présent : _____

6. Trouve un synonyme et un antonyme pour les mots suivants.

a) beau : _____   b) flâner : _____

c) rater : _____   d) tristesse : _____

7. Transforme les phrases positives en phrases négatives.

a) Carla travaille au restaurant. _____

b) Simon veut aller faire du ski. _____

8. Transforme les phrases déclaratives en phrases interrogatives.

a) Robert a réussi un triple saut. _____

b) Myriam aide son père. _____

9. Explique le sens des proverbes suivants.

a) L'habit ne fait pas le moine. _____

b) A beau mentir qui vient de loin. _____

10. Écris le genre des mots suivants.

a) avion : _____   b) école : _____

c) horloge : _____   d) habit : _____

11. Classe les mots suivants dans l'ordre alphabétique.

mot, danser, corde, cartable, tête, vitre, bordure, clavier, piano, tard, bruit, chanson, rêve.

_____

_____

Test final
Français

12. Ajoute le pronom personnel qui complète les phrases.

a) _____ manges de la tarte aux pommes.

b) _____ écoutent la radio dans la voiture.

c) _____ avez réussi tous vos examens.

d) _____ allons au cinéma ce soir entre amis.

13. Souligne les adjectifs dans les phrases suivantes.

a) Sophie a mis une belle robe rouge et bleue.

b) Antoine est un garçon généreux et serviable.

c) Mes parents sont vraiment sévères.

d) J'ai reçu un magnifique cadeau.

14. Donne la signification des expressions suivantes.

a) Avoir le cœur sur la main. _____

b) Avoir une tête de cochon. _____

c) Avoir une tête sur les épaules. _____

15. Indique si la phrase est au sens propre ou au sens figuré.

a) J'ai mis mon grain de sel dans la conversation. _____

b) Ma sœur a mis trop de sel dans sa soupe. _____

c) La pluie tombe sans arrêt depuis ce matin. _____

d) Ça tombe bien que tu sois venu ce soir. _____

16. Complète la phrase en utilisant le bon marqueur de relation.

a) Je voulais y aller, _____ j'ai raté l'autobus.

b) J'ai mis mon imperméable _____ il pleut.

c) Je boucle _____ ma ceinture de sécurité dans la voiture.

d) _____, mais pas tout le temps, j'arrive en retard à mon entraînement.

Test final
Français

17. Indique de quels mots proviennent les mots-valises suivants.

a) abribus : _____

b) courriel : _____

c) internaute : _____

d) héliport : _____

e) télécopieur : _____

f) bibliobus : _____

18. Trouve deux mots de la même famille.

a) papier : _____

b) roman : _____

c) nature : _____

d) rire : _____

e) sport : _____

f) femme : _____

19. Forme deux mots avec les préfixes suivants.

a) cardio (cœur) : _____

b) anti (contre) : _____

c) péri (autour) : _____

d) kilo (mille) : _____

e) aéro (air) : _____

f) poly (nombreux) : _____

20. Forme deux mots avec les suffixes suivants.

a) lingue (langue) : _____

b) phobe (haïr) : _____

c) ette (diminutive) : _____

d) culture (cultiver) : _____

21. Écris *tout*, *tous*, *toute* ou *toutes* pour compléter les phrases.

a) Angéline a mangé _____ la tarte à la citrouille.

b) _____ mes amis sont partis pour la journée.

c) _____ les attractions de La Ronde sont amusantes.

d) Je n'ai pas pris _____ le temps nécessaire.

22. Sépare les syllabes à l'aide d'un trait oblique et écris combien il y en a dans chaque mot.

a) ordinateur : _____

b) écran : _____

c) radio : _____

d) citrouille : _____

e) quai : _____

f) amoureuse : _____

g) téléviseur : _____

h) guerre : _____

i) sapin : _____

Test final
Mathématique

1. Compare les nombres en écrivant <, > ou =.

a) 6 947 _____ 7 469   b) 4 896 _____ 8 956   c) 9 125 _____ 5 129

2. Écris les nombres suivants en chiffres.

a) trois mille neuf cent quarante-neuf : _____

b) six mille cinq cent quatre-vingt-dix-neuf : _____

c) sept mille huit cent vingt et un : _____

3. Trouve la valeur du ou des chiffres soulignés.

a) 1 4<u>89</u> _____   b) <u>7</u> 892 _____   c) 3 69<u>8</u> _____

d) 9 <u>874</u> _____   e) 3 6<u>97</u> _____   f) <u>9 7</u>81 _____

4. Trouve les chiffres manquants dans chaque équation.

a)
```
      6 □ 4
    +   5 9 □
    ─────────
    1 2 1 9
```
b)
```
    □ 7 6
  −   3 5 □
  ─────────
    5 1 8
```
c)
```
      3 4 9
    + 3 □ 4
    ─────────
      7 2 □
```
d)
```
      7 □ 3
    −   4 6 6
    ─────────
    □ 8 7
```

e)
```
      5 6 7
    +   3 □ 6
    ─────────
    □ 9 3
```
f)
```
      9 0 8
    −   6 7 □
    ─────────
    2 □ 7
```
g)
```
    □ 8 2
  +   4 6 □
  ─────────
    9 4 9
```
h)
```
      6 □ 9
    −   2 8 □
    ─────────
    3 3 1
```

5. Trouve le produit de chaque multiplication.

a)
```
    52
  ×  3
```
b)
```
    12
  × 12
```
c)
```
    45
  ×  7
```
d)
```
    29
  ×  4
```

6. Trouve le quotient de chaque division.

a) 24 | 6   b) 28 | 4   c) 30 | 6   d) 15 | 5

Test final
Mathématique

7. Pour chaque fraction, encercle le nombre de cercles lui correspondant.

a) $\dfrac{2}{5}$ ● ● ● ● ●
      ● ● ● ●

b) $\dfrac{2}{3}$ ● ● ● ● ● ● ● ●
      ● ● ● ● ● ● ●

c) $\dfrac{1}{2}$ ● ● ● ● ● ● ●
      ● ● ● ● ● ● ●

d) $\dfrac{4}{5}$ ● ● ● ● ● ● ●
      ● ● ● ● ● ●

8. Écris les nombres suivants en lettres.

a) 60,58 _____

b) 43,02 _____

9. Compare les nombres en utilisant <, > ou =.

a) 35,6 _____ 65,3   b) 3,93 _____ 36,9   c) 50,8 _____ 8,05

10. Trouve la somme de chaque addition.

a)   35,49
   +   78,87

b)   81,08
   +   7,55

c)   196,29
   +   95,48

d)   488,67
   + 164,77

e)   47,38
   +   56,74

f)   367,35
   + 418,9

11. Colorie les cases selon les couleurs demandées.

a)

	1	2	3	4	5
A					
B					
C					
D					
E					

Rose :
A-2, A-3, A-4

Vert :
B-1, B-3, B-4

Mauve :
B-5, C-5, D-5

b)

	1	2	3	4	5
A					
B					
C					
D					
E					

Vert :
B-4, E-2, C-3

Rouge :
A-3, D-4, C-5

Mauve :
C-2, B-2, A-1

12. Écris le nom des solides suivants.

a) _____   b) _____   c) _____

13. Indique le nombre de faces planes, de faces courbes, d'arêtes et de sommets de chaque solide.

a)

Faces planes : _____

Faces courbes : _____

Arêtes : _____

Sommets : _____

b)

Faces planes : _____

Faces courbes : _____

Arêtes : _____

Sommets : _____

c)

Faces planes : _____

Faces courbes :

Arêtes : _____

Sommets : _____

14. Encercle les polygones et fais un ✗ sur les autres figures.

a)   b)   c)   d)   e)   f)

g)   h)   i)   j)   k)   l)

15. Calcule le périmètre des figures représentées par les parties ombragées.

a)

Périmètre : _____ carrés

b)

Périmètre : _____ carrés

c)

Périmètre : _____ carrés

16. Les participants à une compétition de cross-country (course en terrain accidenté avec obstacles naturels) doivent parcourir un sentier de forme trapézoïdale avant de franchir la ligne d'arrivée. Le côté A du trapèze mesure 138 m de long, le côté B mesure le tiers du côté A, le côté C mesure 2 fois le côté B et le côté D mesure 129 m. Si le gagnant a mis en moyenne 1 seconde pour parcourir 3 mètres, en combien de temps a-t-il complété le parcours ?

Démarche :

Réponse : Le gagnant a complété le parcours en _____ minutes et _____ secondes.

17. Trace un rectangle dont l'un des côtés mesure 18 cases et un autre, 7 cases. Colorie ensuite les cases qui se retrouvent à l'intérieur du rectangle, puis trouve le périmètre (P) et l'aire (A) de celui-ci.

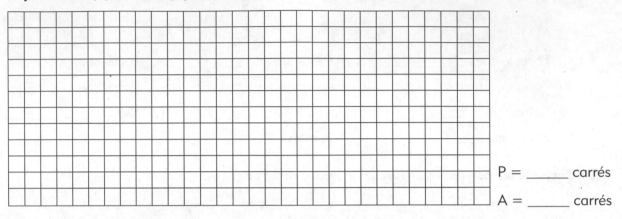

P = _____ carrés

A = _____ carrés

18. Au bureau de poste, la postière classe les colis en deux piles : ceux qui font partie des envois nationaux et ceux qui font partie des envois internationaux. La première pile comporte 14 colis de haut, 7 colis de large et 5 colis de profond. La seconde comporte 13 colis de haut, 4 colis de large et 9 colis de profond. Laquelle des piles contient le plus de colis ?

Démarche :

Réponse : La _____ pile contient le plus de colis avec _____ colis contre _____ colis.

19. Reproduis chaque dallage par réflexion en tenant compte de l'axe de réflexion.

a)

b)

c)

d)

20. Complète chaque frise par réflexion en utilisant du papier-calque.

a)

b)

Test final
Anglais

1. Write the correct name under each school supply.

a)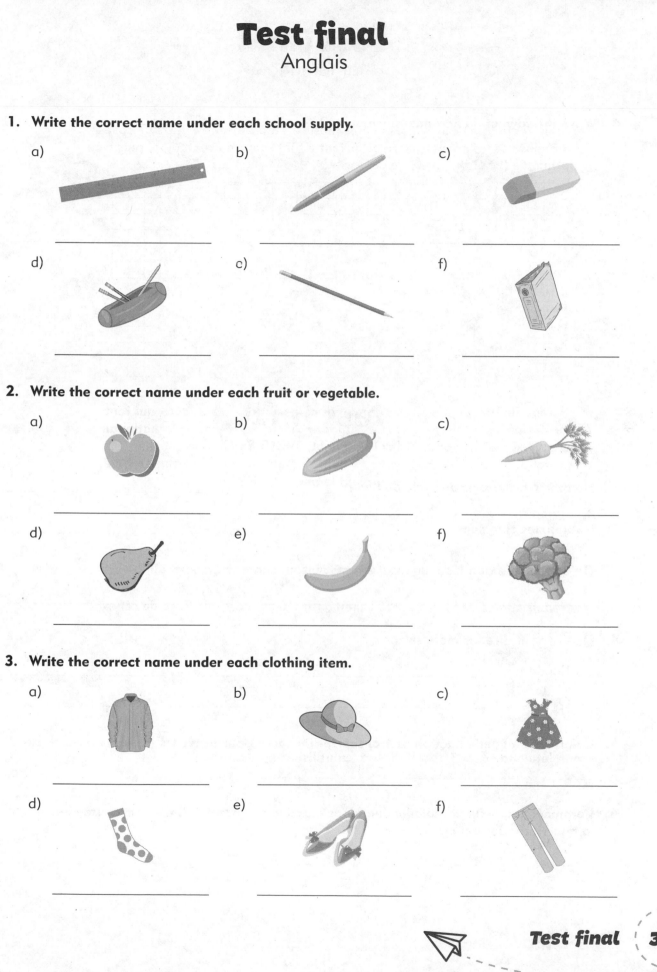

b)

c)

d)

e)

f)

2. Write the correct name under each fruit or vegetable.

a)

b)

c)

d)

e)

f)

3. Write the correct name under each clothing item.

a)

b)

c)

d)

e)

f)

Test final
Anglais

4. **Write the correct name under each animal.**

a)

_____

b)

_____

c)

_____

d)

_____

e)

_____

f)

_____

Test final
Science et univers social

1. **Nomme trois étapes du cycle de l'eau :** _____

2. **Nomme les cinq sens :** _____

3. **Qu'ont en commun les animaux suivants : bison, chameau, chevreuil ?**

_____

4. **Que veulent dire les mots suivants ?**

a) Kanesatake : _____

b) Québec : _____

5. **Comment s'appelle l'action de transporter un canot pour éviter les rapides ou les chutes ?**

_____

6. **Comment s'appelle la maladie due à une carence en vitamine C et caractérisée par la pourriture des gencives ?**

_____

Corrigé

Français

Le nom
Page 23
1. Il faut colorier : maison, chanson, radio, fille, garçon, photo, écran, ruban, livre, tableau, craie, gomme, vélo, étagère, chien.

Page 24
2. **Noms communs :** bananes, école, parents, médaille, cheval, musique, poules, poussins, loup.

   Noms propres : Sandrine, Antoine, Italie, Espagne, France, Allemands, Marie, Sésame, Sabrina, Félix Leclerc, William, Suisse.

Page 25
3. **Lieux :** Chibougamau, Gilman, Montréal, Québec, Gatineau, Obalski, James, Mexique.

   Personnes : Martin, Sophie, Pierre, Catherine, Simon, Mariane, Alcide, Carmen.

   Animaux : Maxou, Bali, Coco, Filou, Papier, Yaka, Dixie.

Le noyau du groupe du nom
Page 26
1. a) (Ma meilleure amie) a mangé (une glace) à (la vanille).
   b) (Hélène) était heureuse d'être (la nouvelle directrice).
   c) (Marc) a (les yeux verts) et (les cheveux noirs).
   d) (Mon amie) habite à (Trois-Rivières).
   e) (Zachary) apprend (une nouvelle chanson).
   f) (Les baleines) vivent dans (l'océan).
   g) (Dorothée) a vu (des lions), (des tigres) et (des panthères).
   h) (Omar) possède (un iguane) et (une tortue).
   i) (Justine) porte (une robe verte) et (des collants noirs).
   j) (Les fleurs) poussent dans (le champ).
   k) (Les oiseaux) sont perchés dans (l'arbre).
   l) (Ma mère) me chante (une chanson) pour m'endormir.
   m) (Mon frère) adore (le chocolat).
   n) (Rosalie) se promène dans (la forêt).
   o) (Karim) fait (le ménage) de (sa chambre).
   p) (Laurie) joue aux (cartes).

La majuscule
Page 27
1. Sophie a reçu un petit chien pour son anniversaire. **E**lle a décidé de l'appeler **P**rincesse. **S**es parents, **M**arc et **J**ulie, l'ont acheté à **V**alleyfield. **I**ls avaient visité des éleveurs à **S**aint-**H**yacinthe et à **S**ainte-**M**arthe, mais ils n'arrivaient pas à trouver ce qu'ils cherchaient. **F**inalement, ils ont trouvé à la **SPCA** un magnifique berger anglais. **L**es chattes de **S**ophie, **M**inette et **C**oquette, ont eu du mal à s'adapter à la présence du chien, mais maintenant, ça va beaucoup mieux. **S**ophie adore les animaux. **E**lle rêve d'avoir une fermette quand elle sera grande. **E**lle élèvera des poules, des chevaux, des chèvres et des lapins. **E**lle cultivera des fruits et des légumes dans son potager.

2. a) c   b) C   c) c   d) c
   e) c   f) C   g) C   h) c
   i) C   j) c   k) c   l) C
   m) c   n) c   o) C   p) c

Les déterminants
Page 28
1.

le	nos	vos	leurs	trois	vingt	des	aux	les	la
la	mou	café	oui	été	mars	mardi	obéir	gelée	papa
les	alors	encore	ou	et	main	ni	luire	moule	mais
un	pou	caille	bébé	valise	lundi	neige	yeux	héros	manie
une	lancer	merci	elle	ils	vache	aimer	voir	rat	ciel
des	collet	mieux	gazon	lait	loup	tombe	sac	cher	nous
l'	chéri	avion	voisin	boisé	varan	banane	boa	image	ans
au	mes	tes	un	une	trente	notre	votre	vos	leurs
du	seul	vert	vrai	côté	rue	là	minute	pont	rond
des	lent	sud	haut	entre	frais	belle	actualité	mois	rapport
aux	viaduc	tragédie	science	expulsé	lundi	omis	justice	détenu	fuir
ce	parti	fonction	symbole	samedi	idée	action	voie	dénoncer	dérive
cette	religion	demander	contre	dès	sceau	ordinaire	jouet	plusieurs	adorer
cet	bâtir	terre	union	marché	pays	ouvrage	famille	à	rien
ces	deux	mon	ton	son	notre	votre	leur	mes	tes

Page 29
2. **Le chat et la souris**

   La nourriture se faisait rare et Ramon, le chat du village, a donc décidé de déménager. Il a marché pendant des jours jusqu'à ce qu'il arrive dans une petite ville qui lui semblait accueillante. Toutes les souris de la ville ont pleuré, car elles avaient peur des chats.

« Miaou ! » a dit le chat et les souris ont répondu : « Nous savons que vous voulez nous manger et ne sortirons jamais de nos maisons. » Les jours passaient et la même conversation continuait.

Quelque temps après, les souris ont entendu les aboiements d'un chien. Elles ont pensé que le chat avait été chassé par le chien. Elles sont donc sorties, mais à leur grande surprise, il n'y avait pas de chien. Au lieu de cela, elles ont vu le chat Ramon. Cette fois, il avait aboyé. D'une voix effrayée, une souris a demandé au chat : « D'où venait l'aboiement que nous avons entendu ? Nous avons cru qu'il y avait un chien et nous avons pensé qu'il vous avait fait peur. C'est vous qui imitiez un chien ? » Fier de lui, le chat a répondu : « En effet, c'était moi. J'ai appris que ceux qui parlent au moins deux langues réussissent beaucoup mieux dans la vie. »

Page 30
3. **Déterminants définis :** au, la, le, les, un.

   Déterminants démonstratifs : ces, cette.

   Déterminants possessifs : mon, notre, mon, nos.

   Déterminants numéraux : deux.

   Déterminants exclamatifs ou interrogatifs : quel.

Corrigé

Les déterminants et le nom

Page 31

1. Florence a décidé d'aménager <u>un</u> potager dans <u>le</u> jardin de <u>ses</u> parents. Elle a demandé <u>l'</u>aide de <u>son</u> père pour enlever <u>le</u> gazon et retourner <u>la</u> terre. Elle a bien réfléchi à <u>l'</u>emplacement de <u>son</u> potager. C'est <u>un</u> endroit ensoleillé où tous <u>les</u> légumes pourront mieux pousser.

   Florence a semé <u>trois</u> rangs de carottes, <u>un</u> rang de radis, <u>deux</u> rangs de laitue et <u>une</u> butte de concombres. Elle a aussi ajouté quelques plants de tomates. <u>Ce</u> travail est exigeant, mais elle aime ça.

   Tous <u>les</u> jours, elle vérifie <u>l'</u>état de <u>son</u> potager. Elle l'arrose au besoin et arrache <u>les</u> mauvaises herbes. Elle s'assure qu'aucun insecte nuisible n'envahisse <u>son</u> potager. À <u>l'</u>automne, Florence récoltera tous <u>les</u> légumes bien mûrs pour les manger ou les mettre en conserve. <u>Quel</u> beau potager elle a réussi à faire !

   Déterminants définis : un, le, l', le, la, l', un, les, les, l', les, l', les.

   Déterminants démonstratifs : ce.

   Déterminants possessifs : ses, son, son, son, son.

   Déterminants numéraux : trois, un, deux, une.

   Déterminants exclamatifs ou interrogatifs : quel.

Le groupe du nom

Page 32

1. a) <u>Frank</u> est <u>mon frère</u>.
    b) <u>Ma mère</u> est partie.
    c) <u>Robert</u> aime faire <u>du sport</u>.
    d) <u>L'ordinateur</u> est <u>un outil utile</u>.
    e) <u>Les acrobates</u> donnent <u>un bon spectacle</u>.
    f) <u>Isabelle</u> habite dans <u>la rue Jacques-Cartier</u>.
    g) <u>Le soir</u>, <u>Régina</u> met <u>son pyjama bleu</u>.
    h) <u>Jérôme</u> a passé <u>une belle journée</u>.
    i) <u>Éliane</u> adore <u>la mousse</u>.

    Nom seul : Frank, Robert, Isabelle, Régina, Éliane, Jérôme.

    Dét. + nom : mon frère, Ma mère, du sport, L'ordinateur, Les acrobates, la rue Jacques-Cartier, Le soir, la mousse.

    Dét. + nom + adj. : un outil utile, son pyjama bleu.

    Dét. + adj. + nom : un bon spectacle, une belle journée.

Le verbe

Page 33

1. Le GNs est souligné :
    a) <u>Les pirates</u> ont envahi l'île enchantée.
    b) <u>Mes chats, mes chiens et mes lapins</u> vivent en liberté dans la maison.
    c) <u>Mes grands-parents</u> iront visiter la France l'été prochain.
    d) <u>Héloïse et Gaëlle</u> ont écouté le bulletin de météo.
    e) L'an dernier, <u>Zoé</u> s'est classée première en athlétisme.
    f) <u>Roberto</u> rêve d'avoir un nouveau vélo.
    g) Est-ce que <u>Zacharie</u> est arrivé ?
    h) Hier, <u>Maude</u> a cousu toute la soirée.
    i) <u>Carmen et Juan</u> vivent au Guatemala.
    j) <u>Ma balançoire</u> est brisée.
    k) <u>Mon amie Margaret</u> est fâchée contre moi.
    l) <u>Ma sœur Océane</u> est née en 2004.
    m) <u>Pierre et Denis</u> jouent au soccer.
    n) <u>Les fleurs</u> poussent vite dans nos plates-bandes.
    o) <u>Mohamed</u> est parti le dernier.

Page 34

2. **En bleu :** danse, lis, faites, écrivent, chantes, restez, marchez, courons, sommes.

   En rouge : manger, dormir, dessiner, battre, dire.

Page 35

3. a) Karine n'<u>aime</u> pas les glaces à la vanille. Aimer
    b) Patrice et Antoine <u>jouent</u> au hockey. Jouer
    c) Les pompiers <u>arrivèrent</u> rapidement. Arriver
    d) Mes pantalons <u>sont</u> trop petits. Être
    e) Iseult <u>jouera</u> chez son amie Caroline. Jouer
    f) Mon frère <u>dévale</u> la côte à toute vitesse. Dévaler
    g) Les élèves <u>dessinent</u> un paysage d'automne. Dessiner
    h) Nous <u>mangerons</u> des moules et des huîtres pour souper. Manger
    i) William et Mario <u>vivent</u> à Baie-Saint-Paul. Vivre
    j) Ismaël <u>court</u> rapidement. Courir
    k) La falaise <u>est</u> très haute. Être
    l) Mes parents <u>iront</u> en Italie au mois de juin. Aller
    m) Simon <u>tourne</u> un documentaire sur les baleines. Tourner
    n) Mon enseignante <u>ouvre</u> toutes les fenêtres de la classe. Ouvrir
    o) Isabelle <u>plante</u> des fleurs dans son jardin. Planter

Page 36

4. a) présent
    b) passé
    c) présent
    d) futur
    e) présent
    f) futur
    g) présent
    h) passé
    i) passé
    j) présent
    k) présent
    l) futur
    m) futur
    n) passé
    o) passé
    p) présent
    q) présent
    r) futur
    s) passé
    t) passé
    u) passé
    v) futur
    w) présent
    x) passé

Page 37

5. a) <u>écout/ons</u>
    b) <u>réuss/issent</u>
    c) <u>chang/erez</u>
    d) <u>regard/es</u>
    e) <u>prend/s, est</u>
    f) <u>dévor/ent</u>
    g) <u>li/sez</u>
    h) <u>arriv/era</u>
    i) <u>voudr/a</u>
    j) <u>serv/ions</u>
    k) <u>pouv/ait</u>
    l) <u>tiendr/ions, gliss/e</u>
    m) <u>ouvr/it</u>
    n) <u>mettr/ai</u>
    o) <u>fuy/aient</u>
    p) <u>écriv/ons</u>

Page 38

6. a) J'aime, tu aimes, il/elle/on aime, nous aimons, vous aimez, ils/elles aiment
    b) Je vais, tu vas, il/elle/on va, nous allons, vous allez, ils/elles vont
    c) Je dis, tu dis, il/elle/on dit, nous disons, vous dites, ils/elles disent
    d) Je fais, tu fais, il/elle/on fait, nous faisons, vous faites, ils/elles font
    e) J'écris, tu écris, il/elle/on écrit, nous écrivons, vous écrivez, ils/elles écrivent
    f) Je sais, tu sais, il/elle/on sait, nous savons, vous savez, ils/elles savent.

Page 39

7. a) J'ai été, tu as été, il/elle/on a été, nous avons été, vous avez été, ils/elles ont été
    b) J'ai eu, tu as eu, il/elle/on a eu, nous avons eu, vous avez eu, ils/elles ont eu
    c) J'ai fini, tu as fini, il/elle/on a fini, nous avons fini, vous avez fini, ils/elles ont fini
    d) J'ai fait, tu as fait, il/elle/on a fait, nous avons fait, vous avez fait, ils/elles ont fait
    e) J'ai écrit, tu as écrit, il/elle/on a écrit, nous avons écrit, vous avez écrit, ils/elles ont écrit
    f) J'ai su, tu as su, il/elle/on a su, nous avons su, vous avez su, ils/elles ont su.

Corrigé

Page 40

8. a) Ils dorment
   b) Je danse
   c) Vous avez fait
   d) Nous avons fini
   e) Elle écrit
   f) Tu as su
   g) J'aime
   h) Il a dit
   i) Vous allez
   j) Elle est
   k) J'ai lu
   l) Je joue
   m) Ils ont mangé
   n) Vous achetez
   o) Nous avons écrit
   p) Nous cueillons

Page 41

9. a) J'étais, tu étais, il/elle/on était, nous étions, vous étiez, ils/elles étaient
   b) J'avais, tu avais, il/elle/on avait, nous avions, vous aviez, ils/elles avaient
   c) Je finissais, tu finissais, il/elle/on finissait, nous finissions, vous finissiez, ils/elles finissaient
   d) J'aimais, tu aimais, il/elle/on aimait, nous aimions, vous aimiez, ils/elles aimaient
   e) J'allais, tu allais, il/elle/on allait, nous allions, vous alliez, ils/elles allaient
   f) Je disais, tu disais, il/elle/on disait, nous disions, vous disiez, ils/elles disaient

Page 42

10. a) J'aimerai, tu aimeras, il/elle/on aimera, nous aimerons, vous aimerez, ils/elles aimeront
    b) J'irai, tu iras, il/elle/on ira, nous irons, vous irez, ils/elles iront
    c) Je dirai, tu diras, il/elle/on dira, nous dirons, vous direz, ils/elles diront
    d) Je ferai, tu feras, il/elle/on fera, nous ferons, vous ferez, ils/elles feront
    e) J'écrirai, tu écriras, il/elle/on écrira, nous écrirons, vous écrirez, ils/elles écriront
    f) Je saurai, tu sauras, il/elle/on saura, nous saurons, vous saurez, ils/elles sauront

Page 43

11. a) imparfait
    b) imparfait
    c) futur simple
    d) passé composé
    e) passé composé
    f) futur simple
    g) imparfait
    h) présent
    i) passé composé
    j) présent
    k) futur simple
    l) présent
    m) imparfait
    n) futur simple
    o) imparfait
    p) futur simple

Page 44

12. a) Je serais, tu serais, il/elle/on serait, nous serions, vous seriez, ils/elles seraient
    b) J'aurais, tu aurais, il/elle/on aurait, nous aurions, vous auriez, ils/elles auraient

c) Je finirais, tu finirais, il/elle/on finirait, nous finirions, vous finiriez, ils/elles finiraient
d) Je ferais, tu ferais, il/elle/on ferait, nous ferions, vous feriez, ils/elles feraient
e) J'écrirais, tu écrirais, il/elle/on écrirait, nous écririons, vous écririez, ils/elles écriraient
f) Je saurais, tu saurais, il/elle/on saurait, nous saurions, vous sauriez, ils/elles sauraient

Page 45

13. a) Que je sois, que tu sois, qu'il/elle/on soit, que nous soyons, que vous soyez, qu'ils/elles soient
    b) Que j'aie, que tu aies, qu'il/elle/on ait, que nous ayons, que vous ayez, qu'ils/elles aient
    c) Que je finisse, que tu finisses, qu'il/elle/on finisse, que nous finissions, que vous finissiez, qu'ils/elles finissent
    d) Que j'aime, que tu aimes, qu'il/elle/on aime, que nous aimions, que vous aimiez, qu'ils/elles aiment
    e) Que j'aille, que tu ailles, qu'il/elle/on aille, que nous allions, que vous alliez, qu'ils/elles aillent
    f) Que je dise, que tu dises, qu'il/elle/on dise, que nous disions, que vous disiez, qu'ils/elles disent

Page 46

14. a) Ma mère **a bu** une tasse de thé au jasmin.
    b) L'autoroute **était** fermée à cause d'un accident.
    c) J'**ouvrirai** la fenêtre de ma chambre.
    d) Tous les élèves de ma classe **feront** leurs devoirs.
    e) Érika **a (ou est) déménagé (e)** à Blanc-Sablon.
    f) Kevin et Jason **préparaient** un spectacle de magie.
    g) Le téléphone **a sonné** sans arrêt.
    h) Malheureusement, je ne **pouvais** pas vous donner ma recette de biscuits.
    i) Sylvie **dévalera** les pentes du Mont-Sainte-Anne.
    j) Le petit ver de terre **a creusé** un long tunnel sous la terre.

Page 47

15. a) Va
    b) Mangeons
    c) Finissez
    d) Sois
    e) Ayons
    f) Dansez
    g) Écris
    h) Sachons
    i) Faites
    j) Dis
    k) Aimons
    l) Allez
    m) Regardons
    n) Étudie
    o) Courez
    p) Dors

Page 48

16. **Il faut colorier en rouge :** marchant, dansant, lisant, étant, faisant, criant, devinant, riant, ouvrant, mettant.

Page 49

17. b) Tu es
    c) Il finit
    d) Nous allons
    e) Vous pouvez
    f) Elles ont eu
    g) J'ai été
    h) Tu as fini
    i) Il est allé
    j) Nous avons eu
    k) Vous serez
    l) Ils finiront
    m) J'irai
    n) Tu pourras
    o) Elle aura
    p) Nous serions

Page 50

18. a) Présent :
       Les baleines **vivent** dans l'océan.
       Passé composé :
       Les baleines **ont vécu** dans l'océan.
       Futur simple :
       Les baleines **vivront** dans l'océan.
       Imparfait :
       Les baleines **vivaient** dans l'océan.
    b) Présent :
       Mes parents **aiment** jouer au tennis.
       Passé composé :
       Mes parents **ont aimé** jouer au tennis.
       Futur simple :
       Mes parents **aimeront** jouer au tennis.
       Imparfait :
       Mes parents **aimaient** jouer au tennis.
    c) Présent :
       Nous **allons** nous balader dans la forêt.
       Passé composé :
       Nous **sommes allé(e)s** nous balader dans la forêt.
       Futur simple :
       Nous **irons** nous balader dans la forêt.
       Imparfait :
       Nous **allions** nous balader dans la forêt.
    d) Présent :
       Vous **regardez** les étoiles filantes.
       Passé composé :
       Vous **avez regardé** les étoiles filantes.
       Futur simple :
       Vous **regarderez** les étoiles filantes.
       Imparfait :
       Vous **regardiez** les étoiles filantes.

Les pronoms

Page 51

1. a) Il
   b) Nous
   c) Ils
   d) Vous
   e) J'
   f) Tu

2. a) Elle
   b) Elles
   c) Ils
   d) Elles
   e) Il
   f) Ils
   g) Il
   h) Il
   i) Ils

Corrigé

Page 52

3. a) Nous   b) Nous   c) Ils
    d) Elles   e) Vous   f) Ils
    g) Nous   h) Il   i) Ils
    j) Vous   k) Ils   l) Il ou Elle
    m) Ils

Les mots invariables

Page 53

1. a) dans   b) pour
    c) et   d) jamais, parce qu'
    e) sous   f) à
    g) pour   h) après
    i) quand   j) très

Page 54

2. a) William est présent, il a **donc** le droit de participer au tirage.
    b) Karina a rangé ses jouets **dans** le coffre.
    c) Charles a **tellement** mal à la tête qu'il ne veut pas aller jouer dehors.
    d) Véronique est partie à l'école **sans** ses livres et ses cahiers.
    e) Jacques rêve d'habiter **à** Sainte-Luce-sur-Mer.
    f) J'ai mangé mes fruits. **Ensuite**, j'ai mangé mes légumes.
    g) Tatiana est passée **par** Paris avant d'aller en province.
    h) Mon père a **doucement** retiré l'écharde de mon pied.
    i) Valérie a échoué à son examen d'anglais, **mais** elle a réussi celui de français.
    j) Étienne hésite entre un gâteau au chocolat **et** une tarte à la citrouille.
    k) Gaëlle ne sait pas si elle lira un livre **ou** si elle écoutera la télé.
    l) France a mis son imperméable **pour** se protéger de la pluie.
    m) Il n'y a pas **de** restaurant dans mon quartier.
    n) **Comment** avez-vous réussi à résoudre l'énigme?
    o) Antoine n'aime **ni** le bœuf **ni** le veau.
    p) Nous ne viendrons pas **parce que** nous n'avons pas le temps.

Les adjectifs

Page 55

1. **Il faut colorier en bleu :** bleu, gentil, méchant, jaune, gros, blond, rugueux, immense, vert, gai.

Page 56

2. Maître Corbeau, sur un arbre perché, / Tenait en son bec un fromage. / Maître Renard, par l'odeur alléché, / Lui tint à peu près ce langage :/ «Hé! Bonjour, Monsieur du Corbeau. Que vous êtes **joli**! que vous me semblez **beau**! / Sans mentir, si votre ramage / Se rapporte à votre plumage, / Vous êtes le Phénix des hôtes de ces bois.» / À ces mots le Corbeau ne se sent pas de joie; / Et pour montrer sa **belle** voix, / Il ouvre un **large** bec, laisse tomber sa proie. / Le Renard s'en saisit, et dit : «Mon **bon** Monsieur, / Apprenez que tout flatteur / Vit aux dépens de celui qui l'écoute : / Cette leçon vaut bien un fromage, sans doute.» / Le Corbeau, **honteux** et **confus**, / Jura, mais un peu tard, qu'on ne l'y prendrait plus. /

Page 57

3. Il faut colorier en bleu : brave, gentille, bon, généreux, merveilleuse, respectueux, belle, courageux. Il faut colorier en rouge : cruelle, méchant, gourmand, peureuse, laide, malpropre, jaloux, impolie, mauvais, vaniteux.

Page 58

4. a) belle   b) rouge
    c) montagne   d) pomme
    e) précieuse   f) framboises
    g) déchaînée   h) bleu
    i) livre   j) heureuse
    k) fâché   l) télévision
    m) haut   n) contentes
    o) jaune   p) lune

Les synonymes

Page 59

1. a) joli   b) géant
    c) profond   d) attraper
    e) adorer   f) tonneau
    g) agacer   h) alléchant
    i) soyeux

Page 60

2. Les synonymes sont donnés à titre d'exemples. Tout autre synonyme constitue une bonne réponse.
    a) hait   b) inintéressant
    c) dérangé   d) médecin
    e) beau   f) arrêté
    g) sales   h) peine
    i) impoli   j) la voie ferrée
    k) heureux   l) bébés

---

m) sauvé   n) jumelles
o) mangé   p) mauvais

Les antonymes

Page 61

1. a) guerre   b) garçon
    c) toujours   d) bas
    e) jour   f) salir
    g) reculer   h) fermé
    i) chaud

Page 62

2. Les antonymes sont donnés à titre d'exemple. Tout autre antonyme constitue une bonne réponse.
    a) le jour   b) mauvais
    c) secs   d) fermé
    e) loin   f) vidé
    g) gros   h) extérieur
    i) tard   j) perdu
    k) déçue   l) Ma grand-mère
    m) impossible   n) crié
    o) château   p) ouest

La phrase

Page 63

1. a) positive   b) positive
    c) négative   d) positive
    e) négative   f) positive
    g) négative   h) négative
    i) positive   j) positive
    k) négative   l) positive
    m) négative   n) positive
    o) positive   p) négative

Page 64

2. a) **Phrase positive :**
       Tara a vu ton nouveau manteau.
       Phrase négative :
       Tara n'a pas vu ton nouveau manteau.
    b) **Phrase positive :**
       Je suis déjà allée en Afrique du Sud.
       Phrase négative :
       Tu n'es jamais allée en Afrique du Sud.
       Ou Je ne suis jamais allée en Afrique du Sud.
    c) **Phrase positive :**
       Il faut faire un plan avant de commencer à écrire.
       Phrase négative :
       Il ne faut pas faire de plan avant de commencer à écrire.
    d) **Phrase positive :**
       Vous connaissez les règles du jeu.
       Phrase négative :
       Vous ne connaissez pas les règles du jeu.

Corrigé

e) **Phrase positive :**
Tu as vu les skieurs dévaler les pentes.
Ou J'ai vu les skieurs dévaler les pentes.
Phrase négative :
Tu n'as pas vu les skieurs dévaler
les pentes. Ou Je n'ai pas vu les skieurs
dévaler les pentes.

f) **Phrase positive :**
Tu vas jouer dehors avec tes amis.
Ou Je vais jouer dehors avec mes amis.
Phrase négative :
Tu ne vas pas jouer dehors avec tes amis.
Ou Je ne vais pas jouer dehors avec
mes amis.

Page 65

3. a) Est-ce que Simon joue au tennis
contre Félix ? ou Simon joue-t-il au tennis
contre Félix ?

b) Est-ce qu'Aurélie et Gaëlle lisent
une bande dessinée ? ou Aurélie et
Gaëlle lisent-elles une bande dessinée ?

c) Est-ce que Tamara ira au cinéma
ce soir ? ou Tamara ira-t-elle au
cinéma ce soir ?

d) Est-ce que j'ai visité le musée du Louvre
à Paris ? ou Ai-je visité le musée du
Louvre à Paris ?

e) Est-ce que les pirates ont pillé
le bateau du capitaine Grant ? ou
Les pirates ont-ils pillé le bateau
du capitaine Grant ?

f) Est-ce que les sirènes attiraient
les matelots par leurs chants maléfiques ?
ou Les sirènes attiraient-elles les matelots
par leurs chants maléfiques ?

g) Est-ce que mes parents ont installé
un composteur dans le jardin ? ou
Mes parents ont-ils installé
un composteur dans le jardin ?

h) Est-ce que Marie-Josée donne des cours
de karaté ? Marie-Josée donne-t-elle
des cours de karaté ?

i) Est-ce que Francis collectionne
les timbres ? ou Francis collectionne-t-il
les timbres ?

Page 66

4. a) Mangeons de la tarte au sucre.

b) Range ta chambre et le sous-sol.

c) Allez voir une pièce de théâtre avec
votre mari.

d) Écris une lettre à son oncle.

e) Marchons tous les jours.

f) Allez voir un film.

g) Menons les vaches au champ.

h) Regarde un film à la télé.

Page 67

5. a) négative, déclarative

b) positive, interrogative

c) positive, exclamative

d) négative, exclamative

e) positive, déclarative

f) négative, déclarative

g) positive, interrogative

h) positive, déclarative

i) positive, exclamative

j) négative, interrogative

k) négative, déclarative

l) positive, exclamative

m) positive, déclarative

n) négative, interrogative

o) positive, déclarative

p) positive, exclamative

Les proverbes
Page 68

1. a) 4   b) 7   c) 2   d) 9
e) 8   f) 11   g) 12   h) 6
i) 10   j) 1   k) 3   l) 13
m) 5

Page 69

2. a) 3   b) 9   c) 11   d) 2
e) 8   f) 7   g) 4   h) 5
i) 6   j) 1   k) 12   l) 10

Les expressions figées
Page 70

1. a) Avoir une tête de cochon.

b) Manger sur le pouce.

c) Avoir une poignée dans le dos.

d) Donner sa langue au chat.

e) S'arracher les cheveux.

f) Avoir la tête sur les épaules.

g) Avoir un cœur de glace.

h) Prendre ses jambes à son cou.

i) Mettre sa main au feu.

Page 71

2. a) Avoir les dents longues.

b) Avoir de la fumée qui lui sort par les
oreilles.

c) Bouche cousue.

d) Avoir le cœur sur la main.

e) Prendre la porte.

f) Avoir la tête dans les nuages.

g) Dévorer un livre.

h) Tomber dans les pommes.

i) Avoir les pieds et les poings liés.

Le sens propre et le sens figuré
Page 72

1. a) sens figuré, sens propre

b) sens propre, sens figuré

c) sens propre, sens figuré

d) sens figuré, sens propre

e) sens figuré, sens propre

f) sens propre, sens figuré

g) sens figuré, sens propre

h) sens propre, sens figuré

i) sens figuré, sens propre

j) sens figuré, sens propre

Le genre
Page 73

1. 1) fém.   2) fém.   3) masc.
4) fém.   5) masc.   6) fém.
7) masc.   8) masc.   9) fém.
10) fém.   11) masc.   12) masc.
13) fém. ou masc.   14) masc.
15) masc.   16) fém.   17) fém.
18) masc.   19) masc.   20) masc.
21) masc.   22) masc.   23) fém.
24) masc.   25) masc.   26) masc.
27) masc.   28) fém.   29) fém.
30) masc.   31) masc.   32) fém.
33) masc.   34) masc.   35) masc.
36) fém.   37) fém. ou masc. selon le sens
38) masc.   39) fém.   40) fém.
41) masc.   42) fém.

Page 74

2. a) ânesse   b) vache
c) chèvre   d) cane
e) chienne   f) chatte
g) louve   h) poule
i) brebis   j) éléphante
k) guenon   l) lionne

Page 75

3. a) L'avocate a défendu sa cliente accusée
d'avoir volé une banque.

b) L'enseignante a réprimandé une fille qui
avait mal agi.

c) La directrice a rencontré ma mère pour
organiser un marathon.

d) La boulangère prend la commande
d'une cliente.

e) Les danseuses ont exécuté
une chorégraphie très difficile.

f) L'actrice a bien joué sur la scène
du nouveau théâtre de notre quartier.

g) La compositrice présentera son nouvel
album ce soir.

Corrigé

h) <u>La dinde</u> s'est <u>enfuie</u> dans la forêt derrière la ferme.

i) <u>Ma sœur</u> est <u>une chirurgienne</u> très <u>connue</u> partout dans le monde.

Page 76

4. **Se terminent par -euse :** acheteuse, anxieuse, chanceuse, dangereuse, dompteuse, envieuse, fabuleuse, gâteuse, habilleuse, heureuse, nageuse, nerveuse, peureuse, skieuse.

Se terminent par -trice : accusatrice, actrice, admiratrice, agricultrice, ambassadrice, consommatrice, correctrice, créatrice, décoratrice, dessinatrice, directrice, lectrice, prédatrice, protectrice.

Se terminent par -ère : ambulancière, aventurière, boulangère, cavalière, costumière, couturière, cuisinière, droitière, écolière, fermière, fière, gauchère, policière, première.

Se terminent par -e : amusante, brune, chaude, cousine, droite, forte, froide, grande, grise, haute, noire, petite, toute, une, verte.

Page 77

5. **Se terminent par -onne :** bonne, bougonne, brouillonne, bûcheronne, championne, espionne, fanfaronne, garçonne, gloutonne, lionne, maigrichonne, mignonne, patronne, pigeonne.

Se terminent par -enne : acadienne, aérienne, amérindienne, ancienne, australienne, bactérienne, canadienne, chienne, chilienne, citoyenne, comédienne, éolienne, européenne, gardienne, quotidienne.

Se terminent par -elle : annuelle, artificielle, confidentielle, corporelle, culturelle, essentielle, éventuelle, fraternelle, habituelle, jumelle, maternelle, mensuelle, paternelle, personnelle, telle.

Se terminent par -ve : attentive, auditive, brève, collective, créative, décisive, définitive, dépressive, émotive, évasive, exclusive, facultative, fictive, fugitive, furtive, veuve.

Page 78

6. Il faut passer par : hibou, gardien, ascenseur, hôpital, hôtel, accident, escalier, autobus, automne, oreiller, orteil, pétale, pamplemousse, habit, avion, agrume, haltère, incendie, autographe, entracte, narcisse, tentacule, termite.

Le nombre

Page 79

1. **Se terminent par -s :** chansons, clés, crayons, disques, écoles, écrans, feuilles, malades, mots, pages, photos, planchers, radios, valises.

Se terminent par -aux : bocaux, brutaux, chevaux, finaux, généraux, hôpitaux, illégaux, joviaux, médicaux, mondiaux, musicaux, signaux, tropicaux, vocaux.

Se terminent par -eaux : bateaux, beaux, bouleaux, bureaux, cadeaux, ciseaux, eaux, gâteaux, manteaux, moineaux, peaux, poteaux, rouleaux, ruisseaux, seaux.

Se terminent par -ous : bambous, caribous, clous, cous, écrous, flous, fous, kangourous, mous, nounous, sous, toutous, trous, voyous.

Page 80

2.
a) baux
b) bals
c) banals
d) bijoux
e) bleus
f) cailloux
g) carnavals
h) cérémonials
i) chacals
j) coraux
k) émaux
l) fatals
m) festivals
n) genoux
o) hiboux
p) joujoux
q) landaus
r) mesdames
s) messieurs
t) narvals
u) natals
v) navals
w) yeux
x) pneus

3. **Il faut passer par :** cahiers, semaines, voitures, rois, joujoux, voiles, poux, doigts, hiboux, vélos, toiles, cadeaux et dessins.

Page 81

4.
a) Mes amies mangent des pommes.
b) Mes filles ont de la peine.
c) Les lundis, elles suivent des cours.
d) Ces arbres sont malades.
e) Les magasins sont ouverts.
f) Ils ont perdu leurs crayons.
g) Elles ont remporté des prix.
h) Les hiboux mangent des souris.
i) Les pneus sont dégonflés.
j) Les animaux sont cachés.
k) Les feux sont rouges.
l) Les maisons sont à vendre.
m) Les feuilles sont tombées.
n) Les crayons sont sur les tables.
o) Les jeux sont amusants.
p) Les gâteaux sont bons.

La ponctuation

Page 82

1.
a) Quel beau paysage !
b) As-tu entendu la nouvelle chanson de Mélanie ?
c) Mon frère veut des disques, des livres et des jeux pour Noël.
d) Est-ce que Jean a vu ton nouveau site Web ?

e) Les poules, les vaches, les cochons et les chevaux vivent sur la ferme.
f) Est-ce que ton ami veut du dessert ?
g) Quelle journée magnifique !
h) Félix regarde son émission préférée.
i) Florence achète des pommes, des bananes, des oranges et des raisins.
j) Ils veulent avoir un œil sur nous.
k) Quel spectacle magnifique !
l) Quelle est votre position ?
m) Sarah écoute la radio.
n) Avez-vous rendu vos livres à la bibliothèque ?
o) Mon chat et mon chien s'entendent bien.
p) Comme votre chien est laid !

2.
a) virgule
b) point d'exclamation
c) point d'interrogation
d) point

L'ordre alphabétique

Page 83

1. aigle, balbuzard, bruant, colibri, corneille, faucon, geai, hirondelle, ibis, macareux, merlebleu, moineau, moqueur, roselin, sittelle, tohi.

2. Amélie, Antoine, Brigitte, Félix, Gaston, Kevin, Marie, Nicholas, Océane, Victor, William, Zoé.

Page 84

3. Les lettres manquantes sont j, n, r.

4.
a) l
b) o
c) b
d) t
e) g
f) w
g) d
h) z
i) r
j) i

L'utilisation du dictionnaire

Page 85

1. Réponses variées.

2. Réponses variées.

Page 86

3.
a) *impala* : antilope d'Afrique.
b) *soute* : compartiment réservé aux bagages dans un avion ou compartiment fermé dans l'entrepont d'un bateau.
c) *morille* : champignon.
d) *vétuste* : détérioré, usé par le temps.
e) *engluer* : couvrir ou enduire de glu ou de matière collante.
f) *périple* : long voyage comportant beaucoup d'étapes ou voyage de découverte par voie maritime autour du globe.
g) *nymphéa* : nénuphar.

Corrigé

h) *zinc* : métal blanc ou comptoir d'un bar ou d'un café.

i) *charlotte* : entremets composé de fruits ou de crème.

Les marqueurs de relation
Page 87

1.
a) Avant de
b) parce que
c) Pendant que
d) L'an prochain
e) À cause
f) Quand
g) Premièrement
h) ou
i) Soudain
j) Actuellement
k) bientôt
l) devant

Les mots-valises
Page 88

1.
a) courriel
b) pourriel
c) abribus
d) héliport
e) restoroute
f) robotique
g) clavardage
h) téléthon
i) caméscope
j) franglais
k) internaute
l) velcro
m) didacticiel
n) alicament

Les mots de même famille
Page 89

1.
1. roman, romancer, romanesque
2. rire, rieur, riante
3. silence, silencieusement, silencieux
4. pardon, pardonner, pardonnable
5. mince, minceur, émincé
6. trouble, troubler, troublant
7. vent, ventilation, venteux
8. libre, libérateur, libération
9. million, millionnaire, millionième
10. livre, livresque, livret
11. faire, faisable, défaire
12. nature, naturelle, naturellement

Les homophones
Page 90

1.
a) C'est, ses
b) Ces
c) C'est, ses
d) Mets
e) mais
f) m'est
g) t'ont
h) thon
i) ton
j) à
k) a
l) son
m) sont

Page 91

2.
a) quand
b) point
c) cent ou sang
d) aile
e) foie ou foi

f) voix, vois, voient ou voit
g) son
h) encre
i) dent ou d'en
j) se
k) sept ou cette
l) pot
m) si
n) chair, chaire ou cher
o) chant

3.
a) Ce, se
b) se, ce
c) C'est, s'est
d) la, là
e) l'a
f) Ma, m'a
g) ont, on

Les onomatopées
Page 92

1.
a) atchoum
b) boum
c) bêêêê
d) Beurk !
e) blablabla
f) tchou tchou
g) Ho ! Ho ! Ho !
h) coin coin
i) cocorico
j) Miam !
k) glouglou
l) Bouh !
m) dring dring
n) plouf
o) flic, flac
p) kssksss

Les rimes
Page 93

1. Dame souris trotte, / Noire dans le gris du **soir**, / Dame souris trotte / Grise dans le noir. / On sonne la cloche, / Dormez, les bons **prisonniers** ! / On sonne la cloche : / Faut que vous dormiez. / Pas de mauvais rêve, / Ne pensez qu'à vos **amours** / Pas de mauvais rêve : / Les belles toujours ! / Le grand clair de lune ! / On ronfle ferme à **côté**. / Le grand clair de lune / En réalité ! / Un nuage passe, / Il fait noir comme en un **four**. / Un nuage passe. / Tiens, le petit jour ! / Dame souris trotte, / Rose dans les rayons bleus. / Dame souris trotte : / Debout, **paresseux** !

Page 94

3.
a) papier
b) ringuette
c) escrime
d) Portugal
e) vélo
f) Halloween
g) igloo
h) printemps
i) tête
j) école
k) juillet
l) Saturne
m) Inde
n) Manitoba ou Alberta
o) baleine
p) grenouille

L'écriture des nombres
Page 95

1.
1) quinze
2) vingt et un (ou vingt-et-un*)
3) quatorze
4) quarante
5) quatre
6) dix-neuf
7) soixante-dix-neuf
8) vingt
9) quatre-vingts
10) quatre-vingt-dix-neuf
11) treize
12) quarante et un (ou quarante-et-un*)
13) trois
14) trente-sept
15) quatre-vingt-onze
16) dix
17) cinq
18) deux
19) trente et un (ou trente-et-un*)
20) quarante-neuf
21) neuf
22) quatre-vingt-dix-sept
23) un
24) cinquante
25) trente
26) cinquante-cinq
27) douze
28) huit
29) cinquante-sept
30) vingt-deux

Dictée
Page 96

1.
1) votre
2) coin
3) chocolat
4) changer
5) déposer
6) droite
7) ouvrir
8) voici
9) cieux
10) coucher
11) laid
12) journée
13) qui
14) autobus
15) croire
16) demain
17) déjà
18) pauvre
19) pays
20) peau
21) jouer
22) haute
23) tous
24) bruit
25) cent
26) cousin
27) conduire
28) ville
29) triste
30) soirée

Corrigé

Les préfixes

Page 97

1. a) aéro, air, aéroport
   b) agro, champ, agroalimentaire
   c) allo, autre, allophone
   d) amphi, en double, amphibien
   e) anti, contre, antigel
   f) biblio, livre, bibliothèque
   g) grapho, écrire, graphologie
   h) micro, petit, microphone
   i) cardio, cœur, cardiologue
   j) péd, enfant, pédiatre
   k) para, à côté, parascolaire
   l) thermo, chaleur, thermomètre
   m) bio, vie, biologie
   n) kilo, mille, kilomètre
   o) auto, de soi-même, autonome
   p) penta, cinq, pentagone
   q) néo, nouveau, néologisme
   r) mytho, mythe, mythologie

Page 98

2. a) agronomie, agronome, agroalimentaire, etc.
   b) biologie, biologiste, biodiversité, etc.
   c) bilingue, bipède, bipolaire, etc.
   d) centimètre, centième, centilitre, etc.
   e) cosmopolite, cosmos, etc.
   f) périmètre, périphérie, etc.
   g) aéroport, aérosol, etc.
   h) amphibien, amphibie, etc.
   i) allophone, etc.
   j) antigang, antidote, antidouleur, etc.
   k) archimillionnaire, etc.
   l) automobile, automatique, etc.
   m) bibliothèque, bibliothécaire, etc.
   n) polygone, polyglotte, polygame, etc.
   o) graphologue, graphologie, etc.
   p) cardiologue, cardiologie, etc.

3. a) enfant   b) livre
   c) deux   d) centième
   e) contre   f) petit
   g) écrire   h) à côté
   i) chaleur   j) mythe
   k) cinq   l) de soi-même
   m) nouveau   n) un
   o) air   p) vie

Les suffixes

Page 99

1. a) age, action, affichage
   b) cide, tuer, homicide
   c) culture, cultiver, agriculture
   d) ois, origine, québécois
   e) lingue, langue, bilingue
   f) on, diminutif, chaton
   g) vore, manger, carnivore
   h) ité, qualité, vélocité
   i) ure, ensemble, voilure
   j) erie, spécialité, boulangerie
   k) duc, conduire, oléoduc
   l) graphie, écrire, calligraphie
   m) ateur, agent, réparateur
   n) able, possibilité, coupable
   o) aise, origine, anglaise
   p) âtre, péjoratif, bellâtre
   q) if, caractère, actif
   r) ment, manière, calmement

Page 100

2. a) démocratie, etc.
   b) calligraphie, radiographie, télégraphie, etc.
   c) psychologie, biologie, etc.
   d) synonyme, homonyme, antonyme, etc.
   e) claustrophobe, agoraphobe, arachnophobe, etc.
   f) télescope, microscope, stéthoscope, etc.
   g) chimiothérapie, radiothérapie, psychothérapie, etc.
   h) homicide, fratricide, matricide, etc.
   i) agriculture, pisciculture, apiculture, etc.
   j) oléoduc, viaduc, gazoduc, etc.
   k) bilingue, trilingue, unilingue, etc.
   l) carnivore, herbivore, omnivore, etc.
   m) coloriage, partage, mariage, etc.
   n) dessinateur, docteur, acteur, etc.
   o) joaillerie, boulangerie, boucherie, etc.
   p) maisonnette, minette, fillette, etc.

3. a) origine   b) origine
   c) action   d) tuer
   e) inflammation   f) manière
   g) diminutif   h) possibilité
   i) science   j) examiner
   k) manger   l) cultiver
   m) origine   n) diminutif
   o) qualité   p) agent

Les mots accentués

Page 101

1. 1) à   2) âge
   3) agréable   4) année
   5) août (ou aout*)   6) après
   7) arrêter   8) arrière
   9) aussitôt   10) bâton
   11) bébé   12) bête
   13) bientôt   14) boîte (ou boite*)
   15) centimètre   16) château
   17) cinéma   18) clé
   19) congé
   20) connaître (ou connaitre*)
   21) côte ou côté   22) créer
   23) décembre   24) décider
   25) découvrir   26) déjà
   27) déjeuner   28) délicieux
   29) déposer   30) dernière
   31) derrière   32) dès
   33) désert   34) détruire
   35) deuxième   36) différent

Page 102

2. 1) hélas !   2) hôpital
   3) idée   4) journée
   5) jusqu'à   6) là
   7) lèvre   8) lumière
   9) marché   10) matière
   11) ménage   12) mère
   13) métier   14) mètre
   15) métro   16) misère
   17) moitié   18) naître (ou naitre*)
   19) numéro   20) où
   21) pâle
   22) paraître (ou paraitre*)
   23) père   24) pièce
   25) posséder   26) poupée
   27) préférer   28) préférence
   29) première   30) préparer
   31) prés ou près   32) présenter
   33) prière   34) problème
   35) quatrième   36) répondre

Se situer dans le temps

Page 103

1. a) **Hier**, j'ai skié toute la soirée avec mes amis à Saint-Sauveur.
   b) **Demain**, j'irai jouer au hockey chez mon ami Mathieu.
   c) Mes parents veulent que je range ma chambre **tout de suite**.
   d) C'est mon anniversaire en juin. J'aurai **bientôt** neuf ans.

Corrigé

e) Je ferai mes devoirs et mes leçons. **Ensuite**, j'irai au cinéma avec mes parents.

f) Mon amie Sophie veut que je me rende chez elle **maintenant**.

g) Le mois **prochain**, nous partirons pour l'Italie.

h) Dans le **futur**, nous pourrons voyager sur Mars et Vénus.

M devant b et p
Page 104

1. ambre, champ, décembre, nombre, ambulance, compotes, framboise, tambour, ampoules, compte, imperméable, tempête, bambou, concombre, jambe, tomber, camp, crampe, lampe, trompette

Mot mystère : lampadaire

L'accord de tout
Page 105

1. a) **Tous** mes amis sont invités à mon anniversaire.

b) **Toutes** mes sœurs viendront voir mon spectacle de danse.

c) Gaëlle a mangé **tout** le gâteau au chocolat.

d) Roberto a pris **toute** la place sur la banquette arrière de la voiture.

e) Il faut vérifier **tous** les détails avant d'envoyer notre demande.

f) Simon et François ont regardé la télé **toute** la soirée.

g) **Tous** les animaux du zoo ont eu peur de l'orage.

h) **Toutes** les fleurs du jardin sont écloses.

i) Timothée a rangé **tous** ses vêtements dans la penderie.

j) Sabrina a mis **toute** la sauce à spaghetti au congélateur.

k) **Tout** le monde avait déserté la salle de danse.

l) **Tous** les garçons et les filles de la classe avaient le rhume.

m) **Toute** la chorale chantait des chansons de Noël.

n) **Tous** les membres de la troupe scoute faisaient du camping.

o) William avait pris **tous** les bonbons de sa sœur.

p) François avait fait **tout** le tour du quartier en vélo.

Les mots invariables
Page 106

1. a) Annabelle est partie **à** Toronto pour les vacances de Noël.

b) Léa et Noémie mettront leur imperméable **pour** se protéger de la pluie.

c) William a rangé ses jeux de société **dans** le coffre à jouets.

d) Martine est prudente : elle met **toujours** son casque pour faire du vélo.

e) Lola a mis les sacs d'épicerie **sur** le comptoir de la cuisine.

f) Marie-Chantal dessine **sur** le tableau de sa classe.

g) Sébastien **et** Rachid doivent se rendre à Calgary.

h) Ulric se plaint d'avoir **peu** de jeux de société.

Les mots composés
Page 107

1. 1) casse-tête
2) pique-nique (ou piquenique*)
3) ouvre-boîte
4) arc-en-ciel
5) pousse-pousse (ou poussepousse*)
6) chauve-souris (ou chauvesouris*)
7) belle-sœur
8) rince-bouche
9) tire-bouchon (ou tirebouchon*)
10) passe-partout (ou passepartout*)
11) porte-clé (ou porteclé*)
12) compte-gouttes
13) perce-neige
14) grand-oncle
15) coupe-papier
16) cache-col
17) couche-tard
18) cessez-le-feu
19) porte-avions
20) tête-à-tête
21) savoir-vivre
22) garde-chasse
23) belle-de-jour
24) sans-abri
25) sous-marin
26) gratte-ciel
27) garde-côte
28) cerf-volant
29) station-service
30) après-midi

Les syllabes
Page 108

1. 1) a/mou/reux : 3
2) bi/cy/clet/te : 4
3) bro/co/li : 3
4) cha/peau : 2
5) che/min : 2
6) cho/co/lat : 3
7) clô/tu/re : 3
8) con/com/bre : 3
9) der/ni/è/re : 4
10) di/man/che : 3
11) é/cu/reuil : 3
12) fa/mi/li/a/le : 5
13) fau/teuil : 2
14) fol/le : 2
15) fou/lard : 2
16) fro/ma/ge : 3
17) his/toi/re : 3
18) ho/ckey : 2
19) hor/lo/ge : 3
20) in/sec/te : 3
21) jour/née : 2
22) lam/pe : 2
23) mai/son : 2
24) mu/si/que : 3
25) nou/veau : 2
26) or/di/na/teur : 4
27) pa/ra/pluie : 3
28) pis/ci/ne : 3
29) pom/pi/er : 3
30) rei/ne : 2

Vocabulaire
Le livre
Page 109

1. a) recueil de poésie
b) roman policier
c) bande dessinée
d) pièce de théâtre
e) livre de recettes
f) dictionnaire

Vocabulaire
Les instruments de musique
Page 110

2. a) xylophone, percussion
b) violon, cordes
c) saxophone, vent
d) sitar, cordes
e) piano, cordes
f) maracas, percussion
g) guitare, cordes
h) flûte (ou flute*) de Pan, vent
i) flûte (ou flute*) à bec, vent
j) bongo, percussion
k) batterie, percussion
l) banjo, cordes

Vocabulaire
Le sport
Page 111

3. a) quilles
b) baseball
c) boxe
d) équitation
e) course
f) vélo
g) escrime
h) gymnastique
i) soccer
j) football
k) tennis
l) ski

Corrigé

Vocabulaire
Les moyens de transport
Page 112

4. a) voilier b) chaloupe
    c) ambulance d) autobus
    e) camion f) moto
    g) bicyclette h) scooter
    i) motoneige j) trottinette
    k) train l) véhicule récréatif

Communication orale
Page 113

1. Réponses variées.

Page 114

2. Réponses variées.

Dictée
Page 115

1. 1) hiver 2) laine
    3) apprendre 4) dangereuse
    5) fleuve 6) moins
    7) morceau 8) œil
    9) paraître (ou paraitre*)
    10) lorsque 11) machine
    12) gâteau 13) ça
    14) fête 15) poupée
    16) chaque 17) douce
    18) finir 19) amuser
    20) terrain 21) bouche
    22) blanc 23) me
    24) trois 25) coup
    26) grise 27) avant
    28) arbre 29) jeu
    30) offrir

Situation d'écriture
Page 116

1. Réponses variées.

Page 117

2. Réponses variées.

Page 118

3. Réponses variées.

Page 119

4. Réponses variées.

Des mots dans le désordre
Page 120

1. Les oiseaux :
    a) ailes b) mésange
    c) hibou d) cardinal
    e) jumelles f) corbeau
    g) vautour h) nichoir

   Les fleurs :
    a) pétale b) bourgeon
    c) racine d) tulipe
    e) feuille f) œillet
    g) bouquet h) fleuriste
    i) narcisse j) géranium

   La mer :
    a) baleine b) orque
    c) dauphin d) phoque
    e) béluga f) cachalot
    g) requin h) anémone
    i) algue j) poisson

Compréhension de lecture
Page 123

1. a) Deux.
    b) Leur jeune frère.
    c) La fouiller.
    d) Des canards.
    e) « Laissez donc les animaux en paix, je ne peux pas supporter qu'on les tue ! »
    f) Elle les avait changés en pierre.
    g) Elle voulait qu'il souffre de voir ses trois filles dormir d'un sommeil de pierre.
    h) Sur une tablette de pierre.
    i) Mille perles.
    j) Avant le coucher du soleil.
    k) Il a été changé en pierre.
    l) Des fourmis.
    m) 5 000 fourmis.
    n) Au fond du lac.
    o) Les canards.
    p) Il devait reconnaître la plus jeune et la plus gentille des princesses.
    q) En goûtant les cristaux de sucre sur les lèvres des princesses.
    r) La plus jeune des princesses.
    s) Il devint roi.

Page 132

2. a) En Chine.
    b) De porcelaine.
    c) Un rossignol.
    d) L'empereur du Japon.
    e) « P ! ».
    f) De lui procurer un poste permanent aux cuisines et de la laisser s'occuper des repas de l'empereur.
    g) Il croit qu'il a perdu ses couleurs à force de se faire regarder par tant de gens.
    h) Dans la nature.
    i) Une pantoufle d'or.
    j) Un rossignol mécanique.
    k) « Il chante joliment, les mélodies sont ressemblantes, mais il lui manque quelque chose, nous ne savons trop quoi ! »
    l) La Mort.
    m) De ne dire à personne qu'il avait un oiseau qui lui racontait tout.
    n) « Bonjour ! »

Corrigé

Mathématique

Le sens et l'écriture des nombres naturels inférieurs à 100 000

Page 134

1. 3 575, 3 576, 3 577, 3 578, 3 579, 3 580, 3 581, 3 582, 3 583, 3 584, 3 585, 3 586, 3 587, 3 588, 3 589, 3 590, 3 591, 3 592, 3 593, 3 594, 3 595, 3 596, 3 597, 3 598, 3 599.

2. a) 5 439, **5 440**, **5 441**, 5 442, **5 443**, **5 444**, 5 445, **5 446**, 5 447, **5 448**

   b) 2 997, 2 998, **2 999**, **3 000**, **3 001**, 3 002, **3 003**, **3 004**, **3 005**, 3 006

   c) **6 418**, **6 419**, 6 420, **6 421**, 6 422, 6 423, **6 424**, 6 425, **6 426**, **6 427**

   d) **7 095**, 7 096, **7 097**, **7 098**, **7 099**, 7 100, **7 101**, **7 102**, 7 103, 7 104

   e) **9 355**, 9 356, **9 357**, **9 358**, 9 359, **9 360**, **9 361**, 9 362, 9 363, **9 364**

3. a) Encercler 3 496 et faire un ✗ sur 9 436.

   b) Encercler 2 587 et faire un ✗ sur 8 725.

   c) Encercler 1 347 et faire un ✗ sur 7 431.

4. a) >   b) >   c) <   d) >
   e) =   f) >

Page 135

5.

7 623	**7 629**	**7 635**	**7 641**	**7 647**	7 653	**7 659**	**7 665**	7 671	**7 677**
7 737	**7 731**	7 725	**7 719**	**7 713**	**7 707**	**7 701**	7 695	**7 689**	7 683
7 743	**7 749**	**7 755**	**7 761**	7 767	**7 773**	**7 779**	**7 785**	7 791	**7 797**
7 857	**7 851**	**7 845**	7 839	**7 833**	**7 827**	7 821	**7 815**	**7 809**	7 803

6.
   a) (8 632) (8 362) (6 832) 6̶ ̶2̶3 (6 382) 6̶ ̶8̶3 (3 826) (3 682) (3 286) (2 368)

   b) 9̶ ̶4̶5 9̶ ̶5̶7 (7 954) 7̶ ̶4̶9 7̶ ̶9 (5 974) 5̶ ̶9̶7 4̶ ̶5̶7 4̶ ̶9̶5 4̶ ̶5̶9

   c) (8 314) (8 134) 4̶ ̶3̶1 (4 138) 3̶ ̶4̶1 (3 184) (3 148) 1̶ ̶4̶3 (1 438) (1 384)

7. a) 3 692   b) 7 934   c) 4 071
   d) 8 348   e) 5 706   f) 9 883
   g) 2 661   h) 6 016

Page 136

8. a) Colorier en vert la piñata dans laquelle est inscrit le nombre 37 280.

   b) Colorier en jaune la piñata dans laquelle est inscrit le nombre 69 845.

   c) Colorier en bleu la piñata dans laquelle est inscrit le nombre 75 378.

   d) Colorier en rouge la piñata dans laquelle est inscrit le nombre 18 742.

   e) Colorier en mauve la piñata dans laquelle est inscrit le nombre 91 735.

   f) Colorier en orange la piñata dans laquelle est inscrit le nombre 65 023.

   g) Colorier en rose la piñata dans laquelle est inscrit le nombre 22 297.

   h) Colorier en brun la piñata dans laquelle est inscrit le nombre 58 729.

   i) Encercler les piñatas suivantes : 84 363, 46 577, 69 845, 58 729, 60 443, 22 297, 91 735 et 65 023.

   j) 18 742, 22 297, 25 794, 37 280, 39 686, 46 577, 58 729, 60 443, 65 023, 69 845, 71 906, 75 378, 84 363, 89 956, 91 735

Page 137

9. a) 2 694   b) 5 135   c) 748
   d) 3 050   e) 4 656   f) 2 376
   g) 6 075   h) 4 193

Page 138

10. a) Encadrer : 5 221, 7 728, 4 925, 5 629, 9 123, 6 620, 3 425, 8 526, 1 029, 3 924, 5 720, 5 622.

   b) Encercler : 8 613, 8 735, 8 707, 8 395, 8 767, 8 040, 8 364, 8 526, 8 254, 8 347, 8 735.

   c) Faire un ✗ sur : 4 592, 2 569, 9 546, 4 539, 7 534, 2 515, 3 578, 5 537, 4 568, 8 526, 4 593.

   d) Souligner : 9 716, 3 806, 9 546, 1 246, 9 176, 4 496, 5 376, 8 526, 7 086, 4 636, 2 676, 1 996.

   e) Nombre encadré, encerclé, marqué d'un ✗ et souligné : 8 526.

11. a) 30   b) 6 000   c) 2
    d) 500   e) 78   f) 60
    g) 350   h) 5 200   i) 990
    j) 6 820   k) 40   l) 8 000

Page 139

12. a) 8 000 + 300 + 70 + 2 ou 8 u de m + 3 c + 7 d + 2 u

    b) 2 000 + 900 + 40 + 5 ou 2 u de m + 9 c + 4 d + 5 u

    c) 6 000 + 200 + 90 + 4 ou 6 u de m + 2 c + 9 d + 4 u

    d) 5 000 + 300 + 80 + 1 ou 5 u de m + 3 c + 8 d + 1 u

    e) 3 000 + 600 + 70 + 3 ou 3 u de m + 6 c + 7 d + 3 u

    f) 7 000 + 20 + 9 ou 7 u de m + 2 d + 9 u

    g) 4 000 + 200 + 60 + 8 ou 4 u de m + 2 c + 6 d + 8 u

    h) 1 000 + 500 + 90 + 6 oú 1 u de m + 5 c + 9 d + 6 u

13. a) 4 506   b) 3 964   c) 5 271
    d) 6 842   e) 7 943   f) 7 285
    g) 3 094   h) 7 458

Page 140

14. a) 3 697   b) 4 336   c) 6 592
    d) 6 525   e) 5 847   f) 7 934

15. Colorier les tambours suivants : 7 234, 5 150, 9 268, 3 502 et 2 836.

16. a) =   b) >   c) <   d) <
    e) =

Page 141

17.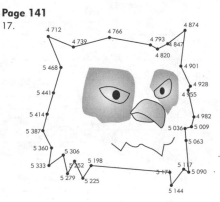

Corrigé

Page 142

18. a)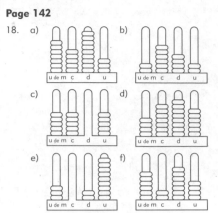

19. **Note:** La nouvelle orthographe accepte la présence de traits d'union entre tous les éléments des numéraux composés.

   a) sept mille cinq cent quatre-vingt-huit
   b) trois mille quatre cent quatre-vingt-quinze
   c) six mille quarante-sept
   d) huit mille trois cent soixante-quatre
   e) cinq mille neuf cent six
   f) neuf mille six cent soixante-treize
   g) quatre mille deux
   h) deux mille deux cent trente-neuf

Page 143

20. a) Colorier en rouge le nombre 2 770.
   b) Colorier en jaune le nombre 4 859.
   c) Colorier en vert le nombre 2 138.
   d) Colorier en bleu les nombres 7 439, 6 459, 5 496, 9 458 et 5 469.
   e) Colorier en mauve les nombres 4 397 et 7 207.
   f) Colorier en orange les nombres 5 086 et 9 584.
   g) Colorier en rose les nombres 3 794 et 3 812.

21.

	Nombre pair	Nombre impair
6 145		✗
7 298	✗	
3 317		✗
4 311		✗
9 546	✗	
8 680	✗	

	Nombre premier	Nombre composé
6 145		✗
7 298		✗
3 317		✗
4 311		✗
9 546		✗
8 680		✗

Page 144

22. a) 357 b) 699 c) 4 275
   d) 58

23. a) 3 457, 3 574, 3 745, 3 754, 4 537, 4 573, 4 735, 5 437, 5 743, 7 345, 7 354, 7 453
   b) 2 698, 2 896, 2 968, 6 289, 6 298, 6 829, 8 269, 8 629, 8 926, 9 268, 9 682, 9 826

24. Faire un ✗ sur les nombres 81, 49, 64, 16, 36 et 25.

25. Encercler les nombres 23, 61, 17, 53 et 47 ; faire un ✗ sur les nombres 38, 45, 56, 39, 74, 28 et 64.

Les additions sur les nombres naturels
Page 145

1. a) 933 b) 1434 c) 2 911
   d) 4 895 e) 4 288

Page 146

2. a) 462 b) 564 c) 1 213
   d) 1 343 e) 2 412 f) 2 180
   g) 3 272 h) 4 592 i) 5 028
   j) 4 394 k) 6 677 l) 7 885
   m) 9 872 n) 7 507 o) 5 797
   p) 7 175 q) 8 825 r) 8 570
   s) 9 584 t) 8 964 u) 6 247
   v) 6 261 w) 6 322 x) 9 479

Les soustractions sur les nombres naturels
Page 147

1. a) 373 b) 205 c) 173
   d) 319 e) 551

Page 148

2. a) 585 b) 221 c) 357
   d) 394 e) 1 994 f) 2 767
   g) 869 h) 6 606 i) 3 214
   j) 2 922 k) 3 957 l) 3 115
   m) 943 n) 6 174 o) 5 235
   p) 773 q) 2 287 r) 5 023
   s) 3 773 t) 2 145 u) 1 998
   v) 781 w) 1 706 x) 1 841

Les additions et les soustractions sur les nombres naturels
Page 149

1. a) 624 + 595 = 1 219
   b) 876 − 358 = 518
   c) 349 + 374 = 723
   d) 753 − 466 = 287
   e) 567 + 326 = 893
   f) 908 − 671 = 237
   g) 482 + 467 = 949
   h) 619 − 288 = 331
   i) 749 + 572 = 1 321
   j) 652 − 486 = 166
   k) 299 + 347 = 646
   l) 450 − 195 = 255
   m) 435 + 564 = 999
   n) 543 − 276 = 267
   o) 678 + 592 = 1 270
   p) 947 − 786 = 161
   q) 528 + 888 = 1 416
   r) 827 − 651 = 176
   s) 455 + 863 = 1 318
   t) 783 − 258 = 525

Page 150

2. a) b)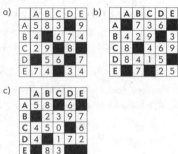

   c)

Page 151

3. a) 1 987 + 1 558 = 3 545
   b) 1 181 + 2 364 = 3 545
   c) 1 426 + 2 119 = 3 545
   d) 887 + 2 658 = 3 545
   e) 1 863 + 1 682 = 3 545
   f) 2 278 + 1 267 = 3 545

4. a) 786 − 549 = 237
   b) 690 − 453 = 237
   c) 952 − 715 = 237
   d) 573 − 336 = 237
   e) 465 − 228 = 237
   f) 808 − 571 = 237

Page 152

5. a)

   b)

   c)

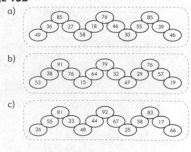

Corrigé

d)
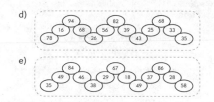

e)

Page 153

6.
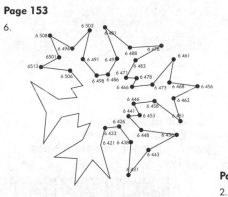

Page 154

7. a) 1 529 points   b) 913 points

c) 1 369 points   d) 1 771 points

e) 952 points   f) 907 points

Page 155

8. 8 240 espèces de reptiles se retrouvent dans la nature.

9. Il y a 3 547 personnes à bord du bateau.

10. Le bibliothécaire a catalogué 8 235 articles en tout.

Page 156

11. Il reste 1364 places disponibles dans la salle de spectacle.

12. Il lui reste une distance de 3 359 km à parcourir pour se rendre à destination.

13. On compte environ 2 276 papilles gustatives sur la langue.

Page 157

14. Le pâtissier doit préparer 912 petits-fours et 327 beignets.

15. 1 102 voitures étaient toujours stationnées dans le parc à autos municipal.

16. Le plongeur du bistrot a lavé 1 827 pièces de vaisselle en tout.

Les multiplications sur les nombres naturels

Page 158

1. Série 1

a) 32   b) 14   c) 12   d) 12

e) 27   f) 0   g) 2   h) 45

i) 12   j) 20

Série 2

a) 18   b) 18   c) 25   d) 21

e) 16   f) 18   g) 48   h) 24

i) 7   j) 35

Série 3

a) 63   b) 30   c) 56   d) 40

e) 6   f) 36   g) 0   h) 24

i) 10   j) 0

Série 4

a) 15   b) 8   c) 54   d) 4

e) 28   f) 35   g) 63   h) 42

i) 64   j) 10

Série 5

a) 8   b) 72   c) 0   d) 20

e) 81   f) 42   g) 8   h) 5

i) 21   j) 24

Page 159

2. a) 140   b) 432   c) 472

d) 448   e) 288   f) 140

Page 160

3. a) 240   b) 477   c) 426

d) 352   e) 410   f) 117

g) 182   h) 36   i) 855

j) 536   k) 390   l) 336

m) 168   n) 301   o) 216

p) 261   q) 296   r) 460

s) 162   t) 195   u) 2 048

v) 1 182   w) 2 163   x) 2 690

Les divisions sur les nombres naturels

Page 161

1. Série 1

a) 3   b) 5   c) 3   d) 3

e) 5   f) 8   g) 7   h) 7

i) 9   j) 8

Série 2

a) 6   b) 6   c) 5   d) 9

e) 7   f) 2   g) 6   h) 7

i) 5   j) 8

Série 3

a) 3   b) 5   c) 4   d) 7

e) 8   f) 6   g) 1   h) 5

i) 4   j) 6

Série 4

a) 8   b) 7   c) 8   d) 7

e) 6   f) 9   g) 7   h) 3

i) 4   j) 5

Série 5

a) 10   b) 4   c) 9   d) 8

e) 9   f) 3   g) 6   h) 8

i) 9   j) 9

Page 162

2. a) 41   b) 12   c) 13   d) 213

e) 43   f) 89   g) 72   h) 56

i) 63   j) 37   k) 244   l) 87

m) 77   n) 89   o) 51   p) 75

q) 247   r) 478   s) 87   t) 63

Les diviseurs et les multiples des nombres naturels

Page 163

1. a) {1, 2, 3, 6, 9, 18}

b) {1, 2, 4, 5, 10, 20}

c) {1, 2, 3, 4, 6, 8, 12, 24}

d) {1, 2, 4, 7, 14, 28}

e) {1, 2, 3, 5, 6, 10, 15, 30}

2. a) 14, 21, 28, 35, 42

b) 8, 12, 16, 20, 24

c) 18, 27, 36, 45, 54

d) 30, 45, 60, 75, 90

e) 24, 36, 48, 60, 72

3. a) 20, 35, 45   b) 21, 35, 42, 56

c) 20, 24, 44, 48   d) 18, 36, 54

e) 24, 27, 42

Les multiplications et les divisions sur les nombres naturels

Page 164

1. a) 593 × 6 = 3 558

b) 642 ÷ 6 = 107

c) 784 × 7 = 5 488

d) 441 ÷ 3 = 147

e) 369 × 4 = 1476

f) 588 ÷ 7 = 84

g) 816 × 3 = 2 448

h) 725 ÷ 5 = 145

i) 405 × 9 = 3 645

j) 372 ÷ 4 = 93

k) 958 × 2 = 1916

l) 675 ÷ 9 = 75

m) 277 × 8 = 2 216

n) 440 ÷ 8 = 55

o) 631 × 5 = 3 155

p) 798 ÷ 2 = 399

q) 729 × 3 = 2 187

r) 504 ÷ 9 = 56

s) 437 × 6 = 2 622

t) 462 ÷ 7 = 66

Corrigé

Le plus grand commun diviseur et le plus petit commun multiple
Page 165

1. a) 27 : {1, 3, 9, 27}
   36 : {1, 2, 3, 4, 6, 9, 12, 18, 36}
   PGCD : 9

   b) 32 : {1, 2, 4, 8, 16, 32}
   48 : {1, 2, 3, 4, 6, 8, 12, 16, 24, 48}
   PGCD : 16

   c) 54 : {1, 2, 3, 6, 9, 18, 27, 54}
   56 : {1, 2, 4, 7, 8, 14, 28, 56}
   PGCD : 2

2. a) 10 : 10, 20, 30, 40, 50, 60, 70, 80, 90, 100
   12 : 12, 24, 36, 48, 60, 72, 84, 96, 108, 120
   PPCM : 60

   b) 9 : 9, 18, 27, 36, 45, 54, 63, 72, 81, 90
   15 : 15, 30, 45, 60, 75, 90, 105, 120, 135, 150
   PPCM : 45

   c) 8 : 8, 16, 24, 32, 40, 48, 56, 64, 72, 80
   18 : 18, 36, 54, 72, 90, 108, 126, 144, 162, 180
   PPCM : 72

Les multiplications sur les nombres naturels
Page 166

1. La blanchisseuse a repassé 848 jupes.

2. Antoine a effectué 395 pelletées de neige.

3. L'agriculteur devra se procurer 384 épouvantails pour mettre son plan à exécution.

Les divisions sur les nombres naturels
Page 167

1. Le billot de bois aperçu par le pêcheur mesurait approximativement 29 m.

2. Stéphane a effectué 48 tours de montagnes russes et Nadine, 84.

3. Les Durand reviendront observer les chauves-souris dans 73 jours.

Les opérations sur les nombres naturels
Page 168

1. Les biologistes ont dénombré 83 espèces de cétacés.

2. Le périple des marcheurs durera 9 jours.

3. 4 920 éclairs s'abattent sur la Terre en 5 secondes.

Page 169

4. a) < b) < c) < d) >
   e) = f) < g) > h) <
   i) < j) > k) = l) =
   m) = n) < o) > p) =
   q) < r) <

Le sens et l'écriture des fractions
Page 170

1. a) $\dfrac{1}{4}$ b) $\dfrac{3}{6}$ c) $\dfrac{5}{8}$ d) $\dfrac{3}{5}$
   e) $\dfrac{2}{3}$ f) $\dfrac{4}{7}$

2.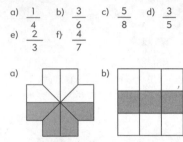

Page 171

3.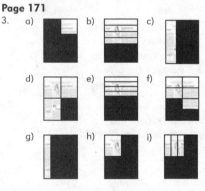

Page 172

4. a) Encercler 3 bananes.
   b) Encercler 4 bananes.
   c) Encercler 9 bananes.
   d) Encercler 12 bananes.

5. a) 3 b) 5 c) 4 d) 1
   e) 2

Page 173

6. Dessiner un chapeau à 4 personnages, des lunettes à 9 personnages, une moustache à 5 personnages et une cravate à 6 personnages.

7. a) $\dfrac{5}{9}$ b) $\dfrac{2}{7}$ c) $\dfrac{2}{5}$

Page 174

8. Faire un ✗ sur les figures a, d et h. Souligner les figures b et e. Encercler les figures c, f et g.

9. a) Colorier 9 parties sur 12.
   b) Colorier 6 parties sur 12.
   c) Colorier 5 parties sur 12.
   d) Colorier 10 parties sur 12.
   e) Colorier 8 parties sur 12.
   f) Colorier 3 parties sur 12.

   Ordre décroissant :

   $\dfrac{5}{6}$, $\dfrac{3}{4}$, $\dfrac{2}{3}$, $\dfrac{1}{2}$, $\dfrac{5}{12}$, $\dfrac{1}{4}$

Le sens et l'écriture des nombres décimaux jusqu'à l'ordre des centièmes
Page 175

1.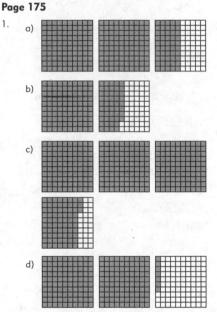

Page 176

2. a) 4 316,96 b) 2 835,44 c) 4 002,73
   d) 6 457,72

Corrigé

Page 177

3.

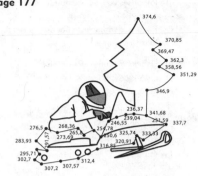

374,6
370,85
369,47
362,3
358,56
351,29
346,9
236,37
341,68
339,04
337,7
331,59
268,36
276,5
246,55
254,78
283,93
265,1
273,69
291,57
250,6 325,74 333,33
320,91
316,85
295,71
302,7
312,4
307,2 307,57

L'activité qui motive tant Zacharie est la motoneige.

Page 178

4. a) 58,7   b) 83,29   c) 36,05
    d) 71,48   e) 96,6

5.

53,4	53,7	54	54,3	54,6	54,9	55,2	55,5	55,8	56,1
59,1	58,8	58,5	58,2	57,9	57,6	57,3	57	56,7	56,4
59,4	59,7	60	60,3	60,6	60,9	61,2	61,5	61,8	62,1
65,1	64,8	64,5	64,2	63,9	63,6	63,3	63	62,7	62,4

6. a) soixante-dix-huit et quatre dixièmes
    b) quatre-vingt-quinze et soixante-dix-sept centièmes
    c) quarante-trois et deux centièmes
    d) soixante et cinquante-huit centièmes
    e) trois cent dix-neuf (ou trois-cent-dix-neuf*) et trente-cinq centièmes

Page 179

7. a) Colorier en rouge la lanterne dans laquelle est inscrit le nombre 72,39.
    b) Colorier en bleu la lanterne dans laquelle est inscrit le nombre 916,5.
    c) Colorier en jaune la lanterne dans laquelle est inscrit le nombre 58,94.
    d) Colorier en vert la lanterne dans laquelle est inscrit le nombre 45,63.
    e) Colorier en orange la lanterne dans laquelle est inscrit le nombre 944,2.
    f) Colorier en mauve la lanterne dans laquelle est inscrit le nombre 70,85.
    g) Colorier en rose la lanterne dans laquelle est inscrit le nombre 539,7.
    h) Colorier en brun la lanterne dans laquelle est inscrit le nombre 91,46.
    i) Encercler les nombres suivants : 58,94 ; 944,2 ; 91,46.

Page 180

8. a) 2 dizaines   b) 4 centaines
    c) 9 centièmes   d) 89 dizaines
    e) 59 dixièmes   f) 44 centièmes

g) 98 unités   h) 976 centièmes
i) 5 dixièmes   j) 65 unités

9. a) $200 + 50 + 4 + 0{,}7 + 0{,}01$ ou $2\,c + 5\,d + 4\,u + \dfrac{7}{10} + \dfrac{1}{100}$

    b) $600 + 30 + 8 + 0{,}5 + 0{,}04$ ou $6\,c + 3\,d + 8\,u + \dfrac{5}{10} + \dfrac{4}{100}$

    c) $500 + 40 + 7 + 0{,}6 + 0{,}05$ ou $5\,c + 4\,d + 7\,u + \dfrac{6}{10} + \dfrac{5}{100}$

10. a) 456,87   b) 893,62   c) 537,94

Page 181

11. a) Encadrer les nombres suivants : 43,58 ; 248,1 ; 340,7 ; 45,69 ; 942,36 ; 46,93 ; 344,7.
    b) Encercler les nombres suivants : 34,68 ; 43,58 ; 74,88 ; 65,78.
    c) Faire un ✗ sur les nombres suivants : 503,7 ; 43,58 ; 73,84 ; 63,46.
    d) Souligner les nombres suivants : 482,5 ; 936,5 ; 43,58 ; 237,5 ; 77,56.
    e) 43,58.

12. a) >   b) >   c) >   d) <
    e) =   f) <

13. a) Encercler 4,69 et faire un ✗ sur 96,4.
    b) Encercler 3,58 et faire un ✗ sur 85,3.

Les additions sur les nombres décimaux jusqu'à l'ordre des centièmes
Page 182

1. a) 79,84   b) 96,49   c) 88,31
    d) 93,93

Page 183

2. a) 93,1   b) 115   c) 104,07
    d) 146,24   e) 83,95   f) 88,63
    g) 51,69   h) 94,09   i) 104,12
    j) 94,16   k) 142,03   l) 122,95
    m) 302,39   n) 538,33   o) 441,93
    p) 972,7   q) 469,45   r) 673,3
    s) 594,79   t) 291,77   u) 786,25
    v) 909,27   w) 653,44   x) 987,31

Les soustractions sur les nombres décimaux jusqu'à l'ordre des centièmes
Page 184

1. a) 26,62   b) 52,73   c) 55,49
    d) 42,48

Page 185

2. a) 42,7   b) 35,6   c) 37,26
    d) 30,43   e) 5,5   f) 28,08
    g) 908,81   h) 411,43   i) 815,23
    j) 666,54   k) 549,76   l) 522,95
    m) 178,66   n) 655,96   o) 156,87
    p) 677,68   q) 617,91   r) 160,93
    s) 105,98   t) 837,69   u) 470,3
    v) 272,7   w) 323,33   x) 100,54

Les opérations sur les nombres décimaux jusqu'à l'ordre des centièmes
Page 186

1. a) $4{,}79 + 3{,}8 = 8{,}59$
    b) $5{,}8 - 2{,}63 = 3{,}17$
    c) $6{,}3 + 2{,}97 = 9{,}27$
    d) $9{,}24 - 5{,}4 = 3{,}84$
    e) $65{,}8 + 76{,}4 = 142{,}2$
    f) $49{,}3 + 85{,}6 = 134{,}9$
    g) $57{,}65 + 38{,}54 = 96{,}19$
    h) $36{,}72 + 44{,}37 = 81{,}09$
    i) $70{,}5 - 27{,}8 = 42{,}7$
    j) $82{,}6 - 35{,}2 = 47{,}4$
    k) $94{,}43 - 68{,}53 = 25{,}9$
    l) $63{,}19 - 48{,}42 = 14{,}77$
    m) $257{,}7 + 319{,}8 = 577{,}5$
    n) $408{,}36 + 525{,}83 = 934{,}19$
    o) $360{,}9 + 608{,}74 = 969{,}64$
    p) $574{,}58 + 386{,}3 = 960{,}88$
    q) $753{,}49 - 286{,}8 = 466{,}69$
    r) $631{,}7 - 429{,}65 = 202{,}05$
    s) $965{,}65 - 399{,}96 = 565{,}69$
    t) $848{,}3 - 537{,}7 = 310{,}6$

Page 187

2. a) $359{,}86 + 514{,}49$
    b) $367{,}72 + 506{,}63$
    c) $446{,}1 + 428{,}25$
    d) $624{,}5 + 249{,}85$
    e) $293{,}64 + 580{,}71$
    f) $382{,}43 + 491{,}92$

3. a) $785{,}71 - 538{,}92$
    b) $619{,}15 - 372{,}36$
    c) $702{,}27 - 455{,}48$
    d) $544{,}06 - 297{,}27$
    e) $581{,}34 - 334{,}55$
    f) $665{,}92 - 419{,}13$

Corrigé

Page 188

4. a) 9,8 ; 10,2 ; 10,6
   b) 5,7 ; 5,2 ; 4,7
   c) 5,26 ; 5,4 ; 5,54
   d) 6,68 ; 6,59 ; 6,5
   e) 44,7 ; 47 ; 49,3
   f) 45,5 ; 43,9 ; 42,3

Page 189

5. g) 13,6 < 24,05
   h) 43,9 > 25,5
   i) 16,56 = 16,56
   j) 68,01 > 64,32
   k) 69,1 > 66,62
   l) 18,52 = 18,52
   m) 22,33 < 28,23
   n) 110,77 > 105,42
   o) 42,7 < 70,62
   p) 114 > 40,95

Les nombres décimaux jusqu'à l'ordre des centièmes et l'argent
Page 190

1. a) 61,15 $ + 43,65 $ = 104,80 $
   b) 115,40 $ − 33,95 $ = 81,45 $
   c) 52,95 $ + 35,30 $ = 88,25 $
   d) 121 $ − 80,55 $ = 40,45 $

Page 191

2.

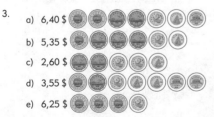

							Somme
2	7	4	3	4	2	1	**67,25 $**
3	2	5	8	1	4	9	**59,10 $**
5	3	1	4	6	1	0	**72,60 $**
4	5	6	5	8	9	4	**85,10 $**
1	8	2	1	5	5	7	**57,10 $**
6	1	8	6	2	3	4	**88,05 $**
2	4	7	3	7	0	5	**59,00 $**
4	9	3	7	4	4	8	**99,80 $**

Ordre croissant : 57,10 $; 59,00 $; 59,10 $; 67,25 $; 72,60 $; 85,10 $; 88,05 $; 99,80 $

3. a) 6,40 $
   b) 5,35 $
   c) 2,60 $
   d) 3,55 $
   e) 6,25 $

Page 192

4. a) 72,50 $

   b) 96,45 $

   c) 121,10 $

   d) 88,25 $

Les opérations sur les nombres décimaux jusqu'à l'ordre des centièmes
Page 193

1. a) 60,8 ; 41,6 ; 89,5
   b) 8,15 ; 10,66 ; 7,24
   c) 89,9 ; 76,7 ; 73
   d) 1,19 ; 4,63 ; 0,87
   e) 28,65 ; 37,81 ; 50,07
   f) 92,13 ; 78,54 ; 75,32
   g) 52,98 ; 79,65 ; 66,42
   h) 18,79 ; 25,15 ; 36,3
   i) 1,59 ; 1,38 ; 1,61
   j) 643,7 ; 458 ; 369,4

Page 194

2. Les maraîchers doivent ajouter 47,4 l d'eau dans le chaudron.

3. Une distance de 20,37 km sépare la résidence de Raphaël de celle de son copain.

4. Les danseurs doivent tenir le coup encore au moins 17,42 heures.

Page 195

5. a) 155,05 $ b) 101,92 $ c) 52,31 $
   d) 23,45 $ e) 67,12 $ f) 90,25 $

L'espace
L'axe, le plan et le plan cartésien
Page 196

1. a) Réponses variées : demander à un adulte de vérifier.
   b) Réponses variées : demander à un adulte de vérifier.

c) Réponses variées : demander à un adulte de vérifier.

d) Réponses variées : demander à un adulte de vérifier.

2. a) le cuisinier   b) le pilote
   c) l'ouvrière   d) le mécanicien
   e) le plombier

Page 197

3. Légende :
   R = rouge ;   B = bleu ;   V = vert ;
   J = jaune ;   O = orange ;   M = mauve ;
   S = rose

a)
	1	2	3	4	5
A		V	R		
B		R	V		B
C	B			R	
D				B	
E			V		

b)
	1	2	3	4	5
A					O
B	.			J	
C			M	O	
D			J	M	
E		J		O	M

c)
	1	2	3	4	5
A		S	S	S	
B	V		V	V	M
C				M	
D				M	
E					

d)
	1	2	3	4	5
A	B				O
B			B	J	
C			B		
D		J	O		
E		J			O

Page 198

4. Prof est au (O, 19) ;
   Grincheux est au (D, 9) ;
   Dormeur est au (F, 21) ;
   Atchoum est au (J, 14) ;
   Timide est au (R, 12) ;
   Joyeux est au (U, 5) ;
   Simplet est au (L, 3).

Page 199

5.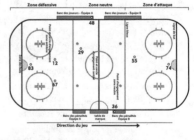

Diagramme de la patinoire en fonction de l'équipe A

Page 200

6. a) AXE I   B : 17 C : 25 D : 33 E : 43
   b) AXE II   F : 15,5 G : 17 H : 19,5 I : 21
   c) AXE III B : 85 G : 55 J : 25
   d) AXE IV   A : 6,78 D : 6,66 I : 6,51

Corrigé

Les solides

Page 201

1.

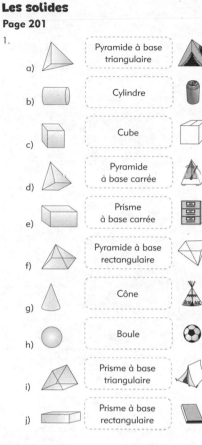

a) — Pyramide à base triangulaire

b) — Cylindre

c) — Cube

d) — Pyramide à base carrée

e) — Prisme à base carrée

f) — Pyramide à base rectangulaire

g) — Cône

h) — Boule

i) — Prisme à base triangulaire

j) — Prisme à base rectangulaire

Page 202

2. a) faces planes : 6   faces courbes : 0
       arêtes : 12   sommets : 8

    b) faces planes : 0   faces courbes : 1
       arêtes : 0   sommets : 0

    c) faces planes : 5   faces courbes : 0
       arêtes : 8   sommets : 5

    d) faces planes : 6   faces courbes : 0
       arêtes : 12   sommets : 8

    e) faces planes : 1   faces courbes : 1
       arêtes : 1   sommets : 1

    f) faces planes : 6   faces courbes : 0
       arêtes : 12   sommets : 8

    g) faces planes : 4   faces courbes : 0
       arêtes : 6   sommets : 4

    h) faces planes : 5   faces courbes : 0
       arêtes : 9   sommets : 6

    i) faces planes : 2   faces courbes : 1
       arêtes : 2   sommets : 0

Page 203

3.

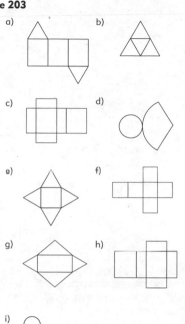

a) b) c) d) e) f) g) h) i)

Page 204

4. a) 2, 6, 9, 11, 13, 15

    b) 1, 4, 6, 7, 9, 12, 13, 14

    c) 3, 5, 8, 10

    d) 3, 5, 8

    e) 1, 3, 8, 13

    f) 1, 2, 4, 6, 7, 9, 12, 14, 15

Page 205

5.

Nom du solide	△	⬡
Prisme à base carrée	0	0
Prisme à base hexagonale	**0**	**2**
Prisme à base triangulaire	4	0
Pyramide à base pentagonale	**5**	**0**
Cylindre	0	0
Pyramide à base carrée	4	0
Prisme à base pentagonale	**0**	**0**
Pyramide à base rectangulaire	4	0
Cube	**0**	**0**
Pyramide à base hexagonale	**6**	**1**
Prisme à base triangulaire	2	0

Nom du solide	▢	◯
Prisme à base carrée	2	0
Prisme à base hexagonale	**0**	**0**
Prisme à base triangulaire	0	0
Pyramide à base pentagonale	**0**	**0**
Cylindre	0	2
Pyramide à base carrée	1	0
Prisme à base pentagonale	**0**	**0**
Pyramide à base rectangulaire	0	0
Cube	**6**	**0**
Pyramide à base hexagonale	**0**	**0**
Prisme à base triangulaire	0	0

Nom du solide	⬠	▭
Prisme à base carrée	0	4
Prisme à base hexagonale	**0**	**6**
Prisme à base triangulaire	0	0
Pyramide à base pentagonale	**1**	**0**
Cylindre	0	1
Pyramide à base carrée	0	0
Prisme à base pentagonale	**2**	**5**
Pyramide à base rectangulaire	0	1
Cube	**0**	**0**
Pyramide à base hexagonale	**0**	**0**
Prisme à base triangulaire	0	3

Page 206

6. a)

    b)

    c)

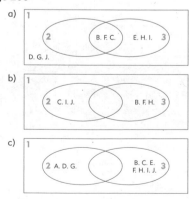

Corrigé

Page 207

7. L'assemblage de solides est composé de 28 faces, de 34 sommets et de 52 arêtes.

8. En sciant le cube, ils obtiennent 2 prismes à base carrée.

    En sciant le cylindre, ils obtiennent 2 cylindres.

    En sciant la pyramide à base carrée, ils obtiennent 2 pyramides à base triangulaire.

Les figures planes

Page 208

1. b) Un polygone est une figure plane et fermée dont tous les segments sont droits.

2. Encercler les figures b, d, e, g, j et k. Faire un ✗ sur les figures a, c, f, h, i et l.

3. a) 5 côtés   b) 4 côtés
   c) 7 côtés   d) 6 côtés
   e) 6 côtés   f) 4 côtés
   g) 10 côtés   h) 8 côtés
   i) 3 côtés   j) 8 côtés
   k) 4 côtés   l) 4 côtés

Page 209

4. **Note :** les côtés congrus sont marqués de traits similaires, et chaque style de trait doit avoir une couleur différente.

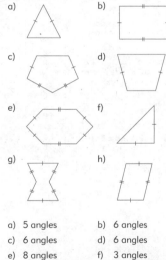

a) b) c) d) e) f) g) h)

5. a) 5 angles   b) 6 angles
   c) 6 angles   d) 6 angles
   e) 8 angles   f) 3 angles
   g) 6 angles   h) 3 angles
   i) 5 angles   j) 4 angles
   k) 10 angles   l) 7 angles

6. Colorier en bleu les polygones b, c, f, i, k et l.

    Colorier en rouge les polygones a, d, e, g, h et j.

Page 210

7. **Note :** les angles congrus sont marqués de traits similaires, et chaque style de trait doit avoir une couleur différente.

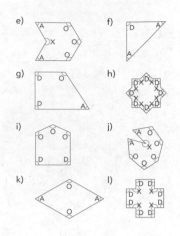

a) b) c) d) e) f) g) h)

8.

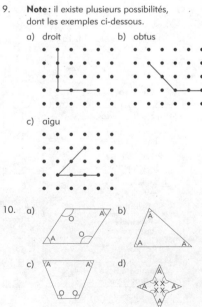

Polygone à 4 côtés possédant au moins 2 côtés opposés parallèles	rectangle
Polygone à 4 côtés	losange
Polygone à 4 côtés dont les côtés sont parallèles 2 à 2	trapèze
Polygone à 4 côtés possédant 4 angles droits et des angles congrus 2 à 2	carré
Polygone à 4 côtés dont les côtés sont parallèles 2 à 2 et les angles congrus 2 à 2	quadrilatère
Polygone à 4 côtés congrus	parallélogramme

Page 211

9. **Note :** il existe plusieurs possibilités, dont les exemples ci-dessous.

   a) droit   b) obtus

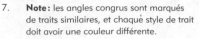

   c) aigu

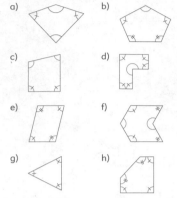

10. a) b) c) d)

Page 212

11. a)

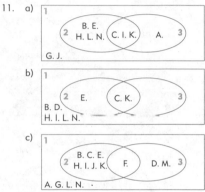

```
1
    2  B. E.
       H. L. N.   C. I. K.   A.   3
G. J.
```

b)

```
1
    2  E.        C. K.       3
B. D.
H. I. L. N.
```

c)

```
1
    2  B. C. E.
       H. I. J. K.   F.   D. M.   3
A. G. L. N.
```

Page 213

12. a) b) c) d)

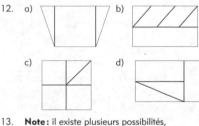
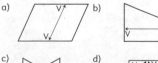
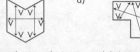

13. **Note :** il existe plusieurs possibilités, dont les exemples ci-dessous.

    a) b) c) d)

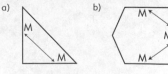

14. **Note :** il existe plusieurs possibilités, dont les exemples ci-dessous.

    a) b)

Corrigé

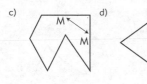

c)  d)

15. a) 3 rectangles b) 5 triangles
    c) 4 losanges d) 3 trapèzes

16. **Légende :**
    R = rouge ; V = vert ;
    O = orange ; B = bleu

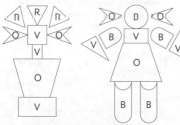

La symétrie, les frises et les dallages
Page 215

1. Encercler les paires de figures a, d et f.
   Faire un ✗ sur les paires de figures b, c
   et e.

2. a) Il manque une partie à la figure réfléchie
      si on la compare à la figure d'origine.
   b) Les oiseaux ne sont pas dans la même
      position dans la partie réfléchie.
   c) La figure réfléchie est plus petite que la
      figure d'origine.

3. **Légende :**
   V = vert ; R = rouge

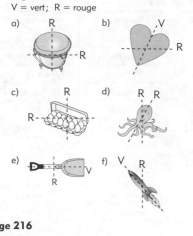

Page 216

4. a) b)

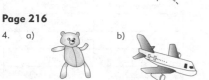

c) 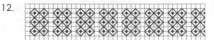 d)

e) f)

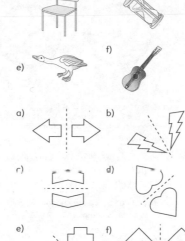

5. a) b)

r) d)

e) f)

6.

Page 217

7. a) Réponses variées.
   b) Réponses variées.
   c) Réponses variées.

8. a)
   b)
   c)

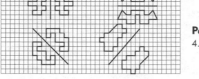

9. a)
   b)

Page 218

10. a) b)

c)

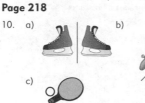

11. a) Réponses variées, pourvu que
       deux motifs de même couleur ne
       se touchent pas.

b) Réponses variées, pourvu que
   deux motifs de même couleur ne
   se touchent pas.

c) Réponses variées, pourvu que
   deux motifs de même couleur ne
   se touchent pas.

d) Réponses variées, pourvu que
   deux motifs de même couleur ne
   se touchent pas.

12.

La mesure des longueurs et du périmètre
Page 219

1. a) > b) < c) = d) <
   e) = f) >

2. 548 mm ; 5,6 dm ; 0,57 m ; 0,64 m ;
   66 cm ; 6,9 dm ; 693 mm ; 0,7 m ;
   71 cm ; 7,2 dm ; 721 mm ; 75 cm

3. a) 6 cm b) 3,5 cm c) 6,5 cm
   d) 5,5 cm

Page 220

4. a) 5 cm b) 84 mm c) 0,7 dm
   d) 30 mm e) 11,4 cm f) 0,45 dm
   g) 9 cm h) 1 dm

Page 221

5. a) m b) cm c) mm
   d) dm e) mm f) m
   g) cm h) m i) m
   j) cm k) dm l) cm

Page 222

6. a) 24 carrés b) 22 carrés c) 16 carrés
   d) 32 carrés e) 32 carrés f) 28 carrés
   g) 26 carrés h) 34 carrés i) 32 carrés

La mesure des surfaces
Page 223

7. a) 24 carrés b) 64 carrés c) 44 carrés
   d) 32 carrés e) 44 carrés f) 46 carrés
   g) 39 carrés h) 38 carrés i) 36 carrés

Page 224

2. L'aire du stationnement est de 216 pavés.

3. L'aire du mur de cuisine est de
   296 carreaux de céramique.

4. L'aire de 4 tables collées bout à bout
   est de 2 520 sandwichs.

Corrigé

5. a) P = 18 carrés ; A = 20 carrés
    b) P = 22 carrés ; A = 21 carrés
    c) P = 22 carrés ; A = 16 carrés
    d) P = 26 carrés ; A = 20 carrés
    e) P = 34 carrés ; A = 22 carrés
    f) P = 26 carrés ; A = 23 carrés
    g) P = 22 carrés ; A = 11 carrés
    h) P = 40 carrés ; A = 21 carrés
    i) P = 34 carrés ; A = 21 carrés

Page 226

6. a) 20 carrés b) 15 carrés c) 18 carrés
    d) 8 carrés e) 20 carrés f) 28 carrés
    g) 32 carrés h) 18 carrés i) 16 carrés

La mesure des volumes
Page 227

1. a) 30 cubes b) 32 cubes c) 27 cubes
    d) 16 cubes e) 14 cubes f) 20 cubes
    g) 21 cubes h) 12 cubes i) 13 cubes

Page 228

2. a) 14 prismes b) 16 prismes
    c) 8 prismes d) 18 prismes
    e) 13 prismes f) 11 prismes
    g) 12 prismes h) 12 prismes
    i) 16 prismes

Page 229

3. Le volume de la cordée de bois érigée par Isidore est de 192 rondins.

4. Le volume de l'empilage réalisé par Corinne est de 242 douzaines d'œufs.

5. Le volume de la ruche construite par les abeilles est de 336 alvéoles.

La mesure du temps
Page 230

1. a) 19 h 35 b) 4 h 35

    c) 22 h 25 d) 6 h 15

    e) 12 h 20 f) 5 h 50

Page 231

2. La sauterelle aura vécu 214 jours.

3. Mon cœur a effectué 360 battements après 5 minutes.

4. Lorsque je célébrerai mon 9e anniversaire de naissance, j'aurai existé depuis 3 285 jours.

5. Le coucou détraqué aura chanté 288 fois après 3 journées complètes.

Les statistiques
Page 232

1. a) 36 mélomanes b) 72 mélomanes
    c) 23 disques d) 41 disques
    e) 107 mélomanes f) 386 disques
    g) 175 disques

Page 233

2. a) schnauzer b) lévrier
    c) 205 répondants d) 220 répondants
    e) 85 répondants f) 90 répondants
    g) 400 répondants h) 1 515 personnes

Page 234

3. a) 17 clientes b) 38 clientes
    c) roux, brun clair, rouge, noir, châtain, brun foncé, blond, gris, bleu
    d) 96 clientes e) 96 clientes
    f) 149 clientes g) 18 clientes

Page 235

4. a) Japon
    b) le guaraní
    c) Copenhague
    d) l'arabe
    e) 3,9 millions d'habitants
    f) 26,5 millions d'habitants
    g) 1,2 million km²
    h) Gabon, Mongolie, Slovaquie, Danemark, Paraguay, Australie, Yémen, Kenya, Ukraine, Japon
    i) Australie, Mongolie, Ukraine, Kenya, Yémen, Paraguay, Japon, Gabon, Slovaquie, Danemark

Page 236

5.
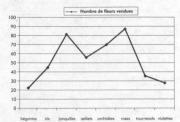

Données exactes :
bégonias = 22 ; iris = 44 ; jonquilles = 81 ; œillets = 56 ; orchidées = 70 ; roses = 87 ; tournesols = 35 ; violettes = 28

    a) 423 fleurs
    b) les roses
    c) les bégonias

Page 237

6.
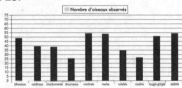

Données exactes :
bihoreaux = 48 ; cardinaux = 39 ; chardonnerets = 38 ; étourneaux = 26 ; martinets = 54 ; merles = 53 ; roitelets = 35 ; roselins = 27 ; rouges-gorges = 52 ; sizerins = 54

    a) 426 oiseaux
    b) les martinets et les sizerins (ex æquo)
    c) les étourneaux

Page 238

7.

Invention	Inventeur
Stylo à bille	Ladislao Biro
Lave-vaisselle	Josephine Cochrane
Élastique	Thomas Hancock
Motoneige	J.-A. Bombardier
Chronomètre	John Harrison
Poubelle	Eugène Poubelle
Cellophane	J. Brandenberger
Microphone	Emile Berliner

Invention	Lieu
Stylo à bille	Argentine
Lave-vaisselle	États-Unis
Élastique	Angleterre
Motoneige	Canada
Chronomètre	Angleterre
Poubelle	France

Corrigé

Cellophane	Suisse
Microphone	Allemagne

Invention	Année
Stylo à bille	1938
Lave-vaisselle	1886
Élastique	1820
Motoneige	1959
Chronomètre	1853
Poubelle	1884
Cellophane	1908
Microphone	1877

Les probabilités

Page 239

1. Les combinaisons possibles sont :
lapin et carotte, lapin et bouquet, lapin et montre-bracelet, carotte et bouquet, carotte et montre-bracelet, bouquet et montre-bracelet.

2. a) Possible   b) Certain
   c) Impossible   d) Possible
   e) Certain   f) Impossible

Page 240

3. Les combinaisons possibles sont :
noir-gris-brun, noir-gris-roux, noir-gris-beige, noir-brun-roux, noir-brun-beige, noir-roux-beige, gris-brun-roux, gris-brun-beige, brun-roux-beige.

La résolution de problèmes

Note : en résolution de problèmes, les réponses varient grandement en fonction des choix effectués par l'enfant. Des pistes de solution sont données dans la majorité des cas, mais la plupart des solutions énumérées dans le corrigé ne sont que des exemples.

Page 241

1. Réponses variées, pourvu que le même nombre ne se répète pas et que chaque nombre soit composé de 5 chiffres de 1 à 9 qui ne se répètent pas dans le même nombre.

2. Réponses variées en fonction des nombres choisis. Demander à un adulte de vérifier la cohérence.

Page 242

3. Voici toutes les possibilités :
25 (5 sur 5) : impair;
36 (6 sur 6) : pair;
49 (7 sur 7) : impair;
64 (8 sur 8) : pair;
81 (9 sur 9) : impair;
100 (10 sur 10) : pair;

121 (11 sur 11) : impair;
144 (12 sur 12) : pair;
169 (13 sur 13) : impair;
196 (14 sur 14) : pair;
225 (15 sur 15) : impair.

4. Il existe 69 possibilités. Les nombres premiers sont : 31, 37, 41, 43, 47, 53, 61, 67, 71, 73, 79, 83, 91 et 97. Tous les autres nombres situés entre 30 et 100 sont des nombres composés. Chaque nombre premier a comme diviseurs 1 et lui-même. Chaque nombre composé a au moins 3 diviseurs (vérifier la divisibilité par 2, 3, 4, 5, 6, 7, 8 et 9 à l'aide de la calculatrice).

Page 243

5. Réponses variées en fonction des nombres choisis. Vérifier les réponses à l'aide de la calculatrice, en sachant qu'il faut additionner le nombre magique en montant et le soustraire en descendant.

Page 244

6. Plusieurs réponses possibles, dont celles-ci :

$$\frac{1}{12} + \frac{1}{9} + \frac{1}{6} + \frac{2}{9} + \frac{5}{12}\ ;$$

$$\frac{1}{12} + \frac{1}{9} + \frac{2}{9} + \frac{1}{4} + \frac{1}{3}\ ;$$

$$\frac{1}{18} + \frac{1}{12} + \frac{1}{9} + \frac{1}{6} + \frac{7}{12}\ .$$

Page 245

7. Voici toutes les réponses possibles :
   a) 216 ÷ 2 = 108 $;   216 ÷ 3 = 72 $
      216 ÷ 4 = 54 $;   216 ÷ 9 = 24 $

   b) 384 ÷ 2 = 192 $;   384 ÷ 4 = 96 $
      384 ÷ 6 = 64 $;   384 ÷ 8 = 48 $

   c) 560 ÷ 2 = 280 $;   560 ÷ 5 = 112 $
      560 ÷ 7 = 80 $;   560 ÷ 8 = 70 $

   d) 648 ÷ 3 = 216 $;   648 ÷ 4 = 162 $
      648 ÷ 6 = 108 $;   648 ÷ 9 = 72 $

   e) 720 ÷ 3 = 240 $;   720 ÷ 5 = 144 $
      720 ÷ 6 = 120 $;   720 ÷ 8 = 90 $

   f) 960 ÷ 4 = 240 $;   960 ÷ 5 = 192 $
      960 ÷ 6 = 160 $;   960 ÷ 8 = 120 $

Page 246

8. Plusieurs réponses possibles, dont celles-ci : lampe de poche + tente + sac à dos + lanterne + briquet + bouilloire + radio + boussole = 343,88 $. Sac de couchage + papier hyg. + jumelles + chaise pliante + imperméable + bouilloire + radio + boussole = 326,65 $.

Puisque les combinaisons d'articles sont multiples, la vérification des calculs peut se faire à l'aide d'une calculatrice ou par un adulte.

Page 247

9. Tableau des réponses possibles pour le pain aux bananes :

	5	15	20	25	30
Beurre (ml)	30	90	120	150	180
Sucre (ml)	63	188	250	313	375
Bananes	1	3	4	5	6
Œufs	1	3	4	5	6
Farine (ml)	250	750	1 000	1 250	1 500
Poudre levante (ml)	5	15	20	25	30
Bicarbonate de soude (ml)	1	3	4	5	6
Sel (ml)	1	3	4	5	6
Lait (ml)	63	188	250	313	375

Tableau des réponses possibles pour le gâteau aux pommes :

	5	15	20	25	30
Farine (ml)	168	503	670	838	1005
Sucre (ml)	95	285	380	475	570
Poudre levante (ml)	3	8	10	13	15
Cannelle (ml)	1	3	4	5	6
Beurre (ml)	33	98	130	163	195
Œufs	1	2	2	3	3
Lait (ml)	95	285	380	475	570
Essence de vanille (ml)	3	8	10	13	15
Pommes	2	5	6	8	9

Page 248

10. Réponses variées en fonction de la représentation du logo. Demander à un adulte de vérifier la justesse des coordonnées en fonction des points utilisés pour dessiner le logo.

Page 249

11. Dans le tableau, on doit retrouver les éléments suivants, dans l'ordre ou non :

1 prisme à base triangulaire (2 triangles + 3 rectangles);

1 prisme à base triangulaire (2 triangles + 3 rectangles);

1 cube (6 carrés);

1 pyramide à base rectangulaire (4 triangles + 1 rectangle);

1 pyramide à base rectangulaire (4 triangles + 1 rectangle);

1 prisme à base carrée (2 carrés + 4 rectangles).

Corrigé

Page 250

12. **Légende :**
R = rouge ; B = bleu ; V = vert ; J = jaune ; M = mauve ; O = orange

a) Exemple de bannière obtenue :
2 trapèzes à angles droits, 1 rectangle et 1 trapèze sans angle droit.

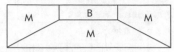

b) Exemple de bannière obtenue :
2 carrés, 4 trapèzes à angles droits et 1 losange.

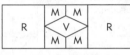

c) Voici la forme obtenue.

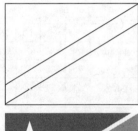

Le drapeau obtenu est celui de la République du Congo.

Page 251

13. Réponses variées en fonction du motif choisi. Demander à un adulte de vérifier l'exactitude des figures reproduites par réflexion.

14. Réponses variées en fonction du motif choisi. Demander à un adulte de vérifier l'exactitude des figures reproduites par réflexion.

Page 252

15. Plusieurs réponses possibles, dont celles-ci : manchot, girafe, hippopotame, kangourou, autruche, singe, épaulard, éléphant, rhinocéros : 66,33 m ; manchot, girafe, vautour, hippopotame, hyène, singe, épaulard, éléphant, rhinocéros : 54,15 m ; manchot, girafe, gazelle, kangourou, autruche, singe, épaulard, éléphant, rhinocéros : 54,77 m.

Page 253

16. Réponses variées en fonction du motif choisi. Pour trouver le périmètre, il suffit de compter tous les côtés des cases noircies qui touchent une case demeurée blanche (la mesure du contour de la figure). Pour trouver l'aire, il suffit de compter le nombre de cases noircies (la mesure de la surface occupée par la figure).

Page 254

17. Réponses variées selon les mesures choisies. Pour trouver le volume, il suffit de multiplier la mesure de la longueur par celle de la largeur, puis de multiplier le produit ainsi obtenu par la mesure de la profondeur.

Page 255

18. Réponses variées en fonction des heures indiquées. Demander à un adulte de vérifier l'exactitude des réponses.

19. Réponses variées en fonction de la date de naissance et de la date d'aujourd'hui. En général, pour un enfant âgé de 8 à 9 ans, la réponse devrait varier entre 2 920 et 3 285 jours.

Page 256

20. Réponses variées en fonction des données fournies. Demander à un adulte de vérifier l'exactitude des réponses.

Page 257

21. Réponses variées en fonction des données fournies. Demander à un adulte de vérifier l'exactitude des réponses.

Page 258

22. Réponses variées. Un événement certain se produira à coup sûr (ex. : aller à la récréation). Un événement possible pourrait survenir (ex. : recevoir un ballon sur la tête pendant la récréation). Un événement impossible ne pourra jamais se produire (ex. : un élève est pourchassé par des symboles mathématiques).

23. En général, le nombre de cartes tirées pour chacune des quatre sortes devrait être sensiblement le même. Toutefois, afin de garantir ce fait, il faudrait un plus grand échantillonnage (tirer un plus grand nombre de cartes).

Anglais

Information

Page 260

Blue, Green, Red, Brown, Purple

Page 261

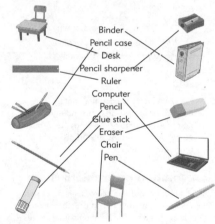

Making Introductions

Page 263

1. His phone number is 819 555-0158.
2. His address is 58 Ducharme Avenue.
3. His postal code is G7H 2G5.
4. His house is red and white.

Match

Page 264

Binder
Pencil case
Desk
Pencil sharpener
Ruler
Computer
Pencil
Glue stick
Eraser
Chair
Pen

Page 265

2. ruler
3. chair
4. pencil case
5. pencil
6. binder
7. desk
8. pencil sharpener

Page 266

1. There is one pencil sharpener.
2. There are two binders.
3. There are three desks.
4. There are four glue sticks.
5. There are five erasers.
6. There are six pens.
7. There are seven rulers.
8. There are eight pencils.

Corrigé

Positions
Page 268
1. in
2. under
3. on
4. in front of
5. behind
6. beside

Days of the Week
Page 269

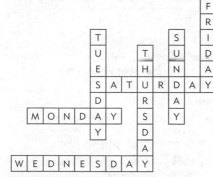

Numbers 11 to 20
Page 270
11. eleven
12. twelve
13. thirteen
14. fourteen
15. fifteen
16. sixteen
17. seventeen
18. eighteen
19. nineteen
20. twenty

A. fifteen
B. eleven
C. eighteen
D. twelve
E. seventeen
F. sixteen
G. twenty
H. nineteen
I. thirteen
J. fourteen

Months
Page 271
1. January
2. February
3. March
4. April
5. May
6. June
7. July
8. August
9. September
10. October
11. November
12. December

Spring – March, April, May
Summer – June, July, August
Fall – September, October, November
Winter – December, January, February

Telling Time
Page 273
1. six o'clock
2. ten o'clock
3. seven twenty
4. four fifty-five
5. six ten
6. eleven forty

Description Words
Page 274
1. happy
2. fast
3. small
4. sad
5. big
6. weak
7. strong

The Body
Page 275
3. two
4. one
5. two
6. one
7. two
8. two

Page 276
A My robot has a…
3. 2 rectangular arms
2. 2 round eyes
4. 2 square hands
1. 1 triangular head
5. 2 oval feet

B
1. oval
2. square

C
1. yeux bleus
2. bouche rouge
3. nez vert
4. pieds bruns
5. bras jaunes
6. oreilles noires

Page 277
Le robot doit avoir : la tête carrée, la bouche ronde, les bras ovales, les yeux rectangulaires, le nez triangulaire, les jambes triangulaires, les pieds carrés et les mains rondes.

Clothes
Page 278
1. False
2. False
3. False
4. True
5. True
6. True
7. False
8. True
9. True
10. True

Food
Page 281
Fruits – apple, pear, banana, orange
Vegetables – cucumber, broccoli, carrot, potato
Meat – chicken, ham, steak, pork
Drinks – water, juice, milk, soft drink

My Picnic Basket
Page 283

R	D	F	F	O	R	K	R	N
I	I	S	S	P	O	O	N	G	E
N	N	U	O	L	P	I	L	N
E	E	P	O	L	F	F	A	L
R	R	P	L	A	T	E	S	B
B	R	E	A	K	F	A	S	T
O	U	R	G	E	P	I	U	N
W	A	E	S	U	A	P	A	F
L	R	L	U	N	C	H	N	T

Singular / Plural
Page 284
Singular Words: boy, pencil, number, brush, teacher, school, book, pen.

Plural Words: girls, brothers, dogs, babies, students, desks, boxes.

Science

Les parties d'un arbre et les parties d'une fleur
Page 292
Arbre :
1. cime
2. feuillage
3. branche
4. tronc
5. racine

Fleur :
1. pistil
2. pétale
3. sépale
4. pédoncule

Le cycle de l'eau
Page 294
1. ruissellement
2. précipitations
3. évaporation
4. condensation
5. infiltration

Corrigé

Qu'est-ce qu'on mange ?
Page 295

a) herbivore   b) carnivore
c) herbivore   d) insectivore
e) herbivore   f) carnivore
g) insectivore   h) herbivore
i) carnivore   j) herbivore
k) carnivore   l) carnivore
m) herbivore   n) herbivore
o) carnivore   p) granivore
q) carnivore   r) insectivore
s) carnivore   t) herbivore
u) herbivore

La faune du Québec
Page 297

Les réponses varient selon les sources consultées.

La flore du Québec
Page 298

Les réponses varient selon les sources consultées.

Les sens
Page 303

1. pavillon   2. conduit auditif
3. tympan   4. marteau
5. enclume   6. étrier
7. cochlée   8. trompe d'Eustache

Recyclage et compostage
Page 305

a) oui   b) oui   c) oui
d) oui   e) oui   f) non
g) oui   h) non   i) oui
j) oui   k) oui   l) oui
m) non   n) oui   o) oui
p) non   q) oui   r) non
s) oui   t) oui, si elles ne sont pas montées en graines.

Univers social

La société iroquoienne vers 1500
Page 314

1. Surligner la flèche A en bleu (les premiers habitants de l'Amérique du Nord sont venus par le détroit de Béring).

2. d) Ils étaient chasseurs et suivaient les hordes de gros gibiers dans leurs déplacements.

3. c) Les Andastes, les Ériés, les Hurons et les Pétuns

---

4. Encercler les aliments suivants : blé, courge, maïs, poisson et tournesol.

Page 315

5. d) Agriculteurs et sédentaires, ils demeuraient au même endroit pour cultiver le sol.

6. Encercler la maison longue.

7. ☑ Confectionner les vêtements et les bijoux.
   ☑ Cueillir les fruits et les plantes sauvages.
   ☑ Nommer et conseiller le chef du village.
   ☑ Ramasser le bois de chauffage.
   ☑ Semer et cultiver les graminées.
   ☑ Transporter et dépecer le gibier.

8. b) Chaque village était dirigé par deux chefs qui étaient des hommes.

Page 316

9. Encercler les moyens de transport suivants : canot d'écorce, marche, raquettes et toboggan.

10. Colorier en rouge la région marquée de la lettre « E ».

Page 317

11. a) Le territoire était surtout couvert par la forêt mixte, composée de feuillus et de conifères.

12. Colorier en vert la région marquée de la lettre « B ».

   Colorier en rouge la région marquée de la lettre « C ».

   Colorier en orange la région marquée de la lettre « A ».

   Colorier en jaune la région marquée de la lettre « D ».

13. c) Climat continental humide, avec des étés chauds et humides et des hivers froids.

Page 318

14. A – rivière des Outaouais
   B – lac Huron
   C – fleuve Saint-Laurent
   D – lac Érié
   E – lac Ontario

15. Colorier les éléments suivants : castor, orignal, perdrix, porc-épic, sève d'érable et tabac.

Page 319

16. a) Les mangeurs d'arbres
   b) Là où vrombit la perdrix
   c) Village ou colonie

---

d) Digue des castors
e) Au bas de la côte
f) Près des rapides
g) Eau étincelante
h) Là où la rivière se rétrécit
i) Endroit de rencontre

17. Encercler les images suivantes : pointe de flèche, vase en terre cuite, hache de guerre, mortier en pierre, porte-bébé en bois et pipe ou calumet.

18. Colorier le personnage en b).

La société iroquoienne et la société algonquienne vers 1500
Page 320

1. Les Iroquoiens étaient dits sédentaires parce qu'ils demeuraient plusieurs années au même endroit et cultivaient le sol.

   Les Algonquiens étaient dits nomades parce qu'ils se déplaçaient constamment pour suivre le gibier.

2. Colorier en mauve la région marquée de la lettre « C ».

Page 321

3. a) La chasse au gibier, les Iroquoiens et les Algonquiens
   b) La culture du maïs, les Iroquoiens
   c) La pêche, les Iroquoiens et les Algonquiens
   d) La traite des fourrures, ni l'un ni l'autre (débuta avec l'arrivée des Européens)
   e) L'industrie forestière ou la coupe du bois, ni l'un ni l'autre (débuta avec l'arrivée des Européens)
   f) La cueillette de petits fruits sauvages, les Iroquoiens et les Algonquiens

Page 322

4. a) brayet   b) maïs
   c) torse   d) bijoux
   e) porc-épic   f) coquillages
   g) jambières   h) franges
   i) pagne   j) tunique
   k) pieds   l) mocassins
   m) cape   n) bonnet
   o) mitasses   p) mitaines

Page 323

5. a) outarde   b) canneberge
   c) anguille   d) racine
   e) mûre   f) lièvre
   g) noix   h) chevreuil
   i) truite   j) bleuet
   k) ours noir   l) riz sauvage

Corrigé

6.

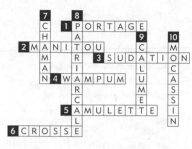

Page 324

7. c) Les Algonquiens étaient dirigés par un conseil de la Nation et des chefs de bandes.

8. **Homme iroquoien :** construire les maisons longues et les palissades, chasser le gibier, pêcher le poisson, fabriquer des outils et des armes, fabriquer des canots, etc.

Femme iroquoienne : conseiller les chefs, déclarer la guerre ou la paix, semer et récolter, s'occuper des enfants, cueillir les plantes comestibles, transporter et dépecer le gibier, entreposer et distribuer la nourriture, ramasser du bois pour entretenir le feu, confectionner des vêtements, etc.

Homme algonquien : chasser le gibier, pêcher le poisson, fabriquer des outils et des armes, fabriquer des canots, faire la guerre pour protéger sa famille, etc.

Femme algonquienne : fumer et sécher le poisson, ramasser du bois pour entretenir le feu, recouvrir les wigwams d'écorces, cueillir les plantes comestibles, s'occuper des enfants, confectionner des vêtements, etc.

La société iroquoienne et la société inca vers 1500

Page 325

1. Colorier en vert la région marquée de la lettre « D ».

Colorier en rouge la région marquée de la lettre « H ».

Colorier en vert les images suivantes : basses-terres, vallées et collines (relief), étés chauds et humides/hivers longs et froids (climat), raton laveur/grand duc/cerf de Virginie (faune) et chêne/pin/bouleau (flore).

Colorier en rouge les images suivantes : chaîne de montagnes/plateau désertique (relief), étés frais/hivers frais et secs (climat), puma/condor/alpaga (faune) et puya de Raimondi/agave/cactus (flore).

Page 326

2. c) Les Incas sont installés sur les plateaux et les vallées des Andes.

3. Placer les personnages de haut en bas dans l'organigramme comme suit :

– Sapa Inca
(empereur, grand prêtre et chef de l'armée qui règne sur le territoire des Incas)

– Membres du conseil impérial
(noblesse composée des membres de la famille du Sapa Inca)

– Curacas
(chefs de territoire responsables de la docilité et du bon fonctionnement de leur communauté), gouverneurs apus (administrateurs de chacune des quatre provinces du royaume), prêtres (devins, sorciers, confesseurs et médecins)

– Camayocs
(chefs de village, mentors et porte-parole de plusieurs familles)

– Paysans
(responsables de remettre les deux tiers de leur récolte à la noblesse), soldats (défenseurs et policiers de l'Empire inca)

Page 327

4. a) H   b) H   c) H   d) F
e) F   f) H   g) F   h) H
i) H   j) F

5. Encercler les aliments suivants : piment, poisson, maïs, haricots, cochon d'Inde, avocat, pomme de terre et courge.

Encercler la scène marquée de la lettre « C ».

Page 328

7.

La société française en Nouvelle-France vers 1645

Page 329

1. 1605 : G   1608 : J   1610 : B
1617 : E   1627 : C   1634 : H
1635 : D   1639 : F   1642 : I
1649 : A

2. Colorier en bleu la région marquée de la lettre « B ».

Page 330

3. b) La colonie compte environ 900 habitants, dont la plupart sont des hommes.

4. Colorier les personnages suivants : militaire, religieux, coureur des bois, navigateur et explorateur.

5. a) La culture du blé, l'exploitation forestière, la chasse, la pêche et la traite des fourrures

Page 331

6. d) La Nouvelle-France est administrée par des compagnies de commerce.

7. Bouclier canadien : terres rocailleuses et reliefs accidentés parsemés de lacs et de rivières

Basses-terres du Saint-Laurent : vallées et plaines fertiles

Appalaches : chaîne de montagnes

Forêt subarctique : composée essentiellement de conifères

Forêt mixte : composée de feuillus et de conifères

8. a) Castor, martre, loutre, lynx, renard et vison

Page 332

9. A – rivière Saguenay
B – rivière Saint-Maurice
C – lac Supérieur
D – rivière Chaudière
E – rivière Saint-François
F – rivière Richelieu
G – lac Michigan

10. Encercler les moyens de transport suivants : charrette tirée par des bœufs, canot d'écorce, barque de pêche et raquettes.

Page 333

11. Chasseurs et trappeurs amérindiens, coureurs des bois, compagnies et postes de traite, artisans (tailleurs et tanneurs), transporteurs, vendeurs et acheteurs

12. a) 8   b) 7   c) 2   d) 9
e) 4   f) 6   g) 5   h) 1
i) 10   j) 3

Page 334

13. Voici quelques utilisations du bois faites par les colons français : fabrication de meubles, construction de maisons, construction de canots avec l'écorce, chauffage des maisons, fabrication d'outils pour la culture du sol, etc.

14. Encercler le personnage n° 4. Le n° 1 est un mousquetaire français ; le n° 2 est un habitant des colonies britanniques ; le n° 3 est un intendant de la colonie ; le n° 5 est un soldat français ; le n° 6 est un coureur des bois.

15. Encercler les objets suivants : hache, couverture, fusil, alcool et cuiller.

Page 335

16. Colorier les aliments suivants : porc, bœuf, orignal, poisson, pain, maïs, navet et pois.

Corrigé

17. a) Huronie
    b) scorbut
    c) missionnaire
    d) Abitation
    e) palissade
    f) Tadoussac
    g) Compagnie des Cent-Associés
    h) censitaire
    i) sauvages

Page 336

18. b) Les maisons en bois comportaient une ou deux pièces chauffées par un foyer.

19. a) V   b) F   c) V   d) V
    e) F   f) V   g) V   h) V
    i) V   j) V   k) F   l) V

20. a) Les femmes s'adonnaient à la couture, faisaient cuire le pain, effectuaient les tâches ménagères, fabriquaient du savon et des chandelles et travaillaient aux champs.

Test final

Test final
Français
Page 339

1. rue (nom commun), fleur (nom commun), sécher (verbe), main (nom commun), chaud (adjectif), dos (nom commun), avoir (verbe), dormir (verbe), mot (nom commun), arriver (verbe), beau (adjectif), Denis (nom propre), Marie (nom propre), pluie (nom commun), content (adjectif), jaune (adjectif), Dorval (nom propre), maison (nom commun)

2. Au clair de la lune, mon ami Pierrot.
   Prête-moi ta plume pour écrire un mot.
   Ma chandelle est morte, je n'ai plus de feu.
   Ouvre-moi ta porte, pour l'amour de Dieu !

3. a) **p**asseport   b) **a**vion
   c) **H**aïti   d) **M**athieu
   e) **i**nventer   f) **M**anitoba
   g) **r**adio   h) **I**sabelle

4. a) Marie et Josée mangent des pommes.
   b) Mon chat et mon chien s'aiment beaucoup.
   c) Sacha a mangé quatre bonbons.

5. a) Je suis   b) Tu aimes
   c) Qu'elles sachent   d) Nous avons eu
   e) Vous êtes allé(e)s   f) Il écrira
   g) Je dansais   h) Tu fuyais

Page 340

   i) Elles étaient   j) Ayons
   k) Vous iriez

6. a) joli, laid   b) errer, courir
   c) échouer, réussir   d) peine, gaieté

7. a) Carla ne travaille pas au restaurant.
   b) Simon ne veut pas aller faire du ski.

8. a) Est-ce que Robert a réussi un triple saut ?
   b) Est-ce que Myriam aide son père ?

9. a) Il ne faut pas se fier aux apparences.
   b) Personne ne peut vérifier les dires de quelqu'un qui vient d'ailleurs.

10. a) masculin   b) féminin
    c) féminin   d) masculin

11. bordure, bruit, cartable, chanson, clavier, corde, danser, mot, piano, rêve, tard, tête, vitre

Page 341

12. a) Tu manges de la tarte aux pommes.
    b) Ils écoutent la radio dans la voiture.
    c) Vous avez réussi tous vos examens.
    d) Nous allons au cinéma ce soir entre amis.

13. a) Sophie a mis une belle robe rouge et bleue.
    b) Antoine est un garçon généreux et serviable.
    c) Mes parents sont vraiment sévères.
    d) J'ai reçu un magnifique cadeau.

14. a) Être généreux.   b) Être entêté.
    c) Faire preuve de jugement.

15. a) Figuré   b) Propre
    c) Propre   d) Figuré

16. a) Je voulais y aller, mais j'ai raté l'autobus.
    b) J'ai mis mon imperméable parce qu'il pleut.
    c) Je boucle toujours ma ceinture de sécurité dans la voiture.
    d) Parfois, mais pas tout le temps, j'arrive en retard à mon entraînement.

Page 342

17. a) abri et autobus
    b) courrier et électronique
    c) Internet et astronaute
    d) hélicoptère et aéroport
    e) télé et copie
    f) bibliothèque et autobus

18. a) papeterie, paperasserie, etc.
    b) romancier, romanesque, etc.
    c) naturel, naturellement, etc.
    d) rieur, risette, etc.

e) sportif, sportive, etc.
f) féminin, femelle, etc.

19. a) cardiologie, cardiologue, etc.
    b) antirouille, antisudorifique, etc.
    c) périscolaire, périscope, etc.
    d) kilomètre, kilogramme, etc.
    e) aéroport, aérospatial, etc.
    f) polyvalent, polygone, etc.

20. a) bilingue, unilingue, etc.
    b) agoraphobe, photophobe, etc.
    c) maisonnette, chansonnette, etc.
    d) agriculture, aquaculture, etc.

21. a) Angéline a mangé toute la tarte à la citrouille.
    b) Tous mes amis sont partis pour la journée.
    c) Toutes les attractions de La Ronde sont amusantes.
    d) Je n'ai pas pris tout le temps nécessaire.

22. a) or/di/na/teur : 4
    b) é/cran : 2
    c) ra/dio : 2
    d) ci/trouil/le : 3
    e) quai : 1
    f) a/mou/reu/se : 4
    g) té/lé/vi/seur : 4
    h) guer/re : 2
    i) sa/pin : 2

Test final
Mathématique
Page 343

1. a) <   b) <   c) >

2. a) 3 949   b) 6 599
   c) 7 821

3. a) 8 dizaines   b) 7 milliers
   c) 8 unités   d) 874 unités
   e) 97 unités   f) 97 centaines

4. a) 624 + 595 = 1219
   b) 876 − 358 = 518
   c) 349 + 374 = 723
   d) 753 − 466 = 287
   e) 567 + 326 = 893
   f) 908 − 671 = 237
   g) 482 + 467 = 949
   h) 619 − 288 = 331

5. a) 156   b) 144   c) 315
   d) 116

6. a) 4   b) 7   c) 5   d) 3

Corrigé

Page 344

7. a) Encercler 4 cercles.
    b) Encercler 12 cercles.
    c) Encercler 8 cercles.
    d) Encercler 12 cercles.

8. a) Soixante et cinquante-huit centièmes
    b) Quarante-trois et deux centièmes

9. a) <   b) <   c) >

10. a) 114,36   b) 88,63   c) 291,77
    d) 653,44   e) 104,12   f) 786,25

11. a)
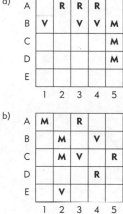

	1	2	3	4	5
A		R	R	R	
B	V		V	V	M
C					M
D					M
E					

b)

	1	2	3	4	5
A	M		R		
B		M		V	
C		M	V		R
D				R	
E		V			

12. a) cône
    b) cylindre
    c) pyramide à base carrée

Page 345

13. a) Faces planes : 1
        Faces courbes : 1
        Arêtes : 1
        Sommets : 1
    b) Faces planes : 6
        Faces courbes : 0
        Arêtes : 12
        Sommets : 8
    c) Faces planes : 5
        Faces courbes : 0
        Arêtes : 8
        Sommets : 5

14. Encercler les figures b, d, e, g, j et k.
    Faire un ✗ sur les figures a, c, f, h, i et l.

15. a) 32 cases   b) 38 cases
    c) 34 cases

16. Le gagnant a complété le parcours en
    2 minutes et 15 secondes.

Page 346

17. P = 50 cases   A = 126 cases

18. La première pile contient le plus de colis
    avec 490 colis contre 468 colis.

19. a)   b)
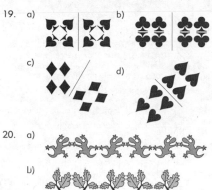
    c)
    d)

20. a)

    b)

Test final

Anglais

Page 347

1. a) ruler   b) pen
    c) eraser   d) pencil case
    e) pencil   f) binder

2. a) apple   b) cucumber
    c) carrot   d) pear
    e) banana   f) broccoli

3. a) shirt   b) hat
    c) dress   d) sock
    e) shoes   f) pants

Page 348

4. a) bear   b) elephant
    c) tiger   d) turtle
    e) crocodile   f) monkey

Test final

Science et univers social

1. Infiltration, condensation, évaporation,
    précipitation, ruissellement.

2. L'odorat, la vue, le goût (ou gout*),
    le toucher, l'ouïe

3. Ils sont herbivores.

4. a) Là où vrombit la perdrix.
    b) Là où la rivière se rétrécit.

5. Portage

6. Scorbut